中青年经济学家文库

大数据背景下营销管理创新研究

孙 琳 著

中国财经出版传媒集团
经济科学出版社
Economic Science Press
·北京·

图书在版编目（CIP）数据

大数据背景下营销管理创新研究／孙琳著．－－北京：
经济科学出版社，2024.8．－－（中青年经济学家文库）
ISBN 978－7－5218－6269－0

Ⅰ．F713.56

中国国家版本馆 CIP 数据核字第 2024JR1003 号

责任编辑：陈赫男
责任校对：隗立娜　刘　娅
责任印制：邱　天

大数据背景下营销管理创新研究
孙　琳　著
经济科学出版社出版、发行　新华书店经销
社址：北京市海淀区阜成路甲 28 号　邮编：100142
总编部电话：010 － 88191217　发行部电话：010 － 88191522
网址：www.esp.com.cn
电子邮箱：esp@ esp.com.cn
天猫网店：经济科学出版社旗舰店
网址：http：//jjkxcbs.tmall.com
北京密兴印刷有限公司印装
710 × 1000　16 开　22.25 印张　286000 字
2024 年 8 月第 1 版　2024 年 8 月第 1 次印刷
ISBN 978 － 7 － 5218 － 6269 － 0　定价：110.00 元
（图书出现印装问题，本社负责调换．电话：010 － 88191545）
（版权所有　侵权必究　打击盗版　举报热线：010 － 88191661
QQ：2242791300　营销中心电话：010 － 88191537
电子邮箱：dbts@ esp.com.cn）

前　言

　　智能手机的大面积使用推动"数字互联"不断成熟，使我们快速地从传统互联网进入"数字互联网"新时期，催生了各种新业态，其产生的大量数据也刺激了"大数据科学与技术"的快速发展。大数据时代，随着数据增长速度的飞速提高和数据总量的不断扩大，企业的管理也需要顺势而变。企业不仅要增强相关硬件设施方面的技术投入，还要进行一系列的管理创新，以增强企业的竞争力。

　　大数据技术的进一步发展将会激发市场营销的创新力量，同时，市场营销创新也将对大数据技术提出更多的要求。大数据带来了营销管理思维和管理方式的改变。在传统的企业管理思维中，管理者大多依靠自身经验积累甚至是直觉作出判断决策。然而随着大数据的深入发展，传统营销管理思维已经无法适应时代的发展，管理者越来越倾向于以数据为基础进行理性的思维判断。数据也不再是简单地从经验和直觉获取，而是将企业内部数据和外部数据互相结合，以此来作出决策。因此，对于很多企业来说，掌握大数据营销技能，就变得非常迫切和有必要。

　　本书从不同的侧重点探讨大数据时代的营销管理，主要研究的是大数据发展背景下营销管理的创新，内容上介绍了大数据的发展背景和大数据背景下的营销发展的变革，分析了大数据背景下企业营销的营销价值、营销模式、大数据营销流程与组合创新等内容，着重探讨了大数据背景下营销管理中的数据分析、营销策略以及网络营销管理的具体方法，最后对大数据背景下营销管理的实践路径和在多行业中的应用实践进行了探讨。本书理论性强、实用性强，通俗易懂，易于掌握，能够帮助读者更好地学习大数据背景下营销战略管理方面的知识。

  作者在撰写本书时参考了国内外同行的许多著作，在此一并向原作者表示衷心的感谢。由于作者水平有限，书中难免存在不足和疏漏之处，恳请广大读者批评指正。

孙 琳

成都理工大学

2024 年 6 月

目　　录

第一章　营销管理的改革背景 ································· 1
　　第一节　大数据时代的机遇与挑战 ··························· 1
　　第二节　大数据与营销变革 ································· 6

第二章　大数据背景下的营销价值与营销模式 ··············· 26
　　第一节　大数据的营销价值 ································ 26
　　第二节　大数据的商业智能与发展趋势 ······················ 39
　　第三节　大数据时代的企业营销模式的变革 ·················· 46

第三章　大数据背景下营销的流程与组合创新 ··············· 61
　　第一节　大数据营销流程 ·································· 61
　　第二节　大数据驱动的营销组合创新 ························ 86

第四章　大数据背景下营销管理中的分析理论与方法 ········ 107
　　第一节　营销管理中的数据分析 ··························· 107
　　第二节　数据化营销管理的分析方法 ······················· 110

第五章　大数据背景下营销管理的策略 ····················· 154
　　第一节　大数据与精准营销 ······························· 154

第二节　大数据与个性化营销 …………………………… 181
第三节　大数据与整合营销 ……………………………… 185
第四节　大数据与 LBS 营销 ……………………………… 192

第六章　大数据背景下网络营销的管理 ………………… 205
第一节　网络营销综述 …………………………………… 205
第二节　网络时代的消费者 ……………………………… 215
第三节　网络营销策略 …………………………………… 236

第七章　大数据背景下的跨境电商营销模式创新 ……… 271
第一节　大数据背景下的跨境电商 ……………………… 271
第二节　跨境电商 SEM 营销与 SNS 营销 ……………… 286
第三节　跨境电商 EDM 营销与视觉营销 ……………… 299

第八章　大数据背景下营销管理的实践 ………………… 306
第一节　大数据背景下营销管理的多维路径 …………… 306
第二节　大数据背景下营销管理在行业中的实践应用 …… 327

参考文献 ……………………………………………………… 343

第一章

营销管理的改革背景

第一节 大数据时代的机遇与挑战

一、大数据的概述

(一) 大数据的概念

大数据 (big data),或称巨量资料,指的是所涉及的资料量规模巨大到无法通过主流软件工具,在合理时间内达到撷取、管理、处理并整理成为帮助企业经营决策更积极目的的资讯。

(二) 大数据的特点

一般认为,大数据主要具有以下四个方面的典型特征:规模性 (volume)、多样性 (variety)、高速性 (velocity) 和价值性 (value),即所谓的 "4V"。

1. 规模性

大数据的特征首先就体现为"数量大",存储单位从过去的 GB 到 TB,直至 PB、EB。随着信息技术的高速发展,数据开始爆发性增长。社交网络(微信、微博、推特、脸书)、移动网络、各种智能终端等,都成为数据的来源。

2. 多样性

广泛的数据来源,决定了大数据形式的多样性。大数据大体可分为三类:一是结构化数据,如财务系统数据、信息管理系统数据、医疗系统数据等,其特点是数据间因果关系强;二是非结构化的数据,如视频、图片、音频等,其特点是数据间没有因果关系;三是半结构化数据,如超文本标记语言(hyper text markup language, HTML)文档、邮件、网页等,其特点是数据间的因果关系弱。

3. 高速性

与以往的档案、广播、报纸等传统数据载体不同,大数据的交换和传播是通过互联网、云计算等方式实现的,远比传统媒介的信息交换和传播速度快捷。大数据与海量数据的重要区别,除了大数据的数据规模更大以外,大数据对处理数据的响应速度有更严格的要求。实时分析而非批量分析,数据输入、处理与丢弃立刻见效,几乎无延迟。数据的增长速度和处理速度是大数据高速性的重要体现。

4. 价值性

价值性也是大数据的核心特征。现实世界所产生的数据中,有价值的数据所占比例很小。相比于传统的小数据,大数据最大的价值在于通过从大量不相关的各种类型的数据中,挖掘出对未来趋势与模式预测分析有价值的数据,并通过机器学习方法、人工智能方法或数据挖掘方法深度分析,发现新规律和新知识,并运用于农业、金融、医疗等各个领域,从而最终达到改善社会治理、提高生产效率、推进科学研究的效果。①

其实大数据很早以前就有，但今天的数据不只是大，真正有意义的是数据变得在线了，这个远远比"大"更体现大数据的本质。从技术上看，大数据必然无法用单台的计算机进行处理，必须采用分布式计算架构，必须依托云计算的分布式处理、分布式数据库、云存储/或虚拟化技术。从大数据的来源看，物联网、云计算、移动互联网、车联网、手机、平板电脑、个人计算机（personal computer, PC）以及遍布地球各个角落的各种各样的传感器，无一不是数据来源或者承载的方式。大数据的核心价值在于对海量数据进行存储和分析。相比现有的其他技术而言，大数据的"廉价、迅速、优化"这三个方面的综合成本是最优的。

"大数据"的意义并不仅仅在于"大容量"，更重要的是，通过对海量数据的整合、挖掘和分析，可以创造出新的价值。所有营销分析的第一步都是要找到目标受众，从而确定媒介投放策略。传统广告通过科学的手段探知受众，把握需求，以此作出市场预判。现实来看，互联网加剧了碎片化趋势，消费者的需求变得差异化、多元化、个性化，而同时互联网上的信息聚合和重构又提供了碎片重聚的可能。最为关键的是，大数据技术将这种可能变为现实，所有的这一切，都是为了把"消费者"还原成"整体的人""丰富的人"，而不是以前简单的"目标人群"。大数据技术让我们看到解决未来预测问题的一丝曙光。来源于社交网站，如微信、新浪微博、脸书（Facebook）等公司的数据是大量的、鲜活的，代表了一个个具体网民的真实想法，反映了他们想做的事情，这些数据虽然价值

---

① 黄欣荣. 大数据的语义、特征与本质 [J]. 长沙理工大学学报（社会科学版），2015（6）：5-11.

密度低，但事关未来。企业营销人员利用这些数据更加贴近消费者，深刻理解需求，还可以创造和引领消费者需求。

二、大数据时代的机遇

大数据价值本身的被认知与被挖掘，建立在一个前提下——数据化。我们不能将数据化等同于数字化，后者不过是将模拟数据转换为二进制码，方便计算机存储和分析，而前者则是把日常生活、生产、商业等方方面面的现象转化为可制表分析的量化形式的过程。正是这个过程，形成了各行各业的变革力量——因为这是大数据时代所独有的一种新型能力，以一种前所未有的方式，通过对海量数据进行分析，获得有巨大价值的产品和服务，或者深刻的洞见。

目前，以互联网为主的技术和服务能力对大数据的处理和挖掘还远远不够，未来会有更多的有价值的数据从海量的大数据里被发掘出来，产生很多新的商业形态、新的企业和新的服务。但大数据的变革力量还不止于此，最核心的论题是，大数据只提供参考答案，不是最终答案。它放弃了对因果关系的渴求，而只关注相关关系，只需要知道是什么，而不需要知道为什么。这彻底推翻了自古以来的惯例，因此我们理解现实和做决定的基础也将受到根本性挑战。在这种情况下，大数据将与互联网的发明一样，这绝不仅仅是信息技术领域的革命，更是在全球范围启动透明政府、加速行业企业创新、引领社会变革的利器。从这个角度出发，除技术革新之外，思维模式的革新和管理变革不可避免，数据驱动型的企业和政府正在变成可能。[①]

---

① 宋帅. 大数据技术的应用研究 [J]. 信息记录材料, 2023 (8): 198-200.

三、大数据时代企业营销面临的挑战

（一）数据分析人才不足

企业对于大数据的应用要对大数据进行处理才能实现，而在对大数据的处理环节，数据科学家是能否点燃大数据价值的关键。通过数据科学家对数据关系的重新建构，赋予数据新的意义，才能为企业所利用，构筑企业核心竞争力。企业在对大数据进行处理的过程中，大多需要国外顾问来国内解决问题，其花费的时间与成本也让大数据处理的效益大打折扣。更根本的是，国内企业长期以来对于数据的价值没有充分的认识，也没有依赖数据作出决策的习惯，很多企业甚至忽视数据的作用，导致很多企业没有长期保留数据与应用数据的计划，这也使得数据分析的前提难以满足。

（二）数据安全存在隐患

虽然海量信息的集中存储会使数据的分析处理更加便捷，但在管理不当的情况下，反而容易导致数据泄露、丢失或损坏，继而使得企业利益遭受重大损失。

大数据从不同层面影响着人们：无论你是企业、商家，还是个人；无论你是使用PC端互联网，还是使用移动互联网。但是，大数据应用的出现，在带来了各种有利因素的同时，也出现了很多不利于企业和个人的问题，使得很多人开始对大数据产生恐惧。如个人在使用网络进行各种社交、购物、保存私人信息的时候产生的数据，很容易被人盗用，导致自身的数据泄露；别有用心的人或者企业可能会通过修改数据来进行欺骗，也就是数据造假。

（三）数据分析能力不够

"大数据"不仅仅意味着数据的数量庞大，还代表着数据种类繁多、结构复杂，变化的速度也极快。随着"大数据"时代的到来，企业经营决策面临的最大挑战不再是缺少数据，而是数据太多。面对这些静态、孤立、无多大参考意义的"初级品"信息数据，企业信息部门须通过系统功能来发掘有价值的数据，给公司营销管理提供决策支持。当前大多数企业缺乏数据分析与处理的相关人才，导致企业在第一时间无法准确地获得与企业营销相关的信息，或已掌握相关信息但无法有效分析和预测行业动态，最终导致企业在激烈的市场竞争中受到重挫。

综上所述，大数据既是机遇也是挑战，大数据中潜在的巨大价值必然会掀起一场商业模式和营销决策的深刻变革。企业在大数据时代为了获得领先优势，必须转换思维，变革营销模式，充分、有效地利用大数据，挖掘其中蕴含的附加价值，力求在瞬息万变的全球化经济环境中赢得竞争优势。

第二节 大数据与营销变革

身处大数据时代，我们的思维方式也要随之改变。信息社会，几乎每个人都有一部手机，每个家庭及办公室都有电脑，在网上操作一下，我们就可以买到需要的物品，可以点餐，十几分钟就可以享用美味。大数据对于我们的生活以及与世界的交流方式都产生了深远的影响。因此，在大数据时代，作为企业要转变营销思维模式。当然这里的转变思维模式并不是完全颠覆传统的思维，而是要与时俱进，用新旧融合的思维方式去考虑企业的营销问题。

一、大数据下营销思维的变化

（一）传统企业营销模式分析

传统企业营销模式的制约因素主要体现为：一是营销环境，如市场营销环境，通过市场内容的不断扩大和自身因素的不断变化对企业的营销活动发生影响，同时企业的营销活动依赖于市场环境正常进行；二是消费群体，如有购买力和欲望的现有及潜在消费群体分布非常广泛和分散，且具有多变性；三是调研方式，如企业的调研活动通过市场观察、访谈、电话访问或发放问卷等形式展开时，需要大量人、财、物的投入，周期较长，难以进行广泛调研且不具代表性等；四是营销广告，如营销广告主要是通过电视、报纸、杂志等形式对受众进行听觉、视觉刺激，把信息强加给受众；五是营销策略，如企业针对一个目标市场会利用一个组合策略，通常使用4Ps组合策略以达到企业的市场目标，但是该组合强调必须以适当的产品、适当的价格、适当的渠道和适当的促销手段，将适当的产品和服务投放到特定市场；六是营销理念，如企业做市场营销的条件是产品供过于求和市场竞争的加剧，因此市场营销的理念仅仅是销售产品，满足客户需求。

（二）大数据下营销思维模式的变化

大数据不仅是技术手段，更是一种思维模式。大数据时代对数据的需求使得专门提供数据的公司应运而生。第三方大数据公司的职责是帮助数据人员对既有数据进行采集、加工，把不同的数据源进行有效关联,最后变成一个产品,应用在不同的营销产品领域当中去。营销是大数据一个重要的方向,因为消费者的很多轨迹都可以通过各种各样的渠道获得。另外,消费者越来越容易被各种各样渠道的消息所影响,效率成为这个时代最重要的因素。以前一个用户从产生一个购买的想法,到步入商场去完成一次购买活动,可能需要一个星期,甚至更长。但今天大家点击几下鼠标,一个完整的购买活动就完成了。对于营销来说,企业需要在第一时间去发现用户的需求,在第一时间去影响他、改变他的购买动机。

数据做营销并不是一个新的话题,20世纪90年代就用到了企业资源计划(enterprise resource planning,ERP)系统,用ERP系统管理企业内的人流、物流、信息流,而对消费者知道的并不多。像很多大型的生产企业,它们每年有大量的产品通过渠道销售到客户那儿,但它们可能对自己的客户一无所知。在数据营销当中,电商是使用数据最多的,因为很多电商的销售是在线上完成的,从它诞生第一天就有大量数字基因,这也是为什么当我们浏览过某种商品后,再打开网页,就会发现系统推荐了很多类似的商品,这其实就是数据的力量。现在越来越多的人会在网上购物,特别是手机能够上网之后,采用移动设备上网购物的比例越来越大。

二、大数据下营销需要简化

大数据给我们提供了很多抓手,通过对用户基础信息的了解,用户曾经访问轨迹的分析,用户在网上表现出来的兴趣点,甚至看媒体的差异,寻找到一些线索,帮助企业制定营销策略。

(一)大数据改写营销规则

大数据时代,为企业做营销提供了很多便利。营销的核心理念是围绕客户展开的。企业要经营的不仅仅是现实的客户，还包括潜在的用户。而对于没有形成支付的潜在用户，企业可能并不了解，这就需要预测推算。预测在每一个阶段，用户发生转换的概率是多少，用户在整个生命周期能给企业带来的价值是多少。对于整体生命价值非常高的用户，企业甚至会花比平均高几倍的成本去留住这个用户、吸引这个用户。大数据公司能给企业提供的武器有很多不同的排列组合，使得营销人员在面对竞争激烈、时效性更高的市场时有更多的准备。从洞察产品、标签产品到第一方数据库，到最终触达到用户的广告系统，有一系列的解决方案。

  对于营销来说，从传统企业向互联网企业转型时，很多信息是传统调研不能够支持的。例如，在旅游行业，传统调研企业只关注用户的吃、住、行、游、购、娱的过程，而线上企业提供的服务在发生变化，所关注的竞争对手信息点也在发生变化。身处这样一个大数据时代，消费者获取信息的渠道和范围已经大大增加。消费者已经不再被动地接受企业的安排，而是追求更加个性化的产品和服务，并根据搜集来的各种信息作出判断、随时分享，将个人体验的影响扩大到更大范围的群体之中。在数据超市里，能给客户导入的数据，从用户的基础信息到用户的习惯偏好，甚至到行业属性，最终提供给企业的是已经被标准化的数据。多屏时代带来了很多营销手段，从PC到平板电脑、手机等移动终端，大量用户覆盖，技术手段真正实现了统合营销。

  大数据时代的来临，所带来的变化已经直接影响到消费者。消费者变得更加独立，自主意识正在增强，已经不再容易相信传统营销传播的"轰炸"和灌输。他们越来越喜欢质疑品牌和产品，并喜欢发表自己的观点。同时，消费者越来越看重他们对于品牌的价值，渴望被关注，希望品牌对他们提出的意见和问题能够迅速作出回应。漠视他们，无疑将带来用户的大量流失。这种环境下，传统形式的媒体营销传播日显"疲态"。营销传播理论在产生和发展半个多世纪以来,已为那些广告大师和理论家充分运用,从纸上推销,到 USP、ROI、4P 组合,再到市场细分、CIS、定位,最后索性提出了对前人理论的综合——IMC(整合营销传播),似乎一切营销难题都能迎刃而解、手到擒来。但是,消费者正离我们越来越远。

大数据时代的营销被认为有可能颠覆经典的 4P 理论:产品(product)、价格(price)、渠道(place)、促销(promotion),变革为新的 4P:消费者(people)、成效(performance)、步骤(process)和预测(prediction)。最先提出新 4P 理论的是全球最具权威的 IT 研究与顾问咨询公司——高德纳咨询公司(Gartner Research)的副总裁金佰利·科林斯(Kimberly Collins)。大数据改变了传统营销的"经营商品"思维,转向以人为核心的"经营顾客"思维,而大数据时代,正是提供了观点转型的最好时机。① 如图 1-1 所示。

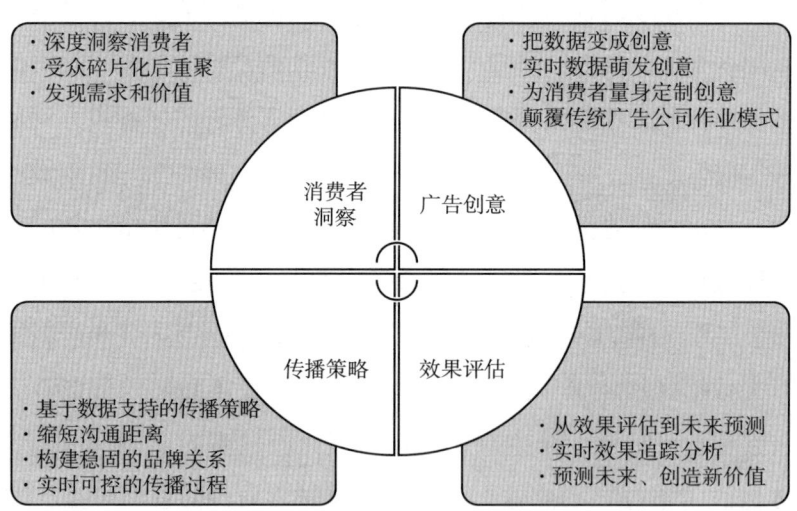

图 1-1 解构与重构大数据时代的营销变革

---

① 杨先顺,陈子豪. 大数据营销传播伦理治理体系的构建 [J]. 青年记者,2021(11):63-66.

新4P中第一个"P"是"消费者"。在大数据时代，以人为核心。消费者存在的两个最大特征就是异质性和变动性，其中又以变动性最难掌握。实时掌握每个消费者的实际状态，是大数据营销最重要的第一步。如果有能力为每个顾客量身定制专属的沟通时间节点，营销网随时都可以收紧，以防太多顾客流失。第一个"P"主要是指顾客状态，成效指的是顾客动态。第二个"P"是"成效"。第三个"P"是"步骤"，通过有层次的执行程序，改善营收方程式。第四个"P"是"预测"，指的是控制能够被智能化地监控与执行。

随着社交网络的全球扩张，数据大爆炸正在改写营销规则。而基于对大数据营销价值的挖掘，成为在线营销领域面临的课题。如数据已经成为一种新的经济资产类别，就像货币或黄金一样。数据不仅仅正在变得更加可用，人工智能（artificial intelligence，AI）技术，包括自然语言处理、模式识别和机器学习等技术的发展，正在让数据变得更加容易被计算机所理解，这对企业在互联网时代的数字营销也提出了新的问题。物联网、兴趣图谱、关系图谱、行为定向、数据挖掘、云计算、精准营销等，都在成为企业营销领域面对的新词汇。

（二）CMO应利用大数据加强客户沟通

作为企业里负责营销的关键角色——首席营销官（chief marketing officer，CMO），他们面对越来越复杂的市场环境倍感困惑，"复杂"的决策未必能带来好的回报，"简单"的方式却往往能够带来意想不到的效果。"复杂"也好，"简单"也好，最终目的无非是让营销变得更为"有效"。人们已经认识到新的经济环境将是波动的、不确定的，日益复杂而且结构变动很大。国内外多种变革力量的冲击、相互推动导致中国的经济环境日趋复杂、变化多端。技术发展促进世界互联互通，加剧了环境的复杂性。

一是数据爆炸。虽然这不是一个新问题，CMO们也已经着手应对数据爆炸带来的挑战，但是他们仍然感到在这方面的准备最为欠缺。二是渠道和设备选择日益丰富。互联网普及，线上世界兴起，各种新型渠道和设备层出不穷，但CMO们尚未完全了解其影响，因而感到准备不足。三是消费者特征变化。CMO们比较早地意识且预期到消费者特征将会发生变化，但他们明显感到远未做好准备，部分原因是消费者特征的变化会涉及更多因素和更广的范围。四是高速增长市场中的机遇。中西部、次级城市以及新兴的中产阶级人群，在中国这一高速增长的新兴市场中，企业的发展空间广阔，然而竞争也日趋激烈。五是品牌忠诚度降低。困扰国际同行的品牌忠诚度降低问题，在中国则表现为如何"建立"品牌忠诚度和客户忠诚度，CMO需要充分利用多种渠道加强客户沟通，增进客户关系。

变化了的市场环境带给中国企业新的挑战，即如何跟上客户演变的速度。新市场、新消费群体的兴起，有时会导致消费者需求和购买行为发生急剧的变化。如何在"全球化市场"中实现品牌差异化，改善品牌忠诚度？市场动荡、竞争加剧，与客户互动、交易的渠道日益多样化，企业需要全面而深入地了解在线消费者群体，并通过在线渠道开展营销，提供服务。

1. 向客户提供价值

洞察市场，懂得如何与客户接触和互动；了解客户，了解他们的真实需求、采购行为，以及他们所需要的信息等；与客户互动，通过社交媒介等新技术与客户开展有效的互动。推动长期关系，加强客户和品牌体验，与客户建立长期密切关系；塑造企业品牌，确保企业内各个部门齐心协力地提供一致的品牌体验。获取价值，衡量成效，实现从成本中心到企业增长贡献者的观念转变；通过适当的衡量指标，实现价值和可持续增长；通过量化投资收益来体现营销工作的责任和价值。新的市场环境与挑战要求企业从经营的战略层面审视如今的市场与消费者的特性，调整对自身营销、产品与服务的心智模式，进而在更深层次上实现战略性的变革。需要特别强调的是，由于市场变化复杂，竞争程度激烈，中国企业的营销变革不能是"小步慢走"的改进之举，而应当是思想理念的"颠覆式"创新，是营销模式的"跨越式"变革。也就是说，企业必须通过业务模式的转型——从以产品为中心到以服务为中心的转变，从以生产为中心到以客户为中心的转变，从以本地为中心到着眼全球市场的转变（对有些企业而言），从"线下"市场到"线上线下"通吃的转变，从而持续改善客户体验，并提高客户忠诚度，实现品牌价值和品牌影响力的大幅度提升。

2. 以"人"为本

今天，出现了很多新技术，比如，AI、拓展现实（extended reality，XR）、非同质化通证（non-fungible token，NFT）等，这些技术虽然没有改变营销的基本范式，但是它们改变了营销识别、连接和经营客户的效率和效能。营销进入了5.0时代。5.0时代是一个客户体验的时代，每个企业都要设立首席体验官。企业产品与服务越来越一体化，和客户之间形成了越来越长期的关系，这个时候体验就变得很重要。

营销5.0是一次营销的范式转移，从数字化到智能化，从单点营销到客户5A全链营销，从单一认知穿透到行为、心智、媒体、衡量和策略的"五链合一"（见表1-1）。

表 1-1　　　　　　　营销模式的综合对比

方向	1.0时代	2.0时代	3.0时代	4.0时代	5.0时代
战略导向	产品中心营销	消费者定位营销	价值驱动营销	共创导向营销	共享营销
目标	销售产品	满足并维护消费者	让世界变得更好	自我价值的实现	创造共同价值、实现共同富裕
推动力	工业革命	信息技术	新浪潮科技	社群、大数据、连接、分析技术、价值观	共享经济web3.0、物联网
市场方式	具有生理需要的大众买方	有思想和选择能力的聪明消费者	具有独立思想、心灵和精神的完整个体	消费者和客户是企业参与的主体	共同生产与服务的共同体市场
营销概念	产品开发	差异化	价值	社群、大数据	共同体、生态图
价值主张	功能性	功能性和情感化	功能性、情感化和精神化	共创、自我价值实现	共创、共利、共生
与消费者互动情况	一对多交易	一对一关系	多对多合作	网络性参与和整合	点对点交易

3. 协同创新

协同创新包括三个主要过程。首先，企业必须建立所谓的"平台"，即可进行消费者定制的一般性产品；其次，允许某个群体中的个体消费者针对平台定制，以满足自己独特的需要；最后，整合消费者的定制化信息，根据这些反馈来丰富平台内容。企业必须学会利用消费者水平化网络中的协同创新能力来促进营销。

科技不仅把世界上的国家和企业连接起来，推动它们走向全球化，而且还把消费者连接起来，推动他们实现社区化（见表1-2）。

表1-2　　　　　　　　　　营销的未来

营销分支	今日营销概念	未来营销概念
产品管理	4P（产品、价格、渠道、促销）	协同创新
顾客管理	STP（市场细分、目标市场、定位）	社区化
品牌管理	品牌塑造	特征塑造

（三）营销需要简化

从根本上说，营销只是为了更好地满足客户需求，实现商业利润。把简单的东西复杂化，是造成营销混乱的罪魁祸首，用显而易见的常识思考商业世界的真相，将原本简单的事情还原到其简单的本来面目，则是终结营销混乱的解决方案。如今的消费者对营销活动的反馈变得越来越重要。以往的营销方式是由厂商或品牌驱动的，通过广告、公关、事件营销、电话、直邮等方式"推"到消费者面前。在消费者购买漏斗的每一个环节，每当观察到消费者有偏离于最终购买的倾向时，我们会通过相应的营销活动来纠正其行为。但企业不得不承认：诸如此类的营销活动并不精准，经常不能在恰当的时间找到恰当的目标消费者传递正确的信息。在消费者决策链中，受消费者驱动的营销变得越来越重要，其原因在于，消费者主动搜集并企图帮助其决策的信息。研究表明，至少有一半品牌接触点参与进了消费者在购买前的积极评估阶段，如网上评论、口碑介绍、销售人员介绍及消费者以往的使用经验等。当然，同时存在着不超过一半的品牌接触点是厂商驱动的。在这里，传统的营销手段依然重要，但消费者购买决策行为的变化意味着企业不能仅凭"推"去做营销，而应学习如何影响消费者驱动的决策过程中的接触点，如网络评论及口碑介绍，从而影响消费者购买。

数据不懂社交。大脑在数学方面很差劲，但是大脑懂得社会认知。人们擅长反映彼此的情绪状态，擅长侦测出不合作的行为，擅长用情绪为事物赋予价值。

数据不懂背景。人类的决策不是离散的事件，而是镶嵌在时间序列和背景之中的。经过数百万年的演化，人脑已经变得善于处理这样的现实。人们擅长讲述交织了多重原因和多重背景的故事。数据分析则不懂得如何叙事，也不懂得思维的浮现过程。即便是一部普普通通的小说，数据分析也无法解释其中的思路。

随着我们掌握的数据越来越多，可以发现统计上显著的相关关系也越来越多。在这些相关关系中，有很多都是没有实际意义的，在真正解决问题时很可能将人引入歧途。这种欺骗性会随着数据的增多而指数级地增长。在这个庞大的"干草垛"里，企业要找的那根针被越埋越深。大数据时代的特征之一就是"重大"发现的数量被数据扩张带来的噪声所淹没。

大数据无法解决大问题。如果只想分析哪些邮件可以带来最多的竞选资金赞助，可以做一个随机控制实验。但假设目标是刺激衰退期的经济形势，就不可能找到一个平行世界中的社会来当对照组。数据偏爱潮流，忽视杰作。当大量个体对某种文化产品迅速产生兴趣时，数据分析可以敏锐地侦测到这种趋势。但是，一些重要的（也是有收益的）产品在一开始就被数据摒弃了，仅仅因为它们的特异之处不为人所熟知。数据从来都不可能是"原始"的，数据总是依照某人的倾向和价值观念而被构建出来。数据分析的结果看似客观公正，但其实价值选择贯穿了从构建到解读的全过程。①

数据不会说话。大数据时代，数据与人的关系有时很奇妙。在大数据时代，企业需要思考一个关键的问题，假如大数据是一个大

---

① 孙雷. 透视大数据时代的营销变革 [J]. 国际公关, 2014 (1): 54-55.

金矿，它的实际含金量是多少。大数据成为驱动下一轮创新的原动力，同时，数据科学家也成为热门职业。面对大数据，要有科学家的逻辑思考，更要有哲学家的思维。

大数据的大热使得许多企业争先恐后地搜集数据，聘请大批人员建立各种演算、统计模型。但是，决定成败的关键，其实不是运算能力或统计技术，想成为大数据时代的赢家，关键在于诠释问题的角度和思维方式。思维决定切入数据的角度，决定着能否准确地针对问题深入挖掘。大数据的竞争，比的是谁的观念犀利、判断最快、预测最准。大数据就像浩瀚无边的大海，如果没有中心思想，随意纵身跳入，往往可能会迷失在其中。在大数据时代，是以"人"为核心，而不是以"产品"为主轴。数据面前人人平等，大数据时代比的是点子，未来赢家需要的是数据洞察力。

三、大数据引领营销趋势

通宵达旦修改客户偏好模型，整理、分析社交媒体评论和网络点击流数据，这是当今营销人员的工作写照。市场营销的职能正在经历重大转型，向着数据驱动型营销转变。市场营销的方式一天天在转变，变得越来越数字化。每一天，越来越多的客户偏好和行为信息沉淀下来，不采用数据驱动型营销的机会成本在不断累积。

在大数据时代，利用数据的创新可以在营销中快人一步。沃尔玛公司的数据主权技术，是零售业中毋庸置疑的"第一人"，公司正是通过对数据的观察和收集，来判断一些顾客的喜好，同时推算出市场的普遍现象。沃尔玛在观察商品销售数据的时候，经常会记录下客户购物单中会同时购买哪些商品，以此来主动出击，做好关联商品的销售，这是一个非常强大的数据处理流程，靠的就是数据挖掘工具，来深度剖析原始数据。

　　大数据技术应该取之于民、用之于民，数据技术为社会服务，就是永恒的创新。数据技术的创新，也许会被单纯地认为是要给企业赚取更多的利润，但是企业本身就是社会的一分子，也应该利用数据技术的优势，在社会上传播自己的正能量。最好的方法，自然是将自己的数据技术用于社会化服务方面。

　　如果市场营销部门能够精准定位客户推广，充分理解数字媒体对于销售的重要性，精确细分市场，公司中的其他部门一定会在市场营销部门的带动下，自然而然地将数据驱动定为重要方向。如果市场营销部门在这方面领先，它还可以抓住另一个机会，即承担管理客户互动数据方面的主要职责。在大多数公司中，市场营销不是唯一面对客户的部门，它与销售部门和客户服务部门共同承担这一职责。在未来几年里，公司有必要弄清楚究竟由哪个部门真正负责客户信息。如果市场营销部门能够证明它们擅长客户信息的管理和应用，而且还能为其他有需要的部门提供数据分析服务，这将是市场营销部门领导整个公司的绝佳机会。当然，为了成功做到这一点，市场营销部门需要提高数据管理的专业技能。

　　很明显，对个人而言，各级市场营销人员都必须把技术和数据视作关键的专业能力。每个人都需要了解一些事情，其中一些人需要了解得更多。每个市场营销人员都要在这个变化的环境中确定自己的位置，一端是传统的、创造性的、直觉的营销方式；另一端是实实在在的数据管理。如果企业极端地只看重数据那一端，那么，虽然市场营销人员在管理客户数据方面有所专长，但是仍与传统信息技术人员没什么区别。在可预见的未来，在市场营销领域坚持扩充信息技术和大数据知识的做法，绝对不会停止。

（一）大数据影响下的营销趋势

软件正在重新定义一切（software defined anything，SDX）。继智能手机、平板电脑被软件重新定义之后，其他IT产品也在不断被软件重新定义。软件定义的网络（software defined networking，SDN）、软件定义的数据中心（software-defined data center，SDDC）、软件定义的存储（software defined storage，SDS）、软件定义的路由器等思想、概念和产品不断涌现。电视机、冰箱、鞋子、手表、眼镜等传统工业产品也加入被定义的行列，甚至汽车都在被谷歌重新定义。为各类产品增加一个操作系统后，产品似乎有了魔力；物理功能可以尽量简单，应用功能可以无限丰富；功能可以无限拓展，能力可以不断升级。手机上安装操作系统后，简直成了一个移动计算机，计算、办公、支付、导航、视频、音乐等功能无所不包。利用智能手机移动应用程序（App），通过特斯拉Model S的操作系统，能够控制多媒体功能、通信、客舱功能、车辆功能等，可以实现车辆的远程控制，可以通过互联网实时更新操作系统。数据已经成为战略资产。数据是人类活动在网络空间的映射，蕴含人类生产、生活的规律，挖掘数据潜在价值，对国家治理、社会管理、企业决策和个人生活影响深远。世界经济论坛的报告认为大数据为新财富，商业版图由此被重新划定，通晓如何利用这些数据的企业将成为最强者。随着互联网、移动互联网和物联网广泛而深入地应用，人类活动的踪迹在网络空间的映射加快了，网络浏览、行车轨迹、购物行为等均留下数据记录。

数据不仅是传统产业升级的助推器，也是新兴产业孕育的催化剂。数据已成为与矿物和化学元素一样的原始材料，正在形成数据服务、数据探矿、数据化学、数据材料、数据制药等一系列战略性新兴产业,数据生产力效应开始显现。

大数据能量无穷,它将引导未来的商业走向,塑造如今的商业潮流,决定更远的商业趋势。而在市场营销领域的大数据将引领以下几个营销趋势。

1. 以数据推动内容营销

内容营销是不需要做广告或做推销就能使客户获得信息、了解信息,并促进信息交流的营销方式。它通过印刷品、数字、音视频或活动提供目标市场所需要的信息,而不是依靠推销。表面上看,内容营销与数据并无明显关联,不管是大数据抑或其他数据。但是现在,企业用多种方式发布内容,包括微信、微博、抖音、QQ、搜索引擎、网站联盟等多种形式,实现较低成本的网站推广。如果营销人员能够有效使用数据来分析各种不同内容模式的营销效果,就能更敏锐地洞察到哪些内容能够将潜在客户转化为客户。

2. 创造有意义的个性化

个性化可以是营销人员在发送一封自动推送的邮件时,在邮件开始写上对方的姓名。但我们说的个性化,含义要更宽广、也更有意义。当营销人员可以运用大数据导向的技术来分析个人特征及其浏览记录来识别潜在客户,并以此为基础在适合的时间以适合的渠道向潜在客户自动发送适合的内容时,大数据才算真正发挥了它的市场价值。

3. 数据整合

公司网站的数据展示出客户的一面,电子邮件数据库则展现了其另一面,而电子商务往来以及财务部门的历史支付信息又从另一个角度诠释了客户的形象。数据导向、客户导向的公司正致力于将这些数据整合,以获得对客户全方位的了解。

4. 改善归因

一直以来，营销人员都明白自己的努力能够为公司带来收益。如今不同的是，运用 Adometry、Visual IQ 等公司提供的成熟的归因模型，营销人员能够评估他们一系列市场活动的成果，包括展示、邮件、调研以及社交媒体计划，并找出对收益有所贡献的最佳途径。营销人员可以终止那些收效甚微的市场活动，将更多资源投入高效盈利的途径上。

5. 培养潜在客户更加容易

即使是在不知道潜在客户电子邮件的情况下，新技术的应用也能使营销人员更好地识别网站访问者，从而通过各种各样的线上渠道进行潜在客户培养。整个过程不必再依赖于电子邮件往来，更加简便有效。营销人员能够在更多领域接触到各种各样的新技术，并且可以利用移动端、归因理论、内容营销和其他的市场途径，更好地开展市场工作。而连接所有新技术的纽带则只有一条——数据。

6. 破解移动营销的密码

LinkedIn 和其他社交网络正在破译一种密码——如何利用大数据在移动端直接面向目标群体进行市场营销活动。数据可以赋予营销人员这样的能力：将可兼容移动端的网页和邮件提供给来访者。另外，通过移动端进行的支付活动日益频繁，商业活动将产生越来越多的数据可供营销人员参考。

（二）大数据时代移动营销发展趋势

互联网时代，软件驱动的对象转变为每人一部甚至多部的智能手机、多件可穿戴设备，信息技术（internet technology，IT）从每个办公室一个 PC，到一个家庭一个 PC，再到一个人一个手机，直至一个人多个可穿戴设备，IT 的影响也将更加广泛和深入。更为关键的是整个经济社会加快在网络空间的映射，形成现实社会与虚拟网络空间交融的数字世界，更进一步促进比特与原子的融合。各种数据将被软件定义的各种函数充分挖掘其潜在价值，形成数据生产力。

智能手机、平板电脑等移动终端设备的不断普及，正在深刻改变整个广告市场营销的生态，大数据、智能化、移动化必将主导未来的营销格局。在大数据时代，移动营销正在呈现出以下几个趋势。

1. 智能终端成为数字营销的主战场

随着智能手机和平板电脑的普及，移动网络的访问量急剧增长，用户在智能手机和平板电脑平台上花费的时间也越来越多，中国移动广告市场呈现快速增长的态势。智能终端将成为数字营销的主战场，广告主需要及时调整营销战略，合理分配营销预算，并结合企业自身特点，积极布局移动营销领域。

2. 大数据的应用让移动营销更精准

依托大数据为驱动力将使得移动营销更加精准、投资回报率更高。大数据移动营销不仅仅是量上的，更多是数据背后对用户的感知。移动营销公司利用数据挖掘技术，分析受众的个人特征、媒介接触、消费行为甚至是生活方式等，帮助广告主找出目标受众，然后对广告信息、媒体和用户进行精准匹配，从而达到提升营销效果的目的。大数据的应用让移动营销更精准地体现在三个方面：一是精准定制产品，通过对移动用户大数据的分析，企业可以了解用户需求，进而定制个性化产品；二是精准信息推送，避免向用户发送不相干的信息造成用户反感；三是精准推荐服务，通过对用户现有的浏览和搜索行为数据的分析，预测其当下及后续的需求，由此开展更精准和更实时的营销推广。

3. 移动电商改变整个市场营销生态

如果说电子商务对实体店生存构成巨大挑战，那么移动电子商务则正在改变整个市场营销的生态。智能手机和平板电脑的普及，上网流量资费的降低，大量移动电商平台的创建，为消费者提供了更多便利的购物选择。移动电商购物良好的消费体验，如比实体店更低的价格、丰富的产品选择、简便的购物流程、安全的支付系统，以及快捷的物流配送等，都为移动电商市场规模的扩大创造了条件。

4. 新型城镇和农村成移动新蓝海

在大数据时代，随着智能手机的普及和互联网覆盖的扩展，新型城镇和农村地区正逐渐成为移动营销的新蓝海。这些地区的消费者正在经历数字化生活方式的转变，拥有日益增长的购买力和对新技术的接受度。因此，数字营销公司可以利用大数据分析来更好地理解这些区域消费者的需求和行为模式，通过定制的营销策略来吸引他们，如通过本地化内容和针对性广告，以及通过社交媒体和移动支付解决方案来增强用户体验。这种转变不仅为企业带来了新的增长机会，也促进了地区经济的数字化升级。

5. App营销是移动营销主要形式

现阶段移动互联网流量主要由各种App产生，App产生的流量占70%以上，App的数量在IOS和Android都在百万个以上，无疑，App成为移动营销的主要形式。庞大的App数量和广告形成两个巨大长尾市场，通过大数据分析可以让用户在合适的时间、合适的地点、合适的场景，看到合适的广告信息。

智能手机和平板电脑的App分为两种：一是线下安装；二是主动下载。无论是线下安装还是用户主动下载的App，都需要增强用户体验，提供奖励优惠，激励用户参与，建立情景消费联想。

6. 本地化移动营销市场空间广阔

本地化移动营销是人、位置、移动媒体三者的结合。由于广告主及数字广告代理商不断寻求一种既具有高度本地化又有高度相关性的传递商品信息的方式,本地化移动营销得以快速发展。本地化移动营销的核心发展主要体现在以下三个领域:一是增强现实;二是移动支付;三是游戏化。

7. 移动营销打造O2O营销新模式

线上到线下(online to offine,O2O)营销模式充分利用了移动互联网跨地域、无边界、海量信息、海量用户的优势,同时充分挖掘线下资源,进而促成线上用户与线下商品服务的交易。在移动互联时代,企业需要思考如何将线上和线下有效整合,将线上的推广活动转化为实际的销售。

8. RTB成移动广告投放主导模式

实时竞价(real time bidding,RTB)是一种利用第三方技术在数以百万计的网站上针对每一个用户展示行为进行评估以及出价的竞价技术。与大量购买投放频次不同,实时竞价规避了无效的受众到达,针对有意义的用户进行购买。

9. 多屏整合成移动营销必然趋势

最新报告显示,中国消费者使用智能手机、平板电脑等多屏媒体的频率要高于世界上任何其他地区。多屏整合将成为移动营销的主导方向。这里的多屏整合包含两层含义:一是多屏整合的大数据分析。用户可以同时使用手机屏、iPad屏、电脑屏、电视屏、户外屏等终端,数字广告平台需要知道用户在多屏上浏览的信息和行为模式,从而通过跨屏来修正和完善对消费者的认知,让移动广告投放更精准更有效。事实上,百度、阿里巴巴和腾讯等互联网巨头已经开始在做跨屏的数据分析。二是多屏的整合营销。即将智能手机与PC电脑、电视、户外广告等进行较好的关联和互动,实现线上线下的整合推广。

10. 建立战略联盟是移动营销平台方向

在大数据时代,数字营销公司为了维持竞争力,通常会选择建

立战略联盟。这种联盟可以采取多种形式,其中包括:

(1) 大型互联网企业之间的战略联盟

这类联盟通常涉及大数据分析、云计算服务和广泛的技术支持。例如,两家大型互联网公司可能合作开发更精准的用户行为预测工具,或共同推出一项新的市场营销技术解决方案。这种合作有助于双方利用彼此的技术优势和客户资源,共同扩大市场份额。

(2) 数字广告平台与移动媒体之间的战略联盟

这种联盟使得广告技术公司能够直接接触到广泛的移动用户群体。移动媒体,如智能手机应用或移动新闻平台,拥有大量日活跃用户,为广告商提供了直接的推广渠道。数字广告平台通过这种联盟可以优化广告投放,提高广告效果,同时,移动媒体也可以通过广告共享获得收益,形成互利共赢的局面。

建立这些战略联盟有多个好处:

①资源共享。

合作伙伴可以共享市场资源、技术和数据,提高效率,降低成本。

②市场扩展。

联盟帮助公司进入新市场或加强在现有市场的影响力。

③风险分散。

通过合作,公司可以分散市场和技术风险。

④创新促进。

不同公司的合作往往能激发新的创意和创新解决方案。

因此,战略联盟是移动数字营销公司在激烈的市场竞争中保持领先的关键策略之一。通过这样的合作,公司不仅可以提高自身的技术能力和市场覆盖率,还能在不断变化的市场环境中保持灵活和适应性。

第二章

大数据背景下的营销价值与营销模式

第一节 大数据的营销价值

数据来源的丰富为我们开辟了更多的机会。企业可以找到更准确的从海量信息中进行产品推广的方法，可以分析数百万智能电表数据以预测能源消耗并执行节能措施，还可以发现销售故障的原因，以及从业务绩效信息中发现增加利润的空间。

一、大数据的企业营销价值

虽然叫作"大数据"，但它的价值却是帮助企业办好"小事"。对于企业来说，深入理解用户的获益将表现在三个方面：形成商业营销模式、建立存量客户的忠诚度、获得新增用户。

（一）形成商业营销模式

根据数据资产的盈利方式和经营策略的不同，一共形成了以下六种商业营销模式。

1. 租售数据模式

租售数据模式是一种基于数据销售和租赁的商业模式。在这种模式下，企业可以将自身收集到的或通过合作伙伴获得的数据，出售或出租给其他企业或个人，以获取收入。这种模式适用于数据资源丰富的企业，能够通过数据交易获取额外的利润，并且不影响自身业务的正常运营。

2. 租售信息模式

租售信息模式是在租售数据模式基础上的延伸，不仅能够提供原始数据，还通过数据加工、分析和挖掘，为客户提供更加深入和有针对性的信息服务。企业可以根据客户的需求，提供定制化的信息产品，帮助客户更好地理解市场和决策。

3. 数字媒体模式

数字媒体模式是一种基于数字化媒体平台的营销模式。在这种模式下，企业通过各种数字媒体平台，如社交媒体、搜索引擎、视频网站等，向目标客户群推送营销信息，实现品牌推广和产品销售。通过大数据分析，企业可以更精准地锁定目标客户，提高营销效果。

4. 数据使能模式

数据使能模式是一种利用数据技术和分析能力来增强企业核心业务的商业模式。企业通过建立数据平台、应用数据挖掘和分析技术等手段，将数据融入产品和服务中，提升产品的智能化和个性化水平，从而提升用户体验和市场竞争力。

5. 数据空间运营模式

数据空间运营模式是一种基于数据空间建设和运营的商业模式。企业通过构建数据中心、云计算平台等基础设施，为企业和个人提供数据存储、计算、分析等服务，实现数据资源的共享和价值最大化。

6. 大数据技术提供商

大数据技术提供商模式是一种以大数据技术为核心，为企业和个人提供大数据相关产品和服务的商业模式。在这种模式下，企业可以提供包括数据采集、存储、处理、分析等在内的全套大数据解决方案，帮助客户应对数据管理和分析的挑战，实现数据驱动的商业转型。

（二）建立用户的忠诚度

建立用户忠诚度的关键在于建立长期稳定的良好关系，这需要企业不断提供优质的产品和服务，并与用户建立情感连接。通过个性化的沟通、专属的优惠和回馈机制，以及持续的关怀和关注，企业可以增强用户对品牌的信任和依赖，从而提高用户的忠诚度，并促使其成为品牌的忠实支持者和推广者。

在市场策略的实践中，新增用户的获取往往比对存量用户价值挖掘更能获得市场人员的青睐，但是，"二八法则"告诉我们：在一家公司中，80%的利润是由20%的客户创造的。对现有客户的购买习惯认真仔细地分析，有智慧的商家可以最大限度地确保他们的市场推广投入、供应链投入和促销投入回报率最大化。[①]

（三）开发新的客户资源

公司不但可以借助数据挖掘现有用户的价值，还可以使用数据更高效地争取新用户。"社交"无疑为挖掘新用户开辟了全新的机会，而大数据技术正在革新数字世界中的营销游戏规则。

---

① 江洪涛. 用"二八法则"做好营销 [J]. 农药市场信息，2012（26）：25.

1. 社交网络信息挖掘

拥有敏锐洞察力的企业完全可以利用社交网络的信息实现互利共赢。以银行和航空公司为例,通过分析客户在社交软件上发布的动态,企业可以洞察到客户近期是否有购买机票或更换银行服务的需求。例如,客户可能会在社交网络上提出问题,如"哪家银行的购房贷款申请流程更简便"或"如何能够订到价格最优的机票"等。

企业可以从这些自然而真实的情感表达中捕捉到客户的真实需求,并通过及时、精准的响应,向用户推荐合适的产品或服务。这种策略不仅满足了客户的需求,也为企业赢得了市场的认可和回报。

通过社交网络的数据分析,企业能够更加精准地定位目标客户群体,实现个性化营销。同时,这种基于用户实际需求的推荐方式,也更容易获得客户的信任和好感,从而建立起长期的客户关系。

总之,社交网络作为一个信息丰富、互动性强的平台,为企业提供了一个全新的市场机遇。只有那些能够敏锐洞察并有效利用这些信息的企业,才能在激烈的市场竞争中脱颖而出,实现长期的成功。

2. 实时竞拍数字广告

通过分析用户行为和需求,广告主可以实时出价竞争广告位,以确保他们的广告在最合适的时机、最优质的位置展示给目标受众。这种模式不仅提高了广告投放的精准性和效果,还能够实现广告投放成本的最优化,为广告主和发布平台带来更大的价值和收益。

二、大数据的营销机遇

目前,很多企业都着手开展大数据挖掘,将数据管理视为企业未来IT竞争的主要力量。新一代数据中心的建设顺理成章地就成了

IT建设的核心所在。可以看出,在行业互联网这个新的IT时代,处于大数据时代的背景下,数据中心的建设受到了越来越多的关注,每个人都梦想可以挖掘大数据的商机。

(一) 挖掘大数据的营销价值

在当今数字化时代,数据已成为企业最宝贵的资产之一。无论是医疗、金融、零售还是制造业,每个行业都经历了数据量的几何级增长,这些庞大的数据库中蕴藏着无限的商业潜力和机遇。

大数据的商业价值不容小觑。企业是否能够有效利用大数据,将直接影响其未来的财务表现和市场竞争力。企业必须制定详尽而周密的计划,以确保对大数据的有效管理和利用。

然而,如何从海量的大数据中挖掘出真正的商业价值,并将其转化为实际应用,是企业面临的一大挑战。这不仅是大数据应用的难点,也是其价值所在。企业需要通过数据分析,洞察消费者行为,预测市场趋势,优化产品和服务,从而在激烈的市场竞争中获得优势。

企业还需要关注大数据的安全性和隐私保护。在数据的收集、存储和使用过程中,必须遵守相关法律法规,尊重用户隐私,确保数据安全。

总之,在数字化信息时代,大数据已成为企业不可或缺的战略资源。只有那些能够有效利用大数据,不断创新和优化的企业,才能在竞争中立于不败之地,实现可持续发展。

(二) 实现营销价值的新捷径

电子商务、社交媒体、移动互联网和物联网的兴起,标志着一个大数据时代的来临。大数据相较于传统数据的优势在于数据量庞大、类型丰富、来源广泛。这三大特征不仅改变了企业的 IT 基础架构，也引发了对数据与商业价值关系的重新思考。

在大数据时代，企业必须转变过去的思维模式。大数据不仅是一个支持者，在商业决策和商业价值评估中也是核心部分。企业需要利用大数据来洞察市场趋势、了解客户需求、优化产品和服务，以及实现精准营销和个性化用户体验。只有适应大数据时代的发展趋势，才能在激烈的市场竞争中保持竞争优势，实现持续增长和发展。

（三）挖掘大数据的营销机会

随着技术的飞速发展，我们已经进入了大数据时代，而大数据所蕴含的商业机会也愈发凸显。企业若要充分挖掘大数据的营销机会，一方面需要利用先进的数据分析工具和技术，深入挖掘数据背后的信息，洞察市场趋势、用户行为和需求，从而精准地制定营销策略和决策；另一方面则需要加强数据资产的管理和保护，确保数据的质量和安全，同时遵守数据隐私和安全的相关法规，建立可信赖的数据基础，以提升企业的竞争力和可持续发展能力。

1. 获得数据

通过数据化各种行为和状态，企业可以获得大量的个人信息数据和交易数据。大型互联网企业如新浪、微博、京东、淘宝等拥有获取这些数据的优势，而小型企业通常较难独立获取这些数据。

2. 汇集数据

数据的汇集是一个复杂的过程，但若能够整合各大厂商、微博、政府部门等数据，将会带来巨大的机会。

3. 存储数据

数据的存储是一个重要问题，需要投入大量资本。提供存储设备的企业和执行存储角色的企业都具有巨大的市场机会，但对于小型企业来说可能不太适合。

4. 运算数据

存储数据后，如何将数据分发是一个挑战。各种应用程序编程接口（application programming interface，API）和开放平台可以将数据发送出去，为后续的挖掘和分析工作提供支持，但这需要大量资本投入，对于小型企业来说可能不太适合。

5. 挖掘和分析数据

数据分析和挖掘工作具有巨大的价值，可以为数据增值提供服务。这个机会更适合小型企业和小规模团体。

6. 使用和消费数据

在将数据挖掘和分析后，需要将结果应用在实际场合中，以获得回报。这需要找到适合的客户，这些客户通常也不是小型企业。

总的来说，互联网从业者可以利用大数据技术获取消费者的习惯、喜好、关系圈等数据，并对其进行详细分析。同时，借助社交媒体的大数据挖掘和分析，以及数据分析的营销咨询服务，也将催生出大量应用。在这个过程中，小型企业可以通过挖掘和分析数据，实现商业机会的创造和利用。

（四）企业用大数据获取优势

大数据平台为所有企业提供了转变数据模式的机会，并通过提供洞察力优势来获得显著的竞争优势。通过大数据平台，企业可以收集、存储、处理和分析大规模的数据，从而洞察市场趋势、用户行为和需求等关键信息，为企业的决策制定和业务发展提供支持和指导。

（五）大数据有待更深地挖掘

大数据的概念并非新鲜事物，但随着互联网的广泛普及和数据量的急剧攀升，整个行业面临着前所未有的压力。传统数据库技术已经难以满足运营商对于大数据深度挖掘和利用的需求，这使得大数据逐渐成为一个备受关注的热点议题。

我们所处的时代，可以称之为大数据时代，它标志着技术的创新和数据资源的深度开采。对于运营商而言，大数据所带来的机遇远远超过了挑战。运营商凭借其独特的网络运行模式，积累了海量的宝贵数据资源，这为其进行深入的客户研究和分析提供了可能。通过互联网采集的数据，可以帮助运营商革新其业务运作模式，提高服务的个性化和精准度。

运营商不仅可以利用自身在运营网络平台方面的优势，还可以突破传统框架，开发出基于大数据的研究服务、移动营销等高端服务项目。随着大数据技术的持续进步和应用范围的不断扩大，运营商需要加强大数据在以下几个方面的应用。

①数据规范化：确保数据的质量，提高数据的可用性和可靠性。

②销售精确化：利用大数据分析消费者行为，实现精准营销。

③服务体验完善化：通过数据分析提升客户服务体验，满足个性化需求。

④业务效率提升化：优化内部流程，提高业务处理效率。

通过这些措施，运营商可以提升其在企业和个人用户中的关注度和市场竞争力。在大数据时代，运营商不仅是网络服务的提供者，更是数据服务的创新者。

三、数据的来源与营销价值

虽然各个行业都掀起了生产大数据的热潮，但是底层的支持技术是没有差别的，不同的行业也可以使用一致的大数据来源。大数据并不仅仅是单一的用处，它的影响力范围非常广。下面将探讨大数据的来源及其营销价值。

（一）各行各业：传统文本数据的营销价值

日常生活、工作中，我们接触频率最高的数据源就是文本，它是结构化程度比较低的数据源。每个行业几乎都会产生文本，一封简单的电子邮件（E-mail）、一个精美的文案都是数据，需要对这些海量的数据精挑细选才会开采出更大价值的数据。

通过对文本数据的分析和挖掘，企业可以深入了解客户的偏好、需求和情感态度，从而制定更加精准的营销策略。例如，通过分析客户的反馈、评论和投诉，企业可以及时发现产品或服务存在的问题，并采取针对性的改进措施，提升用户体验和满意度。利用文本数据还可以进行市场情报分析，洞察市场趋势和竞争对手动态，为企业的市场定位、产品定价和推广活动提供有效的参考依据。

（二）泛电信业：社交网络数据的营销价值

社交网络数据作为一个巨大的数据源，其规模庞大且持续增长。在对社交网络数据进行解析时，需要处理异常海量的数据集，这包括用户发布的大量文本、图片、视频等多种形式的内容，以及用户之间的交互行为数据。处理这些数据需要强大的计算和存储资源，并且需要应对数据的多样性和实时性挑战，以从中提取出有价值的信息和洞察。

（三）销售领域：时间与位置数据的营销价值

随着全球定位系统（global positioning system，GPS）、个人GPS设备、手机定位功能的出现，时间和位置的信息一直在增加。许多公司已经开始意识到掌握客户的时间与位置数据的威力，它们开始尝试从客户那里收集信息。

从获取个人的时间、所处位置等信息开始，公司可以迅速进军大数据范围。然而，时间和地点信息是相对隐秘的大数据类型，有的还存有道德和伦理问题，但从积极的角度来看，其合理使用的可能性同样很大。

例如，消费者要在17：30离开办公室，大约在18：00到达商业街并要找餐厅吃晚餐，他需要掌握餐厅在相应的时段可以提供什么类型的食物。这时餐厅就需要在对应的时间段准备符合消费者口味的食物，如果第二天早上才借助E－mail形式告知相关信息已经太晚了，餐厅必须在消费者到达商业街时便能主动推送相关消息。

近年来，营销领域正逐渐趋向于一种更为精准和个性化的推广策略，即在正确的时间、正确的地点向目标客户推送高度相关的消息。这种有针对性的营销手段与传统的广泛撒网式营销相比，展现出更显著的优势和更高的成效。

此外，增强型社交网络，如婚介公司，也能利用这类数据来提升服务。无线运营公司通过分析用户的语音和文本交流信息，能够识别出用户之间的关系网络。结合时间和位置数据，运营商能够识别出在同一时间、同一地点出现的个体。通过这种分析，可以发现那些在同一地点、相近时间出现但彼此尚未认识的人群，而这些人群很可能具有相似的兴趣和爱好。

这种数据的深度挖掘和应用，不仅能够为营销活动带来前所未有的精准度，还能够为社交网络服务提供新的视角和机遇。通过智能分析和数据匹配，可以为用户推荐具有共同兴趣的社交圈子，从而促进社交网络的扩展和深化。这种基于大数据的智能推荐系统，正在成为营销和社交网络服务领域的重要趋势。

(四) 零售制造：RFID 数据的营销价值

射频识别（radio frequency identification，RFID）技术，属于通信技术的一种，是当前使用频率极高的一项技术，在我们日常生活中的很多场景都可以看到它的身影。例如，如果一个企业把拥有的所有固定资产（如桌椅板凳、计算机等）都粘贴上标签，并执行库存追踪。一旦某一件资产离开了原有位置，系统就会自动输出警告信息，还会对违规者有所警示。

这种模式等同于超市里的产品标签，一旦标签变为失效，警报声就会自动回应。对于制造企业来说，它们完全可以采用这种方法，在它们的每一个产品上都粘贴上相应的标签，这样就可以非常容易地查询到物品处于的位置。

(五) 电力行业：智能电网数据的营销价值

智能电网是下一代电力基础设施。各种类型的传感器和监测设备记录了关于电网本身和流过电流的大量信息。智能电网比我们通常看到的高压输电线可靠性更高。智能电网的监控、通信和发电系统复杂度更高，可以提供一致的服务，并且在发生停电和其他问题时可以很迅速地采取措施进行恢复。

通过实时监测和分析智能电网数据，企业可以精确了解电网运行状态、能源消耗情况和用户需求，从而优化电网运行管理、提高能源利用效率，为用户提供更稳定、高效的电力供应。同时，基于智能电网数据的分析，企业可以开发出更智能化、个性化的能源产品和服务，满足用户的个性化需求，提升用户满意度和忠诚度。智能电网数据还可用于预测和应对能源市场波动，优化能源供应链和商业模式，为企业带来更加可持续的发展和竞争优势。

（六）汽车保险：信息服务数据的营销价值

车载服务在汽车保险行业中正变得越来越受到关注，这主要得益于车辆内置的传感器和数据记录器（俗称"小黑盒"）能够收集与车辆相关的各种数据。这项技术使得保险公司能够更及时、更准确地掌握车辆的风险状况，并据此制定更为合理的保险费率。

通过设定不同的监控场景，车载数据记录器能够全面追踪车辆的行驶信息，包括车速、行驶区域以及是否装备了紧急制动系统等。然而，这也引发了隐私保护的担忧，因为如果忽视隐私权问题，车载信息系统完全有能力详细追踪车辆的行踪，包括到达的具体地点、时间、行驶速度，以及在行驶过程中使用的各项功能。

传统的风险评估方法主要依赖于个人的年龄、历史意外伤害记录等基本信息，这些信息往往只能提供一个大致的风险概况。对于驾驶记录良好的车主来说，传统方法往往无法将他们与一般人群区分开来。相比之下，车载信息服务能够提供更精细的数据分析，从而为这些车主降低保险费用，同时提高保险公司的业绩和客户满意度。

车载信息服务最初只是一个辅助工具，帮助司机和保险公司获得更公正的保险评估。随着技术的普及和应用，车载信息服务有潜力成为大规模使用的平台。届时，第三方研究公司可能会以匿名的方式提供车载通信数据的收集服务，这些服务将超越目前保险行业所需的数据范畴。数据收集将在短时间内完成，内容可能包括瞬时速度、位置、行驶方向、驾驶员心律等更为详尽的信息。

总体而言，车载信息服务的发展为汽车保险行业带来了创新的机遇，但同时也提出了隐私保护和数据安全的挑战。保险公司和相关服务提供商需要在提供个性化服务的同时，确保客户隐私的严格保护，以及数据的合法合规使用。

（七）工业设备：传感器数据的营销价值

近些年来，飞机、游轮等大型设备也逐渐利用嵌入式传感器，就是为了实现对设备的时刻监管。

通过收集传感器数据，企业可以实时监测产品或设备的运行状态和性能表现，及时发现潜在问题并进行预防性维护，提高产品质量和用户体验。此外，基于传感器数据的分析还能够帮助企业深入了解用户行为和偏好，精准地定位目标市场，并提供个性化的产品和服务，从而增强竞争优势和客户满意度。传感器数据还可以用于优化供应链管理、改善生产效率、降低成本，为企业带来更高的营销效益和商业价值。

（八）视频游戏：遥测数据的营销价值

遥测数据在视频游戏行业中为游戏制造商提供了洞察玩家游戏活动状态的窗口。制造商不仅能够轻松追踪软件的销售量，还能了解玩家投入游戏的具体时长，这些信息对于游戏的持续改进和市场定位很是重要。

在当前以订阅模式为主的盈利机制下，维持玩家的参与度和刷新率比较关键。通过遥测数据，制造商能够深入了解客户的个人信息、实际游戏行为以及他们与游戏内容的互动方式，这些数据有助于制造商精确识别并优化玩家喜爱的游戏元素。

客户满意度在游戏视频行业中占据着核心地位，与其他行业并无二致。制造商通过对游戏进行细致的分析，可以识别出哪些关卡设计过于简单，哪些关卡难度过大，从而对游戏难度进行适当调整。这种对玩家体验的不断优化，不仅能够提升用户的满意度，还能增强用户的成就感,进而激发他们进行购买和长期投入的意愿。

因此,遥测数据的应用对于视频游戏行业来说是一个宝贵的资产。它不仅帮助制造商更好地理解玩家需求,还能够指导制造商设计出更具吸引力和留存率的游戏产品。通过这种方式,遥测数据成为推动游戏行业发展、提升玩家体验的重要驱动力。

第二节
大数据的商业智能与发展趋势

在大数据时代,一切都存在着可能,这些可能具体表现在数字资源的共享行动、网络学习空间的普及活动、网络扶植工程攻坚行动、教育治理能力提升行动、学生信息素养培育行动、百区千校万课示范行动、宽带卫星联校试点行动、智慧教育创新引领行动等,其中表现最为突出的就是智能商业给社会带来的价值转型正在发生悄然变化,而我们也正从中获益。

一、大数据的商业智能

(一) 商业智能的发展前景

总体来看,商业智能(business intelligence,BI)的发展有以下几个特点:实时操作性、业务流程的集成主动以及跨越企业边界等。商务智能的实时特性,可以让公司与顾客拉近距离,而实时商业智能可以迅速地处理数据,并给出及时、有效的决策。

如今,商业智能不管是技术上,还是实践应用上都历经了诸多变化。商业智能—商业研究—绩效管理—绩效优化,从技术和应用程序开发层面,我们将商业智能的趋势总结如下(见表2-1)。

表2-1　　　　　　　　　商业智能发展及趋势

发展前景	趋势预测
存储器分析	存储器技术已经成为万众瞩目的焦点,它能够为不断增长的庞大数据提供快速分析。未来,大型企业会逐渐采用 HANA 及 Exalytics 之类的高端应用,然而大多数用户会继续采用 Qlik Tech、Tableau 等供应商提供的灵活的存储器解决方案
可视化发现	可视化发现技术会成为商业智能的重头戏,可视化发现不同于存储器技术,尽管在有些行业将两者混淆,而且不少可视化发现工具也内置了存储器引擎
大数据	硬盘读取会因为大数据变得异常缓慢,因此,大数据需要一个速率快的平台,给用户一种无缝对接的感觉。此外,它需要业务人员简单化操作此平台。对于灵活性框架和富有灵活数据挖掘算法的商业智能解决方案而言,大数据为其提供了无限的发挥空间
移动 BI	移动 BI 性能将继续提升,更多 BI 供应商将调整应用,以适应移动 BI。例如,平板计算机能够支持线下或飞行模式,提供更高的安全性以及更好的性能
云计算 BI	大多数供应商都一致认为,减轻存储器最好的办法就是云计算,认为云计算可以在高峰时段给予更好、更优化的数据解决办法
协作型商务智能	从数据出发,可以在供应商、企业内部和客户之间共享分析的结果,某些行动可能会产生风险。这些风险会给供应商、企业内部、客户之间带来损失

(二)大数据为商业智能构建基础

在当今数字化时代,大数据已成为商业智能构建的基石。随着信息技术的迅速发展和互联网的普及,企业所面临的数据量呈指数级增长,包括来自各个渠道的结构化和非结构化数据,如用户交易记录、社交媒体信息、设备传感器数据等。这些海量数据蕴含着丰富的商业信息和洞察,然而,要想将这些数据转化为有意义的商业智能,企业需要建立起相应的大数据基础设施和分析能力。

（三）商业智能成就行业价值机会

20世纪90年代，霍华德·德雷斯纳（Howard Dresner）提出商业智能的概念，不久后便被人们所广泛获悉。当时将商业智能定义为一类由数据库（或数据集市）、查询报表、数据分析、数据挖掘、数据备份和恢复等部分组成的，以帮助企业决策为目的技术及其应用。[①]

在大数据时代，企业要想在竞争激烈的市场中占据一席之地，就必须具备强大的数据处理和分析能力。然而，仅仅停留在报表呈现和简单分析的层面，即所谓的"描述性分析（B级）"，是远远不够的。企业要实现"预测性分析（I级）"，则需要将视野扩大到整个宏观环境和行业背景，综合运用广泛而深入的数据资源，通过精准的数据分析和建模，提供真正有价值的信息和决策建议。这不仅取决于企业能够获取的数据的广度和深度，更考验企业在数据挖掘、分析和建模方面的能力。

大数据与传统的BI在处理数据方面存在显著差异。大数据通过BI工具，能够处理海量的结构化和非结构化数据。相较于传统以数据库系统为基础的处理方法，大数据分析不仅关注历史结构化数据，更能高效地处理非结构化数据，从而为BI提供了强有力的补充。

尽管一些大型企业将商业智能视为信息化建设的重要里程碑，并在此基础上实施决策解决方案，但中小企业在商业智能的应用过程中仍面临诸多挑战。这些挑战包括有限的预算投入、对商业智能

---

① 冯怡嫣. 商业智能化背景下供应链运营模式发展创新研究［J］. 中国储运，2023（6）：79-80.

理解的不足，以及相关技术和人才的缺乏。中小企业需要更加注重成本效益分析，选择合适的 BI 工具和策略，逐步提升自身的数据分析能力，以适应大数据时代的商业环境和市场需求。通过持续的学习和实践，中小企业也能在商业智能的道路上不断进步，实现数据驱动的决策制定，从而在激烈的市场竞争中赢得优势。

（四）ORACLE BIEE 商业智能系统

甲骨文公司（ORACLE）的商业智能企业版（business intelligence enterprise edition，BIEE）平台，即 ORACLE BIEE，是收购、整合 SIEBEL 和 HYPERION 相关 BI 部分构建而成的，它主要负责 ORACLE 整个商业智能体系结构中的数据分析应用程序和视觉显示工作。ORACLE BIEE 架构（见图 2-1），其中最重要、最核心的是商业智能服务器（BI server）所操作的资源库（repository）。

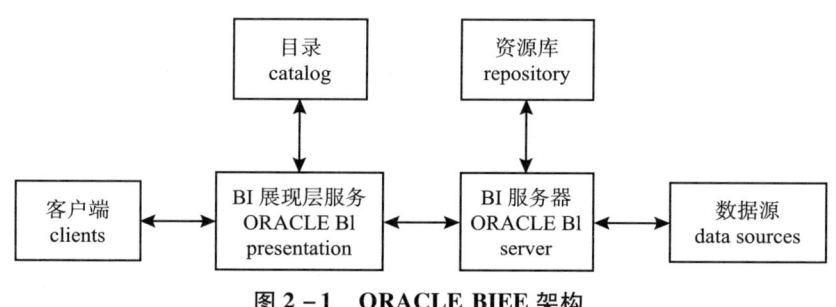

图 2-1 ORACLE BIEE 架构

借助 ORACLE BIEE 商业智能分析模型可以清晰、简单地呈现数据报表。研发人员定义元数据后，即便业务人员不明白内部库表及相关技术也没有关系，仍然可以直观、简单地生成自己需要的智能数据报表，最大限度地提高了业务分析的效率。与此同时，云计算技术的不断进步为商业智能行业催生了新的灵感。依托云计算的商业智能平台可以作为 Web 服务提供给用户，商业智能的 Web 化和服务可能会成为一种新趋势。

（五）BI 导出商业潜能和社会走向

BI 的导出不仅有助于发掘企业的商业潜能，还能提供对社会走向的洞察。通过分析市场数据、消费趋势和竞争情报等商业数据，企业可以识别出潜在的市场机会和发展趋势，从而制定更具针对性和有效性的营销策略和业务决策，实现商业增长和竞争优势。BI 还能分析社会趋势和影响因素，包括人口结构、社会行为和政策变化等，帮助企业更好地理解社会环境和趋势，及时调整战略和应对风险，从而在不断变化的市场中保持敏捷性和竞争力。

二、大数据的发展趋势

社交软件、电子商务的快速发展也拓宽了互联网的应用范围。但是，人们在享受网络带来的便利时，也将自己的行踪记录无条件地贡献了出去。

采集研究各种类别的数据，并在最短的时间内获取到对未来产生影响的信息的能力，这是大数据独有的魅力所在。实际上，大数据的来源十分宽广且繁杂，日常生活中的许多东西都具备产生大数据的能力，大到天上的卫星，小到地上的汽车，每时每刻都会产生海量的数据信息。如果对这些数据加以整合，一定会产生让人为之惊奇的社会及经济价值。

（一）大数据撬动全世界

随着科技的迅速发展和数字化时代的到来，大数据已经成为当今社会的重要组成部分。不仅数据量呈现出惊人的增长态势，还引入了史无前例的不断扩大的数据类别，涵盖了诸多领域的应用和影响。这些领域包括但不限于广告电子商务推广、物流调度能力、金融监管、农业生产、医疗保健等。

一是大数据在广告电子商务推广方面发挥着重要作用。通过对用户行为、偏好和购买习惯的分析，企业可以更精准地进行广告投放和营销推广，提高广告效果和销售转化率。大数据还可以帮助企业了解市场趋势和竞争对手动态，及时调整营销策略，抢占市场先机。

二是物流调度领域也受益于大数据技术的应用。通过实时监控货物运输状态、交通状况和仓储信息，企业可以优化物流路线和配送计划，提高物流效率和服务质量，降低成本并提升客户满意度。

三是大数据在金融监管方面的作用。证监会等监管机构可以通过大数据技术对市场交易行为和风险进行监测和分析，及时发现异常情况并采取相应措施，维护市场秩序和投资者利益，确保金融市场的稳定和健康发展。

四是大数据在农业生产、医疗保健等领域的作用。在农业生产方面，农民可以通过大数据技术了解气候变化、土壤状况和作物生长情况，科学调整农作物种植结构和农业生产管理，提高农产品质量和产量。在医疗保健方面，大数据可以帮助医生诊断疾病、制定个性化治疗方案，提高医疗服务水平和患者生活质量。

（二）大数据衍生的应用

在互联网行业，消费者的偏好、购物行为、社交关系圈以及互联网的发展轨迹和趋势，都是从业人员持续关注的热点。这些领域的数据收集与研究，都离不开大数据的支持。特别是基于社交媒体的大数据挖掘与分析,能够催生出众多创新的应用程序。例如,它们可以帮助企业更高效地挖掘内部数据,提高精准定位用户的能力,从而降低销售成本,提升转化率,并最终增加利润。

大数据与社交媒体营销的结合,实现了营销策略的个性化定制,标志着营销领域的一次重大进步。未来,企业间的竞争将不再仅仅是规模和活动的竞争,更是对数据的解释能力和应用能力的较量。

随着科技的不断进步,大数据社交营销正逐渐成为未来营销的主战场。在即将到来的大数据时代,其应用将横跨各个行业和服务领域,催生出无穷无尽的新型服务和商业模式。以大数据为核心的商业模式至少可以衍生出六种新的形态,包括数据的租赁或销售、信息的租赁或销售、数字媒体的精准营销、专业的数据研究分析、数据空间的运营以及大数据处理服务。对此领域感兴趣的朋友,完全可以进行更深入的探索和研究。

(三) 大数据时代的转变

互联网的焦点正在逐渐转向移动互联网。各种新兴智能移动设备的大范围推广带来了数据的大爆炸。每个人都在讨论大数据,每个人都想使用大数据,但你真正了解大数据吗?

了解大数据并不仅仅是关注数据的规模和多样性,而是要理解数据在业务和市场活动中的实际应用。大数据并不是一个静态的实体,而是一个动态的数据云,需要通过实时感知、分析、对话和服务来不断地更新和优化。

在大数据时代,关键在于如何让这些数据更好地服务于产品或营销活动。这需要企业具备强大的数据分析和应用能力,能够将数据转化为有用的信息和洞察,并及时采取行动。只有在了解行业趋势、竞争对手和市场需求的基础上,才能更好地利用大数据来推动业务发展。

(四) 大数据的发展动力

大数据行业的健康、有序发展离不开多方因素的共同推动,其中市场需求的推动和技术的飞跃是很重要的。大量数据的产生和积累推动了大数据技术的发展和应用,而技术的不断进步又为处理和分析这些海量数据提供了更加高效和可靠的手段。

在中国,大数据行业即将迈入"高速公路"的阶段,政府、科研机构和企业等各方正积极开展大数据部署工作。大数据技术被视为重要的战略资源,得到了政府机关和企业的高度重视和支持。特别是5G时代的来临,数据流速将实现质的飞跃,为政府和企业带来更多的战略资源和发展机遇。

以视频监控为例,大城市使用大量摄像机进行监控,每小时产生的数据量是4GB左右,数据存储需求巨大。而大数据技术的应用有效地满足了智慧城市的信息处理需求,为城市运行提供了智能引擎。

因此,大数据的发展不仅成为众人关注的焦点,也是市场、技术、资本和政府机构等多方共同努力的结果。在各方的积极推动下,大数据行业将迎来更加充满活力的发展前景。

第三节

大数据时代的企业营销模式的变革

传统企业的互联网转型一般都要经过四个阶段:第一阶段是传播层面的互联网化,也就是狭义范围上的网络营销,借助互联网工具实现产品发布、产品推广等功能;第二阶段是渠道方面的互联网化,即狭义的电子商务,借助互联网完成产品营销;第三阶段是供应链方面的互联网化，利用消费者到企业（customer to business, C2B）模式，让顾客参与产品策划和研发环节；第四阶段是利用互联网思维来重组企业。

目前，传统企业处于第一阶段和第二阶段，依然在开通微信、微博、京东、天猫之间犹豫不定，不具备系统性、完备性的互联网转型思路，这也是很大一部分企业互联网转型半途而废的原因所在。传统企业的互联化是运用互联网思维重新塑造企业的整个价值链条。

一、互联网思维与营销相结合

营销的本质其实包括三个方面的内容，分别是：谁是购买者、购买者有什么样的需求，以及怎样做才能满足购买者的需求。

随着互联网的迅速发展，信息展示方式不断更新换代。从传统的门户网站到社交媒体，如从新浪到新浪微博，这种转变不仅提高了营销的效率，也改变了沟通方式，从单向传播变为双向互动。此外，微博、微信、抖音等社交媒体平台的兴起，进一步强调了沟通方式的变化，即通过合适的媒体向适当的受众提供正确形式的信息推送。

广泛研讨和分析的"互联网思维"是否仅限于互联网产品的传播？事实当然并非如此简单。

下面将互联网思维与营销结合起来进行研讨，深层次剖析互联网的六大思维给营销模式带来的创新。

（一）用户思维

用户思维是互联网思维赋予营销领域的一个核心理念。在互联网的浪潮中，借助微信、QQ等社交工具，信息传播已经从传统的一对一或一对多模式转变为多对多的互动交流。

在这个信息爆炸的时代，用户始终是营销活动的核心。用户的反馈和评价在互联网的放大作用下，对企业产品和服务质量的透明度产生了深远的影响。随着大众点评等互联网平台的兴起，用户的声音变得更加重要，他们的评论成为对企业服务质量的直接反馈。

因此，众多企业将"消除差评，争取好评"作为营销战略的关键一环，这正是用户思维的直接体现。但这与传统营销中"以客户为中心"的理念有所不同，在互联网时代，消费者的口碑和分享变得尤为重要，它们不仅仅是一种影响力，更是一种行动的驱动力。

用户思维在营销模式中的应用主要体现在市场定位、品牌规划和体验设计三个关键领域，从市场定位来看，互联网经济代表了"长尾"理论的应用，意味着企业需要关注那些小众但数量庞大的消费者群体。尽管单个消费者的购买力有限，但通过网络聚合，他们形成了一个不容小觑的市场力量。利用互联网思维和"长尾"理论，企业可以更好地满足这些"长尾"用户的需求，开拓新的市场空间。

在品牌规划方面，互联网的主要用户群体是年轻人，他们热衷于参与、分享和表达。企业在产品策划和推广过程中，应充分考虑用户的感受和需求，甚至让用户参与到产品的开发和推广中来，形成定制化服务和粉丝经济。

从体验设计的角度来看，互联网经济也是体验经济，用户体验是成功的关键。无论是购买前的咨询、购买后的服务质量、整体的服务体验，还是产品的包装设计，以及消费者的购买渠道，都是构成用户体验的重要环节。企业在设计产品和提供服务时，必须将用户体验放在首位，以此来满足用户的需求，赢得市场的青睐。

（二）简约思维

互联网对传统的商业模式产生一次又一次的冲击，用户的话语权更强，大众在审美方面日趋简单化。娱乐性新闻、综艺节目以及更简单的互联网通信平台的发展趋势不断增加，这些平台不需要太多考虑，而且支付简单的在线购物方便快捷。①

在消费者的购买行为中，选择范围的增大通常会导致选择时间的缩短，而顾客的耐心也相应减少。在线上，顾客转移成本低，仅需点击鼠标即可切换至其他选择，因此企业需要以最快的速度在最短时间内挽留消费者，这就是简约风格的重要性所在。

在互联网时代，简单的思维逻辑成了重要的业务思想。营销模式的应用包括简化信息量，采用小巧精致的产品线、美观简洁的设计风格以及易于使用的用户体验，以确保消费者在信息爆炸时代仍能保持品牌忠诚。简约风格不仅体现在产品外观和设计上，更体现在操作界面的简化，使消费者能够轻松找到所需功能，操作起来简便易懂。

在实践中，简约风格意味着产品价值需要在最短时间内被用户发现，并用最直接明了的语言表达出来，以利于口碑传播。因此，企业需要确保产品看起来简单、使用起来简便、表达起来简洁，以满足消费者在快节奏、信息过载的互联网时代的需求。

（三）极致思维

极致思维是一种追求极限、追求卓越的思维方式。它要求在各个方面追求最高水平，不断突破自我、挑战极限。在商业领域，极

---

① 林忠玲. 重构教育生态需要互联网思维［J］. 江苏教育，2022（10）：1.

致思维意味着不满足于平庸，而是追求产品、服务和用户体验的最高境界。在产品设计和开发中，极致思维要求追求完美，不断优化产品的功能、性能和外观设计，以实现最高水平的用户体验。这可能涉及对细节的精雕细琢，对用户需求的深度挖掘，以及对市场趋势的敏锐把握。

在营销和服务方面，极致思维要求企业为客户提供卓越的体验，超出他们的期望。这可能包括个性化定制、高效便捷的服务流程、及时有效的客户支持等方面的努力，以确保客户在与企业的每一次接触中都感受到最佳体验。

互联网思维强调以用户为核心，因此抓牢客户首要的是全面了解客户的心理需求。从销售的角度来看，关键在于让消费者在视觉上受到冲击，同时在使用过程中不断超越他们的预期，使产品的优点逐渐展现，从而打造出卓越的产品质量。借助口碑营销，只有在产品和服务质量上做到更强、更好、更大，才能真正实现网络营销。

优质的服务往往会带来超出预期的效果，而这种效果则会提升销售的成功率。企业需要不断提升产品的质量，并通过提供优质的服务来增强用户体验，从而建立起良好的口碑和品牌形象。只有在产品和服务上做到更好、更强，才能赢得用户的信任和忠诚，实现销售的成功。

（四）迭代思维

在互联网大环境下，科技不断进步，产品的升级是必然趋势，尤其对于手机等电子产品而言更为突出。迭代思维应运而生，以用户提出的意见为基础，及时修正和改进产品，并将这些改进结合到新的产品中。这种思维方式旨在应对日益激烈的行业竞争和不断变化的消费者需求。

在迭代思维中，注重小细节，进行微创新是关键。持续地改进产品和用户体验将有助于提升质量，有时还会带来意想不到的创新。迭代思维强调企业必须意识到"快"的重要性。在互联网时代，产品开发、用户发展和营销都必须迅速，只有这样才能立于不败之地。

为了做到如此之"快"，企业需要注重细节，保持认真仔细的态度。微创新和快速迭代是相辅相成的，企业必须时刻掌握用户的需求，并快速作出相应的修正和改进。

在这样快速迭代的环境下，用户反馈提供了用户参与的机会，让他们成为产品改进的一部分，将日常营销自然地融入到产品和服务的迭代过程中，以实现最佳的营销效果。

（五）流量思维

在互联网竞争日益激烈的时代，企业获得的关注度直接关联着其市场曝光度，进而影响消费者的选择倾向。品牌的关注度越高，其资本扩张的潜力越大，商业运作机制的优化速度也越快。这一现象在传统零售业中体现为选址的重要性，而在互联网领域，则转化为店铺或平台的流量多少。以淘宝为例，店铺排名与顾客流量密切相关，而交易额则依赖于这些流量。淘宝的盈利模式，本质上与传统商业街相似，只不过将线下模式转移到了线上，并通过互联网技术记录和分析顾客的消费行为和评价，从而让数据在平台上创造出更大的价值。

互联网公司的估值模式同样以流量为核心，关注点包括注册用户数、用户活跃度和浏览频次等。一个拥有庞大用户基数的互联网产品，即使尚未实现盈利，其市场估值也可能达到数亿美元。

流量思维，即重视流量的核心价值，关注如何快速获取流量或充分利用现有流量。企业创始人通过参与各种活动和会议，为自己的品牌赢得曝光和关注，以低成本获取高流量，这是一种高效的营销策略。

免费模式是流量思维在营销中的典型应用。许多互联网产品通过免费提供服务吸引用户，积累客户基础。随着用户基数的增长，形成庞大的流量池，企业再通过部分增值服务或产品实现盈利。淘宝、百度、腾讯QQ等平台都是通过免费策略逐渐发展壮大的。免费不仅是吸引用户的策略，也是积累流量、实现商业价值转化的一种手段。

（六）平台思维

平台思维是一种颠覆性的商业理念，它不仅是一种策略或方法，更是一种对商业模式和组织运作方式的深刻变革。在传统的商业模式中，企业通常是以生产者的身份，通过生产和销售产品或服务来获取利润。然而，在平台思维下，企业不再是产品或服务的提供者，而是连接各方参与者、促进价值创造和交换的枢纽，从而构建起一个开放、共享的商业生态系统。

平台思维的核心在于构建平台，这个平台可以是一个数字化的网络、一个在线市场、一个社交媒体平台，甚至是一个物流配送系统，它为各种参与者提供了一个共同的基础设施和交流场所。在这个平台上，不仅有产品和服务的交易，还有信息的流通、资源的共享以及合作的机会。通过这种方式，平台成为一个价值交换的中心，各方参与者可以在这里实现价值的最大化。

在平台思维下，企业的经营重心从产品或服务的生产转移到了平台的建设和运营上。企业不再仅仅是单一的生产者，而是要考虑如何吸引更多的参与者加入平台中，如何提升平台的用户体验，以及如何激发参与者之间的互动和合作。通过不断优化平台的功能和服务，企业可以吸引更多的用户，形成更为活跃和强大的生态系统，从而实现持续的增长和盈利。

二、媒体趋势

互联网时代给我们带来三个趋势：一是媒体碎片化的趋势。在当今这个互联网时代，我们的媒体已经高度支离破碎，或者说每天有太多的媒体在影响、关注我们，因此传播途径需要改变。二是媒体互动化的趋势，互联网时代出现了很多新媒体，新媒体的互动性非常强，传播方式需要改变。三是媒体渠道化的趋势，销售渠道需要改变。

（一）媒体碎片化

媒体碎片化是当今媒体领域的一个明显趋势。在过去，人们的媒体消费主要集中在传统的平面媒体，如报纸、杂志和电视等上。然而，随着科技的不断进步和互联网的普及，媒体形式变得越来越多样化，涌现出了大量新兴的数字媒体，如社交媒体、视频网站等。

这种碎片化的趋势意味着人们的注意力被分散到了更多的媒体平台上，他们不再局限于传统媒体，而是通过多种渠道获取信息和娱乐。例如，一个人可能既通过社交媒体浏览朋友的动态，又通过视频网站观看影视剧，再加上定期阅读博客等，这样的多元化媒体消费模式使得人们的注意力更加分散，也增加了企业在营销方面的挑战。

对企业而言，面对媒体碎片化的趋势，它们需要调整自己的营销策略，更加灵活地利用各种媒体平台，以确保能够触达到更广泛的受众群体。同时，它们还需要更加精准地了解目标受众的喜好和行为习惯，以便在不同的媒体平台上提供定制化的内容和广告，从而提高营销效果。

总的来说，媒体碎片化的趋势为企业带来了挑战，但同时也提供了更多的机遇。只有适应这种变化，灵活调整营销策略，才能在竞争激烈的市场中脱颖而出。

（二）媒体互动化

传统媒体主要是单向传播信息，而互动化媒体则更注重与受众之间的双向交流和互动。通过社交媒体、在线论坛、直播平台等，人们可以与内容创作者、其他用户以及品牌进行实时互动，表达自己的观点、分享经验，甚至参与到内容创作和产品设计中。

媒体互动化使得传统的信息接收者变成了内容的共同创造者和传播者，加强了用户对媒体内容的参与感和认同感。对于企业而言，媒体互动化提供了更多与用户直接沟通的机会，可以更深入地了解用户需求和反馈，从而调整产品设计、改进服务质量，提升用户体验。同时，媒体互动化也为品牌营销带来了新的可能性。通过与用户进行互动，品牌可以建立更加紧密的关系，提升用户忠诚度，促进销售和品牌口碑的提升。因此，媒体互动化已经成为企业在数字营销中不可忽视的一环，需要不断创新和探索，以更好地满足用户需求，实现营销目标。

综上所述，互联网时代的传播更加强调互动性，企业的广告要想办法互动起来，即使明白了要去网上找客户，但是方法不对，也是白费功夫，因此广告要强调互动性。

(三) 媒体渠道化

随着科技的进步和媒体形式的多样化，媒体渠道化已经成为媒体行业的一个主要趋势。传统的媒体渠道包括电视、广播、报纸、杂志等，而随着互联网的发展，数字媒体迅速崛起，如社交媒体、视频网站、博客等也成为重要的传播渠道。媒体渠道化的优势在于可以更广泛地触达受众群体，提升内容的传播效果和影响力。对于企业而言，有效利用不同的媒体渠道进行营销传播，可以更好地与目标受众互动，增强品牌曝光度，提升市场影响力，从而实现营销目标。媒体渠道化已经成为企业营销策略中不可或缺的一部分，需要结合目标受众的特点和行为习惯，制订相应的传播计划，以达到最佳的营销效果。

在互联网时代的营销环境，网络整合营销有四个原则：趣味、利益、互动和个性原则。

趣味原则：趣味是吸引用户注意力的关键。在网络整合营销中，内容必须具有足够的趣味性，吸引用户浏览、参与和分享。这可以通过有趣的话题、创意的内容形式、幽默的语言等方式实现，从而提高用户的参与度和留存率。

利益原则：利益是用户参与的主要动机之一。在网络整合营销中，必须清晰地传达产品或服务的价值和好处，让用户明白参与活动或购买产品会给他们带来的实际利益。这可以通过提供优惠促销、奖励机制、优质的服务等方式实现，从而激发用户的购买欲望和行动。

互动原则：互动是网络整合营销的重要特点之一。通过与用户的互动，可以增强用户参与感和品牌黏性。在网络整合营销中，可以通过用户调查、投票、评论、分享等方式实现用户与品牌之间的互动，从而建立起良好的用户关系。

个性原则：个性化是网络整合营销的趋势之一。在互联网时代，用户具有多样化的需求和兴趣，因此定制化的营销策略更容易引起用户的共鸣。在网络整合营销中，可以通过数据分析和个性化推荐等方式实现针对性的营销，为用户提供个性化的购物体验和服务，从而提升用户满意度和忠诚度。

三、消费商模式

借助互联网思维，产品营销可以与产品本身融为一体。互联网思维七字诀：专注、极致、口碑、快。互联网营销模式与公司经营方向密不可分，都是互联网思维指导下的统一整体，传播、渠道甚至供应链的实现都蕴含着营销的实质。

消费者兼代理商的模式，有时也称为"消费商"模式，是移动互联网时代的主要模式之一。这种模式允许普通消费者通过平台或应用程序，既可以享受产品或服务，又可以成为产品或服务的代理商，通过分享、推荐或销售来获取收益或优惠。

这种模式的典型案例包括共享经济平台、社交电商平台以及一些特定领域的直销模式等。在共享经济平台上，用户可以共享自己的资源（如车辆、住房、技能等），也可以作为平台的代理商，通过引荐新用户或推广平台来获取奖励或收益。在社交电商平台上，用户可以购买商品或服务，同时也可以将自己喜欢的产品分享给他人，成为产品的代理商，并通过销售获取收益。

这种模式的优势在于可以充分利用个人社交网络和信任关系，降低产品或服务的推广成本，提高销售效率。同时，也能够增加用户的参与度和黏性，促进用户活跃度和品牌忠诚度。然而，这种模式也需要平衡好用户和代理商之间的利益关系，避免出现利益冲突或滥用平台资源的情况,保障平台的长期发展和可持续性。

消费者作为一个崭新的商业实体,具有其独特性。总体来讲,消费者的独特性表现在以下几个方面。

①个人需求差异:每个消费者都具有独特的需求和偏好,受到个人经历、文化背景、社会环境等因素的影响。因此,他们在选择产品或服务时会考虑不同的因素,追求个性化和定制化的体验。

②消费行为特征:消费者的购买行为具有一定的规律性和特点,但也存在着很大的个体差异。有些消费者偏好线上购物,有些则更喜欢线下购物;有些消费者更注重品牌,有些则更注重价格;有些消费者喜欢尝试新产品,有些则更倾向于购买熟悉的产品等。

③消费动机和心理状态:消费者在购买产品或服务时的动机和心理状态各不相同。有些消费者可能追求实用性和功能性,有些则更注重情感体验和社交互动;有些消费者可能会受到情绪和心理状态的影响,作出冲动性购买或情感化消费。

④消费价值观念:消费者的价值观念和生活态度也会影响他们的消费行为。一些消费者可能注重环保和可持续发展,更倾向于购买环保产品或支持倡导社会责任的企业;而另一些消费者可能更注重品质和时尚,愿意为高端品牌或时尚产品买单。

总的来说,消费者作为一个崭新的商业实体,其独特性主要表现在个人需求差异、消费行为特征、消费动机和心理状态,以及消费价值观念等方面。

(一)传播互联网化

在互联网发展的早期阶段,门户网站等信息呈现式的产品起到了缓解信息不对等的作用,而网络广告也是早期互联网商业的主要形式之一。随着互联网的迅猛发展,信息呈现的方式逐渐转变成了社会化媒体，传播效率和沟通方式也得到了提高和改变。

现代互联网产品，如社交网站、搜索引擎、博客、微博、微信等，成为营销的重要工具，它们不仅提供了更多的传播渠道，也为企业与用户之间的双向沟通提供了可能。利用这些现代互联网产品实现网络传播成为营销模式转型的第一步，也是相对简单的一步，但它所带来的影响却是深远而重要的。通过这些工具，企业能够更加精准地定位目标受众、传播品牌信息、与用户互动，从而提升营销效果和用户体验。

（二）渠道互联网化

在传统营销时代，竞争的核心在于渠道资源的抢占。而随着互联网技术的迅猛发展，信息不对等的问题得到了缓解，电子商务的兴起使得厂商能够直接与终端消费者进行对接，渠道逐渐呈现出扁平化的发展趋势。

在这种背景下，电子商务的应用成为第二层营销模式中的重要一环。通过电子商务平台，企业可以直接向消费者销售产品或服务，省去了传统渠道中的中间环节，降低了销售成本和价格，提高了销售效率。电子商务还为企业提供了更多的销售渠道选择和市场机会，能够更灵活地应对市场变化和竞争压力。

因此，渠道的互联网化，即电子商务的应用，已经成为企业在互联网浪潮下的一种重要营销模式。通过建立和优化电子商务平台，企业可以更好地实现与消费者的直接沟通和交易，提升销售业绩，增强市场竞争力。

（三）供应链互联网化

供应链互联网化是指利用互联网技术和平台，对供应链各个环节进行数字化、信息化和网络化的改造和优化。通过供应链互联网化，企业可以实现供应链各环节的实时数据共享、信息透明和智能化管理，从而提高供应链的效率、灵活性和可控性。

在供应链互联网化中，各个环节的参与者可以通过互联网平台实现即时沟通和协作，无论是供应商、生产商、物流商还是零售商，都能够通过互联网实现信息的快速传递和业务流程的高效协调。同时，借助大数据、人工智能等技术，供应链互联网化还可以实现对供应链数据的深度分析和预测，帮助企业更好地作出决策，优化供应链规划和管理。

在制造业方面，互联网的兴起使得越来越多的用户能够参与到产品的开发和设计过程中，通过在线平台进行反馈和建议。这种用户参与型的产品开发模式可以更好地满足用户的需求，提高产品的质量和用户体验。同时，企业也能够更加及时地获取用户反馈，快速调整产品设计和生产流程，提升市场竞争力。

在第三产业服务业方面，互联网为用户提供了更多的渠道来分享自己的真实感受和体验，比如大众点评等平台。通过这些用户评价和反馈，服务提供方可以了解用户的需求和偏好，及时调整服务内容和质量，实现优化和提高。这种信息的及时反馈和处理能够提升服务的水平，增强用户满意度，也有助于建立和维护良好的品牌声誉。

（四）经营理念互联网化

互联网思维不仅是一种工具或技术，更是一种全新的经营理念和思维方式，其核心宗旨是将互联网的创新性、灵活性和用户导向性引入到企业的运营和管理中，以实现更高效、更灵活、更具竞争力的业务模式。

实现经营思想的互联网化需要经历以下四个阶段。

①传播互联网化：将企业的传播方式与互联网结合，利用互联网平台和工具进行品牌宣传、市场推广和用户沟通，拓展企业的市场影响力和知名度。

②渠道互联网化：将企业的销售渠道与互联网相结合，通过电子商务平台、移动应用等在线渠道直接与消费者进行交易和销售，实现销售过程的数字化和线上化。

③供应链互联网化：将企业的供应链管理与互联网技术相结合，实现供应链各环节的信息共享、协同配合和智能化管理，提高供应链的效率和透明度。

④经营思想互联网化：将互联网思维融入到企业的经营决策和管理实践中，以用户为中心，注重创新和快速迭代，推动企业从传统的生产导向型模式转变为以用户需求为导向的服务型模式，实现企业的持续创新和发展。

通过以上四个阶段的转型，企业可以实现经营思想的互联网化，将互联网思维深入到企业的各个层面和业务环节中，从而更好地适应和把握互联网时代的发展趋势，提升竞争力，实现可持续发展。

第三章

大数据背景下营销的流程与组合创新

第一节 大数据营销流程

大数据营销的流程始于数据管理平台（data management platform，DMP）的构建，在确定好 DMP 的构建方式和数据来源后，接下来就要进行大数据的数据采集和数据处理，进而进行营销数据的挖掘和营销模型的构建，为营销决策提供科学的依据。

一、构建数据管理平台

DMP 是把分散的多方数据进行整合，纳入统一的技术平台，并对这些数据进行标准化和细分，让用户可以把这些细分结果推向现有的互动营销环境的平台。

（一）DMP 的分类

数据管理平台按照建设主体不同，可以分为以下三类。

1. 第一方 DMP

建立第一方 DMP 是企业实现营销闭环的重要步骤。第一方 DMP 主要依赖于企业自身收集和拥有的数据，其主要数据源包括广告营销中的投放数据、转化效果数据（如用户互动、购买行为等），以及企业在社交媒体等接触点上的行为数据。

然而，线上线下购买数据的缺失是一个挑战，因为这些数据对于分析核心购买客户群、理解用户行为轨迹及优化营销策略很重要。线上购买数据通常归第三方电商平台所有，而线下购买数据通常归渠道方所有，企业可以通过一些手段来获取或整合这些数据，以构建更全面的第一方 DMP。

一种常见的方法是与电商平台或线下渠道合作，与其建立数据共享和合作机制，以获取购买数据。例如，可以与电商平台签订数据共享协议，获取用户购买记录和行为数据。对于线下购买数据，可以与零售商或渠道方合作，建立数据接入接口，实现数据的共享和整合。

企业还可以通过数据采集工具和技术，如销售终端（point of sale，POS）系统、会员卡系统、RFID 技术等，收集线下购买数据。这些数据可以通过 API 或数据集成平台导入第一方 DMP 中，与其他数据进行整合和分析，从而形成更全面的用户画像和行为分析，为营销决策提供更多的依据和支持。

2. 第二方 DMP

第二方 DMP 是指由媒体提供的数据管理平台服务，它将媒体的数据资源整合起来，为广告主和营销人员提供数据分析和优化服务。这种服务通常基于媒体的用户数据库和行为数据，能够帮助广告主更好地理解目标受众、优化广告投放策略，并实现精准营销。通过第二方 DMP，广告主可以利用媒体的数据资源，实现更精准的广告投放和更有效的营销活动。

3. 第三方 DMP

第三方 DMP 是由专门的数据公司构建的数据管理平台,其主要服务对象是其他企业。这种 DMP 模式通常以数据使用量为基础进行收费,为企业提供数据服务,帮助它们更精准地定位目标人群,更全面地了解消费者。第三方 DMP 的主要应用场景之一是用户洞察,通过分析各种数据源的信息,如消费行为、网络浏览记录、社交媒体活动等,为企业提供深入的用户洞察和分析报告,帮助它们更好地了解目标受众的特征、偏好和行为习惯,从而优化营销策略、提升营销效果。

(二) DMP 的数据源

DMP 中所有数据均是以消费者为核心,只要对营销效率有提升的数据都可以纳入 DMP 的存储、加工和应用范围。一般来说,DMP 数据源包括私域数据和泛私域数据。

1. 私域数据

私域数据是企业在自有触点采集和留存的用户数据,包括官网数据、自有电商数据、自有 App 数据、线下数据等。

(1) 官网数据

企业官方网站上的访问数据、页面浏览记录、用户注册信息、填写的表单数据等,通过分析这些数据可以了解用户的兴趣、需求和行为习惯。

(2) 自有电商数据

企业拥有的电子商务平台上的用户购买记录、交易信息、商品浏览记录、购物车行为等,这些数据可以帮助企业了解用户的购买偏好和消费行为。

(3) 自有 App 数据

企业开发的移动应用程序中收集的用户活动数据，包括应用的使用情况、点击行为、搜索记录、交互数据等，通过分析这些数据可以深入了解用户的行为路径和偏好。

(4) 线下数据

企业在线下实体店、门店或活动中收集的用户数据，包括会员卡数据、消费记录、折扣使用情况、参与活动的行为等，这些数据可以帮助企业了解用户在线下渠道的消费行为和趋势。

2. 泛私域数据

泛私域数据指的是在第三方平台与用户沟通和接触时产生的可以通过商务谈判纳入第一方 DMP 利用范围的数据，包括社交数据、第三方电商数据、广告营销数据。

(1) 社交数据

用户在社交媒体平台上产生的数据，包括用户的个人资料信息、发布的帖子、点赞和评论行为、关注和粉丝情况等。这些数据可以帮助企业了解用户的社交圈子、兴趣爱好和社交行为，为精准营销提供参考。

(2) 第三方电商数据

用户在第三方电子商务平台上的购买记录、浏览行为、搜索记录等数据。通过与第三方电商平台合作，企业可以获取到用户在其他平台上的消费行为数据，从而更好地了解用户的购物偏好和行为特征。

(3) 广告营销数据

用户与企业在广告投放过程中产生的数据，包括广告点击率、转化率、展示效果等数据。通过分析广告营销数据，企业可以评估广告投放的效果，优化广告策略，提高广告的点击率和转化率。

二、数据采集

企业 DMP 平台构建好以后，接下来要进行数据采集。过去，传统的大型企业，10 年的客户数据积累大约在 T 级别，而现在，通过大数据营销技术收集数据的中小型企业，也许每月就会产生 T 级数据。

数据采集是数据处理和数据分析的基础。在建设过程中，DMP 数据处理场景一般是批量处理，数据采集就是完成数据提取、加载和转换（extraction-loading-transformation，ELT）的过程，而 DMP 有部分场景涉及实时流式数据处理，数据采集就是完成 ETL 的过程。所谓 ELT 是将数据从数据源提取出来，保留源格式直接装载在 DMP 文件系统中，再进行格式转换。ETL 则是将从数据源提取的数据先进行数据格式的转换，再将数据装载进 DMP。一般来说，数据的采集过程包含数据源梳理、采集接口技术类型确定、数据清洗和数据转换四个部分。

（一）数据源梳理

数据源梳理需要从以下几个方面进行。

1. 数据源的梳理需要了解业务应用场景和流程

在进行数据源梳理时，首先需要深入了解业务的应用场景和流程。这包括理解企业的业务模型、目标和策略，以及业务流程中涉及的各个环节和关键节点。其次通过对业务应用场景和流程的全面了解，可以更准确地确定需要收集和分析的数据类型、来源和关联关系，为数据梳理工作提供指导和依据。

在了解业务应用场景和流程时，需要考虑以下几个方面。

（1）业务目标和需求

需要明确企业的业务目标和需求是什么，以及需要通过数据分析来实现什么样的业务价值。不同的业务目标和需求可能需要依赖不同类型和来源的数据,因此需要根据具体情况进行定制化的数据梳理方案。

(2) 业务流程和环节

需要全面了解企业的业务流程和各个环节,包括产品生命周期、销售渠道、客户服务流程等。在了解业务流程的基础上,可以确定数据源的产生和流动路径,有针对性地收集和整合相关数据。

(3) 业务规则和逻辑

需要理解业务中的各种规则和逻辑,包括数据处理规则、业务规则、市场规则等。通过了解业务规则和逻辑,可以更好地理解数据的含义和作用,避免数据分析中出现误解或偏差。

(4) 业务环境和竞争态势

需要了解企业所处的行业环境和市场竞争态势,包括行业趋势、竞争对手情况、市场需求变化等。这有助于更好地把握业务机会和挑战,确定适合企业发展的数据梳理策略。

2. 数据源的梳理需要了解可利用的数据源

在进行数据源梳理时,需要深入了解可利用的数据源,包括内部数据和外部数据。内部数据是指企业自身拥有和积累的数据资源,包括但不限于销售数据、客户数据、产品数据等;外部数据是指企业可以通过外部渠道获取到的数据资源,包括但不限于市场数据、行业数据、社交数据等。

了解可利用的数据源需要从以下几个方面进行。

(1) 内部数据

需要对企业内部拥有的各类数据进行全面梳理和评估,包括销售数据、客户数据、产品数据、人力资源数据等。这些数据通常存储在企业的数据库、数据仓库或其他信息系统中,可以通过内部系统和工具进行访问和分析。

（2）外部数据

需要了解企业可以通过外部渠道获取到的各类数据资源，包括市场调研数据、行业报告、社交媒体数据、公共数据等。这些数据通常来源于市场研究公司、数据提供商、社交媒体平台等，可以通过购买、订阅或其他合作方式获取。

（3）数据质量和可靠性

在了解可利用的数据源时，需要对数据的质量和可靠性进行评估和验证。这包括数据的完整性、准确性、一致性、时效性等方面，只有确保数据质量和可靠性，才能保证后续数据分析和应用的有效性和可信度。

3. 数据源的梳理需要了解可利用的数据源质量

在进行数据源梳理时，了解可利用的数据源质量非常关键。数据源的质量直接影响到后续数据分析和决策的准确性和可靠性，因此需要对数据源的质量进行全面评估和验证。

数据源质量的评估需要从以下几个方面进行。

（1）数据完整性

数据完整性是指数据中所包含信息的完整程度和涵盖范围。一个数据源如果缺少重要字段或存在大量缺失值，就会影响数据分析的全面性和准确性。

（2）数据准确性

数据准确性是指数据所反映的信息与实际情况的符合程度。如果数据源中存在错误、重复或不一致的数据，就会导致数据分析结果产生偏差，影响到决策的准确性。

（3）数据一致性

数据一致性是指在不同数据源之间数据的一致性和统一性。如果不同数据源中的数据格式、命名规范、单位标识等存在差异,就会造成数据集成和分析的困难。

(4) 数据时效性

数据时效性是指数据所反映的信息与当前实际情况的时间间隔。如果数据源中的数据更新不及时或过时,那么就会影响到数据分析的及时性和有效性。

(二) 采集接口技术类型确定

DMP平台需要具备常用的采集接口技术,包括开放的API接口采集、Java脚本(Java Script, JS)监测代码采集、安全的文件传输协议(secure file transfer protocol, SFTP)接口采集、离线文件上传接口采集、软件开发工具包(software development kit, SDK)采集。

1. 开放的API接口采集

开放的API接口采集:DMP平台可以通过开放的API接口与其他系统或服务进行数据交互,实现数据的自动化获取和同步。通过API接口采集,可以实现与各种数据源的无缝对接,包括第三方数据提供商、社交媒体平台、电商平台等,从而获取更丰富和全面的数据资源。

2. JS监测代码采集

DMP平台可以通过在网页或移动应用中嵌入JS监测代码的方式进行数据采集。当用户访问网页或使用移动应用时,JS监测代码可以自动记录用户的行为和交互信息,如页面浏览、点击行为、表单提交等,从而实现对用户行为的实时跟踪和记录。

3. SFTP接口采集

DMP平台可以通过SFTP接口与其他系统或服务进行文件传输,实现数据的批量导入和同步。通过SFTP接口采集,可以实现对大规模数据文件的高效处理和管理，包括批量导入用户信息、交易记录、日志文件等。

4. 离线文件上传接口采集

DMP 平台可以提供离线文件上传接口，允许用户将本地文件或第三方数据文件上传至平台进行数据导入和分析。通过离线文件上传接口采集，可以方便快捷地将外部数据导入 DMP 平台中进行后续处理和利用。

5. SDK 采集

对于移动应用，DMP 平台可以提供 SDK 进行数据采集。通过在移动应用中集成 SDK，可以实现对用户行为和设备信息的实时监测和记录，包括应用启动、页面访问、事件触发等，从而为移动应用提供精准的用户行为分析和个性化推荐服务。

（三）数据清洗

数据清洗是过滤掉不符合要求的数据。具体包括清洗不完整的数据、错误的数据和重复的数据。

1. 清洗不完整的数据

不完整的数据指的是在数据采集或录入过程中存在缺失值或空值的数据。清洗不完整的数据是为了填补缺失值，以确保数据的完整性和准确性。常见的方法包括使用均值、中位数或众数填充缺失值，或者根据相关性进行插值预测。

2. 清洗错误的数据

错误的数据指的是在数据录入或传输过程中存在错误或异常的数据。清洗错误的数据是为了修正数据中的错误或异常值，以提高数据的准确性和可信度。常见的方法包括使用数据规则和模型进行数据验证和纠正，识别和排除异常值，以及通过数据清洗算法和技术进行自动化处理。

3. 清洗重复的数据

重复的数据指的是在数据集中存在重复记录或重复信息的数据。清洗重复的数据是为了排除重复记录，避免数据冗余和混淆，提高数据的整洁度和可用性。常见的方法包括使用数据去重技术和算法，识别和删除重复记录，或者通过数据合并和归并的方式进行处理。

（四）数据转换

数据转换是数据预处理的重要环节之一，其主要目的是对原始数据进行加工和处理，以满足后续数据分析和应用的需求。数据转换包括将不一致的数据进行统一格式化和规范化，将数据粒度进行调整和聚合，以及按照业务规则进行数据的计算和衍生。

首先，数据转换涉及将不一致的数据进行转换，包括统一数据的命名规范、数据的单位标识、数据的格式要求等，以确保数据的一致性和可比性。通过数据转换，可以将原始数据中的异构性和不一致性进行统一，提高数据的可解释性和可用性。

其次，数据转换还包括将数据粒度进行转换，即将数据的粒度从较细的级别调整为较粗的级别，或者将多个数据记录合并为一个数据记录。这有助于简化数据结构，减少数据冗余和复杂度，提高数据的可管理性和处理效率。

最后，数据转换还涉及按照业务规则进行数据的计算和衍生，即基于原始数据进行加工和计算，生成新的数据指标或特征。这包括对数据进行聚合、汇总、计数、求和、平均等统计运算，以及进行数据的关联、拆分、合并等操作，从而提取出对业务决策有用的信息和指标。

三、数据处理

DMP 平台完成数据采集工作后，下面进行数据处理工作。数据处理过程包括 ID 映射（ID Mapping）、数据"脱敏"保护、标签体系设计与标签口径梳理、数据资产管理。

（一）ID Mapping

DMP 平台的数据源来自许多不同的系统，而不同的数据源其 ID 类型是不同的。例如，微信是通过 Open ID/Union ID 标识用户，微博是通过 UID 来标识用户，第三方平台是通过电商账号、手机号来标识用户，官网是通过 Cookies 来标识用户，Wi-Fi 探针是通过抓取到的 MAC 来标识用户。DMP 平台要把这些分散的特征信息进行整合，形成一个完整的 360 度的特征视图，必须采用一定的方法，如基于统计学的 Mapping 方法等，把 ID 系统进行打通，这就是 ID Mapping。例如，两个或两个以上的数据源同时具备了某个 ID（如用户的手机号），那这些数据源就可以通过这个 ID 关联起来。

ID Mapping 的主要目的是把客户不同系统中的标识打通，以此来标识同一个客户，消除数据孤岛，提供客户完整的信息视图，从而全方位地了解客户行为轨迹数据，以便使同一客户在不同系统中接触某类商品时，精准地与客户进行互动。

1. ID Mapping 的方法

（1）基于统计学的 Mapping 方法

基于统计学的 Mapping 法是对客户出现在不同系统的 ID 进行映射关联，形成一个客户的统一 ID 视图，如图 3-1 所示。

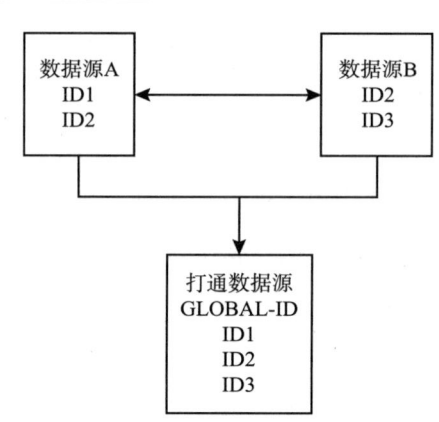

图 3-1　客户统一 ID 视图

有的数据源同时有多个 ID 类型，其中一个是主 ID 类型。例如，在微信 Open AP1 中，可以获得用户的 Open ID，如果用户为注册某企业品牌的会员进行授权，可以获得用户的手机号，这样两个数据源同时具备某一个 ID 后，就可以通过这个 ID 关联起来。这种 ID Mapping 的技术要求不高，在了解各数据源的字段表结构后，做数据源的清洗、去重和关联就可以打通。

（2）借助第三方数据能力进行 ID Mapping

大部分情况下，仅凭企业的第一方数据源是很难打通 ID 的。借助第三方数据能力进行 ID Mapping 是企业在跨渠道数据整合和分析中的关键一步。这种方法通过利用第三方数据服务商的技术和资源，将不同数据源中的用户标识关联起来，实现了多渠道用户行为的无缝连接。在这个过程中，第三方数据服务商拥有庞大的数据网络和先进的数据匹配算法，能够高效、准确地将不同渠道、不同平台上的用户 ID 进行关联。这种数据整合的能力为企业提供了更全面、更准确的用户洞察，帮助它们更好地理解用户行为、进行精准营销和优化业务策略。同时，企业在选择第三方数据服务商时需要综合考虑多个因素,如数据安全性、合规性、准确性等,确保数据处理过程合法、可靠、有效。

(3)模糊 ID Mapping

以上两种 ID Mapping 都属于精确 ID Mapping 解决方案。在没有充足预算、第一方数据源只能打通一定比例的 ID 且存在大量数据无法打通的情况下,需要采用模糊 ID Mapping。

模糊 ID Mapping 是一项复杂的任务,它要求利用数据挖掘和建模技术来解决不同数据源之间的标识关联问题。例如,在跨渠道用户数据整合中,有时候可能存在不同数据源的用户标识并不完全匹配的情况,这就需要通过数据挖掘和建模技术来实现模糊匹配。

2. ID Mapping 的注意事项

(1)ID 使用期限

用户的 ID 使用通常应该有一定的期限,以确保数据的准确性和安全性。过期的 ID 可能会导致数据不准确或泄露用户隐私,因此需要定期审查和更新 ID 使用期限。

(2)账户体系的利用

通过账户体系可以将同一用户在不同设备上的 ID 进行关联,这对于实现跨设备的用户行为跟踪和个性化营销非常重要。因此,建立并利用统一的账户体系是实现 ID Mapping 的有效方式之一。

(3)常见的 ID 类型和特点

微信 Open ID 和 Union ID 是在微信生态系统中常见的用户标识,利用它们进行 ID Mapping 更为常见。微信生态系统相对开放,用户数据丰富,利用微信提供的开放接口可以实现有效的 ID 关联。

微博体系相对封闭,但可以通过付费接口获得相关数据,因此在一些特定情况下也可以利用微博提供的 ID 进行 Mapping。

Cookie ID 通常具有较短的有效期,且受限于浏览器和设备,因此在进行 ID Mapping 时，其打通率可能较低，需要结合其他方式进行补充或替代。

（二）数据"脱敏"保护

所谓数据"脱敏"是一种数据保护方法，旨在通过对敏感信息进行处理，使其无法直接关联到个人身份或其他敏感信息，从而保护用户隐私和数据安全。这种方法可以通过多种技术实现，如数据加密、数据模糊化、数据匿名化等，以确保在数据处理和传输过程中，敏感信息不被未经授权的人员或系统访问或识别，从而降低数据泄露和滥用的风险。常用的数据脱敏算法包括 Hiding 算法、Truncation 算法、Mask 算法、Floor 算法、Hashing 算法等。

1. Hiding 算法

Hiding 算法将敏感数据替换为伪装值。例如，将真实姓名替换为随机生成的姓名，以隐藏原始数据的真实价值。

2. Truncation 算法

Truncation 算法通过截取敏感数据的一部分来减少敏感信息的精度。例如，只保留信用卡号的前几位数字，而隐藏后面的部分。

3. Mask 算法

在 Mask 算法下，使用特定的掩码字符或符号替换敏感数据的一部分。例如，将电话号码的一部分数字替换为"＊"，以保护用户的隐私。

4. Floor 算法

在 Floor 算法下，将数值数据调整为固定的范围或取定值。例如，将年龄调整为某个特定的区间，以减少对个人隐私的泄露。

5. Hashing 算法

Hashing 算法将原始数据转换为固定长度的哈希值，使得无法通过哈希值反推出原始数据，常用于保护密码等敏感信息的存储和传输。

（三）标签体系设计和计算口径梳理

数据经过脱敏保护后，需要通过一个标签体系来描述一个消费者所具有的特征，如性别、年龄等人口属性特征，居住地、工作地、娱乐地等地域特征，消费能力、消费类型等购买特征，折扣偏好、参与频率等活动特征。

标签一般分为事实标签、权重标签、模型标签三种。

事实标签是把用户的属性和行为的事实情况变为标签。一般来说，不易变化的属性会被加工成事实标签。如人口属性、会员等级等。

权重标签是通过业务逻辑规则判断加工出来的标签。业务逻辑规则判断有一定的时效性和强弱度，这类标签会带有权重，一般根据有效时间内符合规则的次数来确定权重大小。随着时间变化，某用户的某权重标签如果没有符合规则的情况发生，那么该标签权重会衰退直至0，从而失去该标签。

模型标签是通过机器学习模型加工出来的标签。模型标签分为分类标签（如忠诚度的高、中、低）、预测标签等。模型标签需要营销业务场景驱动，它的设计一定是为了解决某个具体业务问题。

在DMP平台中，标签可以用于消费者筛选、用户画像、聚类、精准营销、业务推荐等。同时，在DMP平台中，标签体系建设不是一蹴而就的，需要不断更新和维护，追求的不是大而全，而是简单好用，以事实标签和权重标签为主，模型标签为辅。

标签体系建立好以后，需要对标签进行口径梳理，包括业务口径梳理和技术口径梳理。业务口径梳理需要DMP平台搭建方与业务部门协商进行,技术口径梳理需要DMP平台搭建方与技术部门协商进行。业务口径梳理要确定标签业务含义,根据业务场景确定标签的更新频率。技术口径梳理要考虑计算的准确性、计算效率以及后续用户规模扩大后是否会造成性能下降。标签的口径梳理完成后,DMP平台可以按规定周期进行标签更新。

(四) 数据资产管理

经过数据清洗、脱敏和标签化处理后,DMP平台汇聚了大量有效的数据,这些数据资产成为企业洞察客户行为、优化营销策略和提升业务决策的关键资源。在数据资产管理方面,DMP平台应该具备快速高效管理数据的能力。这包括建立强大的数据存储和组织系统,确保数据的安全性和可靠性,实现数据的快速检索和访问。DMP平台还需要具备灵活的数据分析和挖掘能力,以发现数据中的潜在价值和关联规律,帮助企业更好地理解客户需求和行为。另外,数据资产管理也需要注重数据质量控制和监管合规,确保数据处理过程中的合法性和隐私保护。

四、营销数据挖掘与营销模型

(一) 营销数据挖掘

当数据采集、数据处理完成后,接下来要进行营销数据挖掘。

1. 营销数据挖掘的含义

营销数据挖掘是指利用数据挖掘技术和工具,从营销活动中收集的大量数据中发现隐藏的模式、关联和趋势,以获取对市场、客户和产品的深入洞察。这种分析可以帮助企业理解客户行为、识别潜在的市场机会、优化营销策略和提高市场绩效。通过营销数据挖掘，企业可以实现精准营销、个性化推荐、客户细分和预测分析，从而提升营销效率、增加销售收入，并实现持续的竞争优势。[①]

与"营销数据挖掘"相关的另一个概念是"营销数据分析"，在某些场合，概念是可以互换的。它们的区别表现在以下三个方面。

（1）数据量不同

营销数据分析的数据量通常较小，单位通常是 MB 或者 GB；营销数据挖掘的数据量通常很大，单位往往是 TB 甚至 PB。

（2）数据类型不同

营销数据分析的数据类型通常是结构化数据，而营销数据挖掘的数据类型不仅含有结构化数据，还包括半结构化数据和非结构化数据。

（3）算法不同

营销数据分析的主要算法一般是以统计学为基础，而营销数据挖掘的算法不仅需要统计学，还需要运用机器学习的算法。

2. 营销数据挖掘的标准化流程

营销数据挖掘的标准化流程参照 20 世纪 90 年代由戴姆勒-克莱斯勒、SPSS 和 NCR 的分析人员联合开发的"CRISP-DM"（cross-industry standard process for data mining，跨行业数据挖掘标准流程），如图 3-2 所示。CRISP-DM 模型目前在各种知识发现模型（knowledge discovery in database，KDD 模型）应用中处于领先地位，应用最广泛。

[①] 彭庆伟. 营销数据挖掘对企业营销的重要性研究［J］. 商讯，2023（20）：86-89.

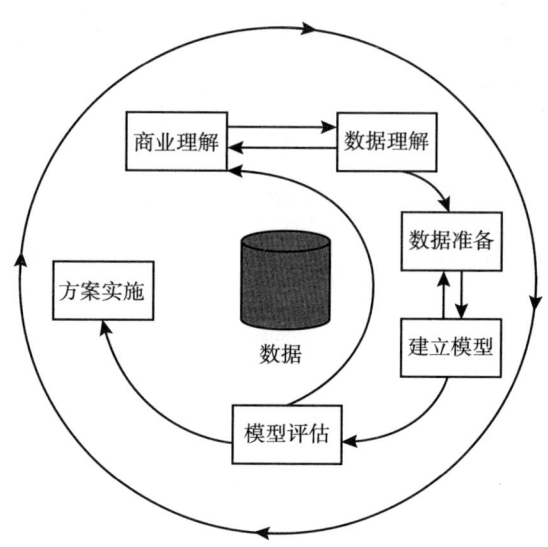

图3-2 基于 CRISP-DM 的营销数据挖掘标准化流程

营销数据挖掘的流程分为六个步骤：商业理解、营销数据理解、营销数据准备、建模、模型评估、结果发布。其中商业理解、营销数据理解、营销数据准备是营销数据挖掘花费时间较长的三个步骤，约占1个营销数据挖掘项目进度计划的85%。

（1）商业理解

商业理解在营销数据挖掘中涉及从营销的角度深入理解业务，并确定分析目标，进而指导数据挖掘过程，确保最终的分析结果能够有效支持营销决策和业务目标的实现。

首先，商业理解需要从市场和客户的角度出发，深入了解企业所处的行业环境、竞争格局、目标客户群体的特征和行为习惯等。这种理解可以帮助企业确定分析目标，明确希望通过营销数据挖掘达成的业务目标，比如，提高客户满意度、增加销售额、提升市场份额等。

其次，商业理解需要将这些业务目标与营销数据挖掘的问题定义和分析方法相结合。这意味着明确了解需要解决的营销问题,并确定合适的数据挖掘技术和模型来实现这些目标。例如,如果企业希望通过数据挖掘来预测客户购买行为,那么可以选择使用预测建模技术来构建购买行为预测模型。

（2）营销数据理解

营销数据理解是对原始营销数据进行全面的理解和分析的过程。这包括数据的采集、描述与探索以及数据质量的检验。首先,数据的采集涉及从不同渠道和来源获取营销数据,包括用户行为数据、销售数据、广告数据等。其次,对这些数据进行描述与探索,即通过数据可视化、统计分析等手段,深入了解数据的特征、分布、趋势等,以发现数据中的潜在模式和规律。最后,对数据质量进行检验,包括对数据的完整性、准确性、一致性和可信度等方面进行评估,确保数据的质量符合分析和决策的要求。通过营销数据理解,企业可以更好地利用数据驱动的方法来指导营销策略的制定和实施,从而提升营销效果和业务绩效。

（3）营销数据准备

营销数据准备是指对原始的营销数据进行预处理,也称为营销数据 ETL,即对营销数据进行抽取、清洗、转换、加载的过程。这一阶段通常是整个营销数据挖掘中最耗时的环节。营销数据准备的目标是从原始营销数据中生成作为建模分析对象的最终数据集。具体工作包括数据制表、记录处理、变量选择、数据清洗转换、数据集成、数据格式化等。这些工作确保了数据的质量和一致性,为后续的数据分析和挖掘提供了可靠的基础。通过精心准备的数据集,企业可以更有效地发现营销数据中的模式、趋势和洞察,从而指导决策并提升营销效果。

(4) 建模

建模是营销数据挖掘流程中最关键的一环，它利用应用软件工具选择合适的建模方法，处理准备好的数据表，以找出数据中隐藏的规律。通过建模，企业能够深入分析和理解客户行为、市场趋势，从而为营销策略的制定和优化提供可靠的依据，实现精准营销、个性化推荐等目标。在建模过程中，选择合适的算法和模型、优化参数设置、评估模型性能等步骤非常重要，这需要结合业务需求和数据特点，确保建立的模型具有预测能力和稳健性，能够为企业带来实际的业务价值。

(5) 模型评估

模型评估是从业务角度和数理统计与算法角度进行模型结论的评估。从业务角度，模型评估需要考察模型在解决实际业务问题上的有效性和可行性，即模型是否能够对业务决策提供有用的洞察和指导。这包括模型的预测准确性、可解释性、实用性等方面的评估，以确保模型对业务目标的贡献。同时，从数理统计与算法角度，模型评估需要考察模型的拟合度、泛化能力、稳定性等指标，以确定模型的统计学和算法学上的优劣。综合考虑业务需求和模型性能，进行全面评估，有助于选择和优化最适合业务需求的模型，从而提高模型的应用价值和效果。

(6) 结果发布

建模本身不是营销数据挖掘的目标，营销数据挖掘的根本目标是将有价值的信息以某种方式组织和呈现出来，并用来改善运营和提高效率。在实际的营销数据挖掘工作中，根据不同的营销业务需求，结果发布的具体工作可以是提交营销数据挖掘报告，也可以复杂到将模型集成到企业的核心运营系统中去。

3. 营销数据挖掘的算法

营销数据挖掘的常用算法包括四种类型,即分类、预测、聚类、关联。其中,分类和预测属于有监督学习,聚类和关联属于无监督学习。这四种算法从不同的角度对营销数据进行挖掘分析,建立模型,帮助企业从海量低价值密度的营销数据中,挖掘有商业价值的营销信息,改善运营,提升营销效率。

(1) 分类

分类算法是将数据分为不同的类别或标签的技术。在营销中,它可以帮助我们理解客户群体,并将客户划分为不同的分类,以便进行精准定位和个性化营销。例如,我们可以使用分类算法来预测客户是否会购买某种产品,或者确定客户属于哪种营销目标群体。

(2) 预测

预测算法是根据历史数据和模式来预测未来的趋势或结果。在营销中,预测算法可以用来预测销售量、市场需求、客户流失率等指标,从而帮助企业制定合适的营销策略和预算分配。

(3) 聚类

聚类算法是将数据分为具有相似特征的组或簇的技术。在营销中,聚类算法可以帮助企业识别客户群体中的不同细分市场,并发现客户群体之间的相似性和差异性。这有助于企业更好地理解客户需求,制定针对性的营销策略。

(4) 关联

关联算法用于发现数据中的关联规则和模式。在营销中,关联算法可以帮助企业发现产品之间的关联关系,或者发现客户之间的购买行为模式。这有助于企业进行交叉销售、捆绑销售和促销活动,提高销售额和客户满意度。

表 3-1,代表一个事务数据库 D,其中最小支持度为 50%,最

小置信度为70%，求事务数据库中的频繁关联规则。

表3-1　　　　　　　　　事务数据库 D

序号	项目集
1	面包，牛奶，啤酒，尿布
2	面包，牛奶，啤酒
3	啤酒，尿布
4	面包，牛奶，花生

由于最小置信度为70%，依据 Apriori 算法可得：{面包，啤酒}→{牛奶}，{牛奶，啤酒}→{面包} 为频繁关联规则。也就是说，买面包和啤酒的同时肯定会买牛奶，买牛奶和啤酒的同时也会买面包。

协同过滤（collaborative filtering, CF）常被用于分辨某位特定顾客可能感兴趣的东西，这些结论来自其他相似顾客对哪些产品感兴趣的分析。简单地说，协同过滤是利用兴趣相投、拥有共同经验的某个群体的喜好来推荐用户感兴趣的信息。协同过滤往往应用于推荐系统。

一般来说，协同过滤分为三种类型：基于用户的协同过滤、基于商品的协同过滤、基于模型的协同过滤。基于用户的协同过滤是通过计算用户和用户的相似度找到跟用户 A 相似的用户 B、C、D……再把这些用户喜欢的内容推荐给 A；基于商品的协同过滤是通过计算物品和物品的相似度找到跟物品1相似的物品2、3、4……再把这些物品推荐给看过物品1的用户们。基于模型（model based）的协同过滤算法可以分为：矩阵分解法、关联算法、聚类算法、分类算法、回归算法、神经网络算法等。

第三章 大数据背景下营销的流程与组合创新

基于商品的协同过滤用矩阵分解法举例如下。

表3-2中是5个用户对4部电影的评分情况,由于5个用户中没有人4部电影都看过,仅仅是5个用户对已看过的电影进行打分,故表3-2不是完整评分而是稀疏评分,那接下来针对用户没有看过的影片如何进行个性化推荐?

表3-2 用户对电影的稀疏评分

用户	M1	M2	M3	M4
User1	5	3		1
User2	4			1
User3		1		5
User4	1			4
User5		1	5	4

只有上述的数据是很难使用户相互推荐电影的,因为单个用户本身看过的电影不够多,那么如何使数据更加"饱满"呢?可以利用矩阵分解进行协同过滤。矩阵分解的目的就是把一个稀疏的用户评分矩阵分解成用户因子矩阵和项目因子矩阵相乘的形式,即用户评分矩阵=用户因子矩阵×项目因子矩阵。由表3-2可知,User3对电影M4打分为5,可以判断该用户可能喜欢类似属性的电影,利用Python软件和矩阵分解算法,得到用户对电影的完整评分估计表(见表3-3),那么就可以向User3推荐电影M3。协同过滤是基于以下假设,即相似的用户对同一件物品的兴趣是相似的;相似的物品对同一个用户的吸引力是相似的。协同过滤是目前最有效且被应用得最为广泛的推荐算法。[1]

---

[1] 孙小华,陈洪,孔繁胜. 在协同过滤中结合奇异值分解与最近邻方法[J]. 计算机应用研究,2006(9):206-209.

表 3-3　　　　　　　用户对电影的完整评分估计

用户	M1	M2	M3	M4
User1	4.9538	2.9143	3.2729	0.9970
User2	3.9247	2.3202	2.7853	0.9900
User3	1.0211	0.8617	4.9057	4.8165
User4	0.9893	0.7930	4.2363	3.9272
User5	1.6119	1.1652	4.7480	4.1570

4. 营销数据挖掘的主要目标

营销数据挖掘的主要目标是通过大数据分析进行用户分群,构建立体的用户画像。基于DMP平台,数据挖掘主要包括针对用户的分析和针对媒体的分析两大类。由于大数据营销的思维主要是用户思维,因此这里主要阐述针对用户的分析方法。针对用户的营销数据挖掘包括用户分群、用户画像和相似人群扩展(Look-alike)。

(1) 用户分群

用户分群是将用户根据其共享特征或行为进行划分的过程。通过用户分群,企业可以将大量的用户数据简化为若干个具有代表性的群体,从而更好地理解不同群体的需求和行为模式。例如,可以根据用户的购买偏好、地理位置、年龄、性别等因素进行分群,以便精准定位目标客户群体,并针对不同群体制定个性化的营销策略。

(2) 用户画像

用户画像是对用户的综合描述,包括个人基本信息、兴趣爱好、行为习惯等方面的特征。通过用户画像,企业可以深入了解每个用户的特点和需求,从而实现个性化的营销和服务。例如,通过分析用户的购买历史、浏览记录和社交媒体行为,可以构建用户的详细画像,为企业提供精准的用户定位和个性化的推荐。

（3）相似人群扩展

相似人群扩展是利用已有用户群体的特征和行为模式，找到与其相似的新用户群体的过程。通过相似人群扩展，企业可以扩大潜在客户群体，发现具有潜在购买意向的用户，并针对这些用户进行精准营销。例如，可以利用机器学习算法和数据挖掘技术，根据已有用户的特征和行为模式，预测其他用户是否具有类似的特点，从而实现潜在客户的发现和扩展。

（二）营销模型

很多企业在营销中应用了大量的数据挖掘模型。下面基于一些应用场景，介绍应用较多的 5 个营销模型，即高价值客户挖掘模型、客户营销响应模型、客户流失预警模型、休眠客户唤醒模型和购物车分析模型。

1. 高价值客户挖掘模型

通过分析客户的购买历史、消费金额、购买频率、品牌忠诚度等指标，可以识别出对企业贡献最大的高价值客户。这有助于企业集中资源和精力，重点关注这些客户，提供个性化服务和定制化营销活动，从而最大限度地增加收入和利润。

2. 客户营销响应模型

通过分析历史营销活动的效果和客户的行为特征，可以建立预测模型，预测哪些客户更有可能对特定的营销策略作出积极的响应。这有助于企业优化营销策略，提高营销活动的效果和投资回报率。

3. 客户流失预警模型

客户流失预警模型可以识别并预测哪些客户有可能流失或不再与企业进行交易。通过分析客户的行为、消费习惯、服务体验等指标，可以建立流失预警模型，及早发现潜在的流失客户，并采取措施防止客户流失，如提供个性化优惠、改善客户服务等。

4. 休眠客户唤醒模型

休眠客户唤醒模型可以唤醒长时间未活跃的休眠客户，并重新激发其对企业的兴趣和忠诚度。通过分析休眠客户的历史交易记录、行为特征等信息，可以建立唤醒模型，识别出潜在的休眠客户，并采取个性化的营销活动，重新吸引他们回归。

5. 购物车分析模型

购物车分析模型分析客户在网站或应用中的购物车行为，以理解客户的购买意向和行为。通过分析购物车中的产品种类、数量、价格等信息，可以预测客户的购买意向，并采取相应的营销策略，如提供个性化的促销活动、推荐相关产品等，促进购买转化率的提高。

这些营销模型在不同的场景中发挥着重要作用，帮助企业更好地理解客户需求、优化营销策略、提高客户满意度和业绩表现。

第二节

大数据驱动的营销组合创新

利用大数据对消费者需求进行深刻洞察之后，企业根据消费者需求制定相应的营销策略。营销组合策略在大数据时代获得创新机遇，数据赋能驱动产品创新，用户参与产品设计成为可能，产品定制化让企业的个性化营销变成现实。定价方面，个性化定价策略和动态定价策略是大数据时代广泛应用的两种定价策略。营销渠道建设方面，大数据对渠道建设产生了深刻的影响，企业须运用大数据创新思维建设营销渠道，平台型渠道成为大数据营销渠道创新的主要方式。促销方面，大数据广告日益盛行，程序化购买成为广告购买的主流方式。营业推广和公共关系在大数据时代也焕发新的生机。

一、大数据驱动的产品创新

（一）数据赋能驱动产品创新的路径

产品创新，无论是开发新产品还是改进现有产品，对现代企业生存和发展均很重要。在数据赋能环境下，企业利用大数据技术快速进行产品迭代更新，是其竞争优势的来源。通过技术创新、企业开放式创新和企业敏捷三种路径，数据赋能驱动产品创新。

第一种路径：数据赋能—技术创新—产品创新。在这种路径下，数据被用作推动技术创新的关键驱动力。企业利用数据赋能技术团队，例如，数据科学家和工程师，通过数据分析、挖掘和建模等技术手段，发现新的产品或功能需求，并结合先进的技术解决方案进行产品创新。这种路径注重技术的先进性和创新性，能够推动企业开发出具有竞争优势的新产品。

第二种路径：数据赋能—企业开放式创新—产品创新。数据赋能时代，企业利用数据赋能来促进开放式创新的实践。企业通过共享数据和资源，与外部合作伙伴、创新生态系统以及客户进行合作，共同开发新产品或解决方案。通过与外部创新者合作，企业可以获得新的创意和洞察，从而推动产品创新的实现。

第三种路径：数据赋能—企业敏捷—产品创新。企业利用数据赋能技术团队，快速分析市场数据和客户反馈，及时调整产品设计和功能，以适应市场的需求变化。这种路径注重企业的灵活性和敏捷性，能够使企业更加快速地推出具有竞争力的新产品。

（二）用户参与设计

用户参与设计是指将最终用户纳入产品或服务设计的过程中，以确保产品或服务满足用户需求、喜好和体验。这种设计方法强调用户体验和参与度，通过与用户密切合作、收集反馈和意见，以及进行用户测试和验证，来不断优化产品或服务的设计和功能。这种用户参与设计的方式有助于提高产品的用户满意度、市场接受度和商业成功率，同时也有助于建立与用户之间更紧密的关系和信任，促进产品的持续创新和发展。

（三）大数据下的产品定制

产品定制是一种产品生产模式，其核心理念是以用户需求为驱动力。与传统的大规模生产相比，产品定制将用户的个性化需求置于首位，通过灵活的生产流程和技术手段，为每个用户提供定制化的产品或服务。这种模式不仅满足了用户对产品个性化的需求，还能够提高用户满意度、产品质量和竞争力。产品定制的实现通常需要企业具备灵活的生产工艺、先进的技术支持以及高效的供应链管理，以确保在满足用户个性化需求的同时，保持产品的高质量和高效率。

目前，产品定制的实现方式有三种。

第一种，全定制（完全定制）。这种方式是最高程度的个性化定制，产品根据每个用户的具体需求和要求进行设计和生产。用户可以自由选择产品的各项参数、功能、样式等，从而获得完全符合个人需求的定制产品。全定制通常需要企业拥有高度灵活的生产流程和技术，以满足用户个性化需求的同时保持生产效率和质量。

第二种，组装式定制（部分定制）。这种方式在一定程度上提供了个性化选择的空间，但是用户的选择通常是在预先设计好的选项范围内进行。企业提供一些标准化的模块或组件,用户可以根据自己的需求进行组装和定制,从而获得与众不同的产品。组装式定制相对于全定制来说更加灵活,同时也能够更好地控制生产成本和时间。

第三种,个性化定制(半定制)。这种方式是介于全定制和组装式定制之间的一种定制方式。企业根据用户的一些基本需求和特征,提供一定程度上的个性化选择,但是产品的核心结构和功能通常是固定的。个性化定制既考虑了用户的个性化需求,又能够保持生产的相对高效性和规模化生产的优势。

这三种产品定制的实现方式各有特点,企业可以根据产品特性、市场需求和生产能力选择适合自身的定制方式,以提升产品竞争力和满足用户需求。

二、大数据时代的定价策略

(一)传统的定价方法

科学定价要从营销战略层面开始。日本战略研究专家大前研一(Kenichi Ohmae)提出了3C战略三角模型。该模型提出企业制定任何经营战略都必须考虑公司本身(corporation)、公司顾客(customer)、竞争对手(competitor)三个因素,公司可持续的竞争优势才有存在的可能。围绕3C战略三角模型,科学定价从自身层面要考虑产品成本,从顾客层面要考虑顾客需求,从竞争者层面要考虑产品竞争力。在影响定价的众多因素中,产品成本、顾客需求、市场竞争力是决定价格高低的最主要因素。[①] 因而,在传统定价方法中,

---

① 顾建国. 关注3C 构建企业经营"战略三角"[J]. 经贸实践, 2018 (1): 177.

一般的定价方法包括成本导向定价法、需求导向定价法、竞争导向定价法。

(二) 个性化定价策略

1. 个性化定价的含义

数字经济时代,企业利用信息技术收集海量消费者数据并对数据加以分析和整理,形成消费者画像。消费者画像一方面可以帮助经营者以更快的速度识别消费者需求,以便提供满足消费者意愿的商品和服务,提高交易效率。另一方面使企业可以依据消费者的购买历史、地域、网页浏览历史、手机操作系统、支付方式、身份、性别等信息对消费者进行更为迅速和细致的分类,从而对不同类别的消费者进行更有针对性的商品推介和差别定价,进一步根据模拟和推断消费者的个人支付意愿对消费者进行个性化定价。

个性化定价是一种基于个体消费者的特定属性、行为和偏好,为其提供定制化价格的定价策略。与传统的固定定价相比,个性化定价更加注重个体消费者的差异性,根据其在市场上的行为和特征,为其量身定制价格,以实现最大化的市场效益和利润。

这种定价策略通常依赖于大数据分析、机器学习和算法模型等技术手段,通过对消费者的行为数据、购买历史、偏好信息等进行分析和挖掘,识别出不同消费者群体的特征和行为模式,进而确定个性化的定价方案。个性化定价可以根据消费者的需求和付费能力,对不同的消费者群体或个体制定不同的价格策略,以提高市场的精准度和针对性,增强产品的竞争力和吸引力。

2. 个性化定价策略的主要特点

(1) 差异化定价

个性化定价根据不同的消费者群体或个体的属性、行为和偏好,为其制定不同的价格策略。这种定价策略强调了消费者之间的差异性,充分利用了市场的细分和个体化需求。

(2) 数据驱动

个性化定价依赖于大数据分析、机器学习和算法模型等技术手段,通过对消费者行为数据、购买历史、偏好信息等进行分析和挖掘,从而确定个性化的定价方案。

(3) 实时动态调整

个性化定价策略通常具有灵活性和实时性,可以根据市场需求和竞争环境的变化进行动态调整。企业可以根据消费者的实时行为和市场情况,及时调整定价策略,以最大程度地满足消费者需求和提高市场竞争力。

(4) 增强客户体验

个性化定价可以根据消费者的需求和付费能力,为其提供定制化的价格和优惠,从而增强客户的购买体验和满意度。通过个性化定价,消费者可以感受到企业对其需求的重视和关注,提升客户忠诚度和品牌认知度。

(5) 提升市场竞争力

个性化定价可以帮助企业更好地理解市场需求和消费者行为,制定更具针对性的定价策略,从而提升产品的市场适应性和竞争优势。个性化定价策略有助于企业巩固市场地位、增加市场份额和提高盈利能力。

3. 实施个性化定价策略的条件

(1) 了解消费者的支付意愿

企业需要深入了解消费者的需求、偏好和付费能力,以确定合适的个性化定价方案。这需要对消费者进行市场调研和分析,了解其消费习惯、行为特征和购买偏好,从而确定定价的基准和范围。

（2）以大数据技术为前提，收集客户信息

个性化定价依赖于大数据技术和客户信息的收集与分析。企业需要建立完善的数据采集系统，收集消费者的行为数据、购买历史、偏好信息等，以便对消费者进行精准定价和个性化推荐。

（3）不能让顾客觉得不公平

个性化定价需要遵循公平、透明的原则，不能让消费者感到不公平或歧视。定价策略应该合理、合法，并且能够公平地对待不同的消费者群体，确保消费者的信任和忠诚度。

（4）对产品价值进行分割，并设置门槛

个性化定价需要根据产品的不同特点和价值，对不同的消费者群体制定不同的定价策略。企业可以根据消费者的需求和付费能力，设置不同的定价门槛和优惠条件，以实现精准定价和市场细分。

（5）个性化定价策略更多适用于电商企业

个性化定价在电商领域有较为广泛的应用，因为电商企业具有丰富的消费者数据和技术手段，能够更好地实施个性化定价策略。电商企业可以通过个性化推荐、动态定价等方式，为消费者提供个性化的购物体验，提高销售额和客户满意度。

（三）动态定价策略

1. 动态定价策略的概念

动态定价，又称智能定价、实时定价、需求定价，源自经济学中的"价格歧视"，狭义上，动态定价是指企业根据市场需求和供给情况，以及消费者的行为特征，实时调整产品或服务的价格。这种定价策略基于对市场信息的敏感性和灵活性，以最大化企业利润或实现其他特定目标。

广义上，动态定价是指任何根据市场条件、消费者行为和其他因素实时调整价格的定价策略。这种策略可能基于不同的变量，如时间、地点、消费者属性等，以确定最合适的价格水平。动态定价可以通过各种手段实现，包括基于算法的智能定价系统、实时市场监测和反馈、需求预测模型等。

2. 动态定价策略的类型

（1）基于时间的动态定价策略

基于时间的动态定价策略，这种策略根据时间因素对产品或服务的价格进行调整。例如，航空公司和酒店常常采用季节性定价，根据旅游旺季和淡季对票价和房价进行调整；电商平台也经常在特定时间节点，如"618"等大型促销活动期间进行价格优惠。

（2）基于市场细分与限量配给的动态定价策略

基于市场细分与限量配给的动态定价策略，这种策略将市场细分为不同的消费者群体，并根据不同群体的需求、付费能力和购买意愿，对产品或服务进行差异化定价。同时，通过限量配给或差异化供给来影响价格敏感性和市场需求。例如，高端餐厅可能会对不同档次的顾客提供不同价格的菜单，或者对特定时段的预订进行限量配给以提高稀缺性和价格弹性。

3. 动态定价策略的优势

动态定价策略具有多方面的优势，使其成为许多企业在竞争激烈的市场环境中提高竞争力和盈利能力的有效手段。

第一，动态定价策略能够实现更精准的价格定位，根据市场需求和供给情况以及消费者行为特征，动态调整产品或服务的价格。这使企业能够更好地满足不同消费者群体的需求，并提供个性化的价格方案，从而提高了销售的效率和精准度。

第二，动态定价策略可以帮助企业更好地应对市场变化和竞争压力。通过实时监测市场情况和消费者行为，企业可以及时调整产品或服务的价格，以适应市场需求的变化，抢占竞争优势，提高市场份额和盈利能力。

第三，动态定价策略能够提高企业的市场反应速度和灵活性。相比于传统的固定定价策略，动态定价策略更加灵活，可以根据市场需求和供给情况实时调整价格，使企业能够更快地适应市场变化和竞争环境，保持市场敏感性和竞争优势。

第四，动态定价策略还可以提高企业的盈利能力和资金利用效率。通过合理调整产品或服务的价格，企业可以在不同市场环境下实现最大化的利润，同时减少库存积压和资金占用，提高资金的周转率和利润率。

三、大数据时代的渠道创新

营销渠道是指某种货物或劳务从生产者向消费者移动时，取得这种货物或劳务所有权或帮助转移其所有权的所有企业或个人。简单说，营销渠道就是商品和服务从生产者向消费者转移过程的具体通道或路径。

（一）大数据对营销渠道的影响

大数据背景下，传统营销渠道发生巨大的变化。依托大数据、人工智能等先进技术手段，商品的生产、流通与销售过程升级，产生了线上云平台销售、线下销售门店展销相结合的新零售模式，而在此模式下，基于大数据的营销渠道呈现出虚拟化、网络化、平台化、数字化和流量性等主要特点。大数据对营销渠道的影响主要体现在对营销渠道结构和营销渠道控制两个方面。

1. 大数据对营销渠道结构的影响

大数据技术的应用使得企业能够更加深入地了解消费者的需求、行为和偏好。通过对大数据的分析，企业可以识别出潜在的消费者群体、发现新的市场机会，并确定更有效的营销渠道。这种数据驱动的方法使得企业能够更加精准地选择和优化营销渠道，从而提高市场覆盖率和营销效果。

大数据技术还可以帮助企业实现多渠道整合和跨渠道营销。通过对不同渠道数据的整合和分析，企业可以实现跨渠道的数据共享和协同，提供一致的购物体验和服务，增强品牌认知和客户忠诚度。这种多渠道整合的模式可以有效地提高销售转化率和客户满意度，推动企业实现业务增长和盈利增长。

2. 大数据对营销渠道控制的影响

大数据技术为企业提供了更强大的数据分析和预测能力，使得企业能够更加精准地监控和控制营销渠道的运营情况。一方面，通过对大数据的实时监测和分析，企业可以及时发现渠道问题和瓶颈，采取相应的措施加以调整和优化。这种数据驱动的渠道控制模式使得企业能够更加灵活地应对市场变化和竞争压力，保持渠道的竞争优势和市场地位。另一方面，大数据技术还可以帮助企业实现个性化营销和精准营销。通过对消费者行为和偏好的分析，企业可以为不同的消费者群体提供个性化的营销服务和定制化的产品推荐，从而提高客户满意度和忠诚度。这种精准营销的模式可以有效地提高销售转化率和客户留存率，增强企业在市场上的竞争力。

（二）营销渠道建设的大数据创新思维

1. 商品即渠道

传统的营销观念将产品和渠道作为两个独立的策略进行考虑，

而在大数据时代，商品可以成为营销渠道的一部分。随着物联网技术的发展，智能产品如智能冰箱等已经成为一种特殊的销售渠道，改变了传统的营销组合方式，为消费者提供了全新的购物体验。

2. 智慧物流

物流是渠道的重要组成部分，随着电商的兴起和发展，智慧物流作为营销渠道的一部分变得越来越重要。大数据技术的应用使得物流过程更加智能化和高效化，提高了物流的运作效率和服务质量，为企业提供了更快捷、更直接的产品送达方式。

3. 供应链管理协同

在大数据时代，企业开始意识到单打独斗的竞争模式已经不再适用，而是需要与供应链上的各个环节进行协同合作。供应链管理的优化和协同，不仅可以降低企业的成本，提高效率，还可以为消费者提供更好的产品和服务体验。企业需要整合内外部资源，共同满足消费者需求，以最优化的方式运作整个供应链，提高竞争力和市场地位。

（三）平台型渠道建设

目前，平台型渠道是大数据营销渠道创新的主要方向。从类型上看，平台型渠道包括品牌独立开发 App 营销渠道、小程序营销渠道、依托社交媒体平台进行流量直播营销渠道。

1. 品牌独立开发 App 营销渠道

品牌独立开发 App 作为营销渠道，为消费者提供了直接、便捷的购物体验。通过 App，消费者可以随时随地浏览产品、下单购买，并享受个性化推荐和专属优惠。品牌可以通过 App 收集用户数据，深入了解消费者需求，实施精准营销策略。

2. 小程序营销渠道

小程序的融合在营销中发挥着重要作用，它充分利用了移动设备、社交媒体、大数据、传感器和定位系统等技术力量，构建了基于场景链接的全新营销渠道。通过小程序，企业可以将产品与用户需求直接对接，实现个性化推荐和定制化服务；同时，通过社交媒体的传播和分享，扩大品牌影响力和用户基础；大数据的应用则使得企业能够更加精准地了解用户行为和偏好，从而进行更有效的市场营销和精准推广；传感器和定位系统的运用，则实现了对用户位置和环境的感知，为营销活动提供了更加精准的定位和个性化的体验。综合利用这些技术力量，小程序已成为企业开拓市场、提升用户体验的重要工具，为构建场景链接的新型营销渠道注入了强大的动力。

3. 直播营销渠道

目前，有代表性的直播带货平台包括淘宝直播、抖音、快手、腾讯看点直播、有播等。直播作为一种新兴的营销渠道，在提升用户体验方面具有独特的优势。相比其他渠道，直播具有更强的即时互动性，消费者可以实时与主播进行互动交流，提出问题、提供反馈，获得即时的回应和解答，从而增强了用户参与感和体验感。对于企业来说，直播不仅可以实现产品的展示和介绍，还可以直接回应消费者的疑问和需求，加强与消费者之间的沟通和信任，提升品牌形象和口碑。同时，直播还具有较强的传播性和影响力，在吸引用户关注的同时，也能够扩大品牌影响力，吸引更多潜在客户，促进销售增长。

四、大数据时代的促销创新

(一) 大数据广告

1. 大数据精准广告

大数据时代,信息技术逐渐成熟,大众媒体广告难以对消费者的真正需求"精确制导",很多时候广告变成了"骚扰"。在此背景下,大数据精准广告应运而生。

(1) 大数据精准广告的含义

大数据精准广告是一种利用互联网广告网络和广告交易平台的先进技术,在实时抓取和分析目标消费者数据的基础上,通过信息检索、受众定向和数据挖掘等手段,精准地识别消费者的个性化特征和需求,从而推送与其高度相关的商业信息。这种传播和沟通方式确保了广告内容与消费者的兴趣和偏好高度契合,提升了广告的效果和用户体验。

(2) 大数据精准广告的分类

与传统广告类型的相对固化不同,大数据精准广告的分类更加多样化。一般情况下,主要按照广告的展示方式、交易手段和广告定向设备进行分类。

①按照广告的展示方式划分。

主要根据广告的展示形式进行划分,包括文字广告、图片广告、视频广告、原生广告等。根据不同的媒体平台和用户行为特点,选择最适合的广告展示形式,以提高广告的吸引力和点击率。

②按照广告定向设备划分。

主要根据广告定向的设备类型进行划分,包括PC端广告、移动端广告、智能设备端广告等。根据用户的设备偏好和行为特点，选择最适合的广告定向设备，以确保广告能够精准触达目标用户。

③按照交易手段划分。

主要根据广告交易的方式进行划分，包括程序化购买广告、直接购买广告、竞价购买广告等。根据广告主的需求和预算情况，选择最合适的广告交易方式，以实现广告投放的效果最大化和成本最优化。

（3）大数据精准广告的特征

①精准。

通过大数据技术，能够对目标受众进行精准定位和细分，根据其个性化特征和行为偏好，精准推送与其需求相关的广告内容，提高广告的触达效率和用户满意度。

②可量化。

广告投放过程中可以对广告效果进行实时监测和评估，通过大数据分析技术，实现对广告曝光量、点击量、转化率等关键指标的精确测量和分析，为广告主提供量化的投放数据和反馈报告。

③效果导向。

大数据精准广告以实现广告效果为导向，通过数据分析和优化策略，不断提升广告的点击率、转化率和投资回报率，实现广告投放的最优化和效果最大化，从而实现广告主的营销目标和商业利益。

2. 程序化购买

大数据精准广告日益盛行背景下，广告的购买方式也发生变化。从过去的人力购买逐渐转变为程序化购买。我国的程序化购买广告尚处于发展期，未来具备较大的增长空间，预计未来程序化购买市场将保持中高速稳健式增长。

（1）程序化购买的含义

程序化购买是一种通过自动化技术和算法，在线广告市场上进行广告位交易的方式。广告主和广告媒体通过程序化平台进行连接,广告位的购买和出售过程完全由计算机程序自动完成,包括广告投放的定向、投放时段、投放位置等,以及广告费用的结算和监测。这种方式能够提高广告交易的效率和精度,使广告主能够更精准地触达目标受众,同时也为广告媒体提供更多的曝光机会和收入来源。

(2)程序化购买的特点

①购买受众人群精准化。

通过大数据和算法分析,程序化购买能够实现对受众人群的精准定位和细分,根据其兴趣、行为和偏好等特征,精准投放广告,提高广告的触达效率和转化率。

②广告素材数据化。

程序化购买过程中,广告素材的制作和管理变得更加数据化和标准化,广告主可以根据受众特征和广告效果进行广告素材的优化和调整,以提升广告的吸引力和效果。

③服务人性化。

程序化购买平台提供了个性化的广告投放服务,能够根据广告主的需求和预算情况,为其提供定制化的广告解决方案和专业的投放策略,使广告投放过程更加简单、高效和灵活。

(3)程序化购买的主要模式

当前,程序化购买主要有实时竞价和非实时竞价两种模式。

①实时竞价模式。

实时竞价(real time bidding,RTB)是一种实时拍卖模式,广告主通过程序化平台向广告交易市场提交广告请求,广告位供应方根据广告请求的属性和受众数据进行竞价,最高出价者获得广告位展示权。

②非实时竞价模式。

非实时竞价模式相比 RTB 模式更为灵活，它不要求广告交易的实时性。在这种模式下，广告主与广告位供应方事先达成合作协议，确定广告展示的条件和价格，广告位的购买不是通过实时拍卖进行，而是基于预先确定的条件进行交易，例如，固定价格购买、合约保证等方式。

实时竞价模式具有实时性强、灵活性高的特点，能够根据实时数据动态调整广告投放策略，提高广告投放的效果和效率。而非实时竞价模式则更适用于长期合作、固定广告位的购买，具有稳定性和可预测性强的特点，适用于一些对广告投放时效要求不高的场景。

（4）程序化购买产业链的主要参与者

程序化购买发展到今天，已形成较为完整的产业链。这条产业链上的主要参与者包括广告主、需求方平台（demand side platform，DSP）、数据管理平台（data management platform，DMP）、供应方平台（supply side platform，SSP）、广告交易平台以及其他技术平台。

①广告主。

广告主是广告活动的发布者和主要需求方，通常位于广告活动的上游位置。作为广告活动的发起者和主导者，广告主负责确定广告的内容、形式和投放策略，以及承担广告费用。广告主通过广告活动来推广自己的产品、服务或品牌，吸引目标受众的注意力，促进销售和市场营销的实现。在广告生态系统中，广告主的作用是重要的，他们的需求和决策直接影响着广告市场的发展和运作。

②需求方平台。

需求方平台是为广告主或代理商提供实时竞价投放服务的平台。在需求方平台上，广告主可以通过程序化购买的方式，根据自身需求和预算，在广告交易市场上实时竞价购买广告位。这些平台通常提供了丰富的广告定向选项和数据分析功能，帮助广告主更精准地触达目标受众，并实时监测和优化广告效果。通过需求方平台，广告主能够更加灵活和高效地进行广告投放，实现广告目标的最大化。

③数据管理平台。

数据管理平台是利用无缝整合跨不同接触点收集消费者数据的技术进行受众分析的平台。通过整合多个数据源，包括线上线下渠道、社交媒体、移动应用等，数据管理平台能够获取大量消费者行为和偏好数据，并进行深度分析和挖掘。通过对数据的加工和分析，数据管理平台可以帮助企业全面了解用户的行为路径、兴趣爱好、购买意向等信息，从而为企业提供精准的受众洞察和行为预测，帮助其作出与用户互动的最佳决策。在实现大数据精准广告方面，数据管理平台起着关键作用，为广告投放提供了必要的数据支持和分析能力，帮助广告主更准确地找到目标受众，实现广告效果的最大化。

④供应方平台。

供应方平台是服务于媒体端的广告平台，也称为媒体资源管理平台。它代表媒体进行流量托管和售卖，为广告主提供广告位展示的机会。供应方平台与广告交易平台进行对接，通过RTB等方式，将广告位进行拍卖，从而实现与广告DSP的连接。这样的平台能够帮助媒体有效管理广告资源，优化广告位利用率，并通过与广告交易平台的合作，实现广告位的高效变现。

⑤广告交易平台。

广告交易平台是一种大数据精准广告交易平台，它作为中间平台，连接了广告DSP和SSP，实现了广告位的实时交易。在广告交易平台上，广告位的购买和出售通过RTB等方式进行，这使得整个广告交易过程可以在100毫秒内完成。RTB竞价允许广告主通过实时投标方式参与广告位的竞价,最终获得广告展示权。这种快速高效的广告交易模式,使得广告投放更加灵活和精准,有助于提高广告效果和投放效率。

⑥其他技术平台。

还有一些技术平台,协助以上平台更有效地实现程序化购买,包括广告网络平台(advertising network)、交易专柜(trading desk)、动态创意优化平台(dynamic creative optimization platform,DCOP)、广告认证平台(Ad verification platform)等。

广告网络平台是一种介于想出售广告资源的网站与想在网站上投放广告的广告主的中介平台。一般是由广告代理机构或搜索引擎通过广告系统集合网络媒体组成的媒体资源平台。

交易专柜是程序化购买的交易桌面,广告代理商通过它进行大数据广告的投放,它可以连接多个DSP优化投放的广告,类似于大数据广告VIP交易室。

动态创意优化平台,将原本需要人工设计完成的创意通过计算机设计完成,动态生成展示广告。DCOP根据每条动态创意的点击率、转化率以及用户停留时间,找到最吸引用户的动态创意元素,并将这些元素与广告主的产品信息、推广活动相结合,设计出动态创意。DCOP可以利用算法技术根据用户浏览时间、地点、兴趣偏好的变化,实时改变动态创意。

广告认证平台,是一个为广告主监测广告投放环境的平台。通过这个平台,广告主可以更好地追踪到每则广告,确保广告安全投放。

(5)程序化购买产业链的交易流程

程序化购买产业链的交易流程通常包括以下步骤:广告主或代理商在DSP上设置广告投放需求和预算,DSP通过与广告交易平台连接,发起广告位的实时竞价请求;广告交易平台将广告位信息推送给 SSP，并与媒体进行实时竞价，最高出价者获得广告位展示权；广告素材在媒体上展示给目标受众，用户与广告进行互动后产生数据；数据回传给 DSP，用于广告效果评估和优化。

（二）大数据营业推广

大数据背景下，营销推广的工具有很多，如代金券、优惠券、现金退款、特价包装、奖金奖品、抽奖、优惠预售等。这里主要介绍三种大数据营业推广的工具：优惠券、优惠预售和"锦鲤"抽奖。

1. 优惠券

在电商平台，商家在大型购物节来临前，为了提前获得消费者的情景线索及购物行为意向，会发放一些满减优惠券或者折价券吸引消费者。比如，京东优惠券，在优惠券的发放规模和类别上，京东平台处于领先地位和示范效应，京东设有"领券中心"。手机淘宝的"我的淘宝"界面也设置了"领券中心"。

优惠券作为促销的主要手段之一，既对可使用优惠券的商家或者产品起到了广泛的宣传作用，又令获得优惠券的消费者感到受到专属优待，在刺激消费者购物的同时增强了用户黏性。优惠券的发放方式上包括直接发放和签到发放，促销系统发券包括单品赠券和满减券。

但是，商家对优惠券的使用采取多种复杂的限制性条件，比如，限定某些商品范围的商品才能使用、限定满足一定金额的商品才能使用或者限制使用时间等。例如，原价商品1299元，预售价1199元，跨店优惠券每300元减40元，店铺优惠券满200元减30元，预付定金50元享两倍优惠，加购指定商品满200元减20元。

2. 优惠预售

优惠预售是以折扣刺激消费者的购物需求，以缴纳定金来驱动商家生产商品。商品在正式销售产品的前一段时间发布商品信息，以优惠折扣刺激消费者需求，短时间内收集消费者的购物订单锁定消费者，然后再给厂商下订单。厂商从供应链的前端、后端进行优化，从而进行精准营销。

通过优惠预售，商家降低了需求的不确定性，消费者获得了折扣优惠。同时，优惠预售可以让消费者更多地参与到产品的设计改进中，帮助商家合理地规划资源。商家根据消费者订单数量，精准生产，有效降低生产成本，实现真正的零库存。按优惠方式，优惠预售分为折价预售和定金膨胀预售。按物流配送方式，优惠预售分为普通预售和下沉式预售。

3. "锦鲤"抽奖

流量时代，能带动流量就意味着站在营销的制高点。由支付宝推出的"锦鲤"抽奖活动以极高的关注度风靡世界，并且被很多商家效仿，由此带来一波流量经济热。"锦鲤"抽奖以抽奖的方式吸引消费者，利用人们想中奖的心理迅速积累大量用户，搭建与消费者之间的数字通道，达到营销方的预想效果。

（三）大数据公关

传统的企业公关正面临数据转型的契机，大数据公关借助大数据工具和应用场景，使得企业制定的公关传播策略更加精准、高效，并能够对公关效果进行科学量化。大数据公关有以下四个功能。

1. 精准预测目标公众需求

大数据公关通过分析海量的社会媒体数据、搜索引擎数据、用户行为数据等，可以深入洞察公众的兴趣、需求和关注点。通过对数据的挖掘和分析，可以预测出公众可能关心的话题和事件，为公关活动的策划提供重要参考。例如，通过分析用户在社交媒体上的讨论和互动情况，可以了解到公众对某一话题或事件的关注程度和态度倾向，从而精准预测公众的需求和期待。

2. 精准定制公关传播策略

基于对目标公众需求的精准预测，大数据公关可以针对不同的目标受众群体制定个性化的传播策略和方案。通过对数据的深度分析和挖掘，可以了解到不同受众群体的特点、偏好和行为习惯，从而有针对性地设计公关活动内容、形式和传播渠道，提高传播效果和影响力。例如，针对不同的目标受众群体，可以采取不同的传播方式和语言风格，以更好地吸引和影响他们。

3. 精准量化公关效果

大数据公关可以利用大数据技术实时监测和评估公关活动的效果和影响。通过对数据的收集、整理和分析，可以及时了解到公关活动的曝光量、传播范围、用户参与度等关键指标，从而对公关活动的效果进行精准量化和评估。通过数据分析和指标监测，可以及时发现问题和调整策略，提升公关活动的效果和效率。

4. 大数据有助于企业危机管理

大数据公关可以通过对舆情数据的监测和分析，帮助企业做好危机预警和应急处理工作。通过对社会媒体、新闻报道、用户评论等数据的实时监测和分析，可以及时发现并应对潜在的危机事件和舆情风险，保护企业的声誉和形象。例如，通过对舆情数据的分析，可以了解到公众对企业产品或服务的评价和态度，及时发现并解决潜在的问题，避免危机的发生和扩大。

第四章

大数据背景下营销管理中的分析理论与方法

第一节 营销管理中的数据分析

一、统计的概念

统计是一门科学,旨在收集、整理、分析和解释数据,以便从中提取有用的信息、揭示隐藏的模式和规律,并作出合理的推断和决策。通过统计方法,可以对数据进行描述性和推断性分析,从而为科学研究、商业决策、政策制定等领域提供可靠的数据支持和科学依据。

把原始的数据转化为有意义的、有用的信息就是统计。统计本质上是对某一事物的测量。更具体地说,它是几种测量的总结。例如:打击率是对一个选手击中质量的统计;智商概括了测验的得分情况;政治民意调查结果概括了一群人对某些特定问题的看法;股票市场指数概括了一组股票的表现。

二、客户的差异性

(一) 客户随着时间而变化

数据的平均数在营销工作中是非常常见的：有的人会关注道琼斯平均数的反弹；如果是运动员，他们会根据平均击中率来判断每场比赛的平均分数。这些平均值十分常见，但是这些数据能够带来什么信息呢？如果只有一个平均数，并不能得到什么有用的信息。大数据营销者关注平均数，要把关心的重点放在客户之间的差异性，这些差异性就是数学上所说的变量。客户的年龄、家庭收入、子女的数量等，这些信息就是在营销工作中所需要关注的变量。

趋势有时比一个平均值的实际价值更重要，一个趋势代表了事情发展的一般方向。在总体趋势中会存在一些小的波动。

作为一名数据营销人员，其部分工作是跟踪客户数据的趋势。探测潜在的消极趋势可以帮助营销人员及时加以干预，识别那些积极的趋势则能让人乘浪前进。

有一家银行的工作人员查阅几年内客户数据的价值。他们发现，客户的平均年龄正在稳步增加。当他们意识到客户基数的老龄化速度快于国家整个的老龄化速度时，他们对这个问题给予了足够的重视。有大量的警示性因素，很明显，死亡率就是一个，它意味着一个不断缩减的客户基数。但是这一趋势也可以解释，为什么储蓄和借贷没有增长。随着客户基数的老龄化，越来越多的客户拥有固定收入，并且年龄更大的客户也趋向于不借贷或在使用他们的信用卡时尽量做到收支平衡，这对于这家银行来说都是不利的消息。这个发现导致了银行开始积极地拓展新的年轻客户，他们瞄准大学生和年轻的职业者并开始他们的营销计划,这是一个由营销数据库的信息改变整个公司营销策略的典型案例。①

通过持续地实时跟踪关键客户的特征,就能对正在发生的趋势给出反应,形成跟踪报告并且定期管理它们,甚至按月度或季度去审视客户基数的状况。

(二)充分认识有效数据

有效数据不仅包括数量庞大的信息,更重要的是其中蕴含的洞察和价值。有效数据是指能够帮助企业了解客户行为、市场趋势、竞争态势等关键信息的数据,能够为决策提供准确、可靠的支持。因此,营销管理者需要通过深入分析和挖掘数据,识别出对企业业务和目标具有重要影响的数据,从而更好地制定营销策略、优化产品服务,并实现持续增长和竞争优势。

三、在数据中寻找关系

在数据驱动的营销管理中,寻找客户属性之间的关联以及以客户特征,进行多重任务处理是重要的。通过深入分析客户数据,企业可以更好地理解客户群体的特征和行为,从而精准地制定营销策略、优化产品和服务,提升客户体验,实现业务增长和竞争优势。

(一)客户属性之间的关联

在大数据时代,企业可以收集到大量的客户数据,包括个人信

---

① 孟祥超. 商业银行营销人员绩效管理问题及对策研究 [J]. 中国管理信息化,2023 (14):137 – 139.

息、购买历史、行为偏好等。通过分析这些数据，企业可以发现不同客户属性之间的关联关系，例如，年龄、性别、地理位置、消费习惯等。这些关联关系可以帮助企业了解不同客户群体的特点和需求，有针对性地开展营销活动，提高市场覆盖率和销售转化率。

（二）以客户特征进行多重任务处理

个性化营销是营销管理中的重要趋势，通过根据客户的特征和行为，为其提供个性化的产品、服务和推广活动，从而提升客户满意度和忠诚度。大数据技术可以帮助企业实现对客户的细分和定制化营销。通过将客户特征作为多重任务处理的输入，利用机器学习算法和人工智能技术，可以对客户进行个性化推荐、定价优化、促销活动等，提高营销效果和客户参与度。

第二节 数据化营销管理的分析方法

一、客户细分与定位

企业要制定产品生产或服务提供计划，首先需要做好市场定位，确定产品或服务的目标人群，因此，客户细分与定位在企业的经营中极为重要。

（一）客户细分与定位基本概念

1. 客户细分

客户细分的理论基础有两个：一是顾客的需求差异性。每个顾客都有不同的需求和偏好，这种差异性来源于个体的特点、经历、文化背景等多方面因素。即使是在相同的市场环境下，顾客的需求也会有所不同。因此，为了更好地满足不同顾客群体的需求，企业需要对顾客进行细分，以便有针对性地开展营销活动，提升顾客满意度和忠诚度。二是企业资源的有限性。即使是大型企业也无法满足整个市场的需求，因为市场的需求量通常远远超过了单个企业的资源能力。企业在资源有限的情况下，需要更加精细地分配资源，集中力量在最有价值的客户群体上，以实现更好的市场效果和竞争优势。通过对市场进行细分，企业可以更加有效地利用有限资源，提高资源利用效率，实现精准营销和市场占有率的提升。

客户细分的方法一般有两种比较常用，一种是对人口特征和购买历史进行细分，另一种是根据客户对企业的价值进行细分。

（1）根据人口特征和购买历史细分

根据人口特征和购买历史进行细分是一种常见的客户细分方法。在这种方法中，企业会根据客户的人口特征，如年龄、性别、地理位置、职业等，以及客户的购买历史、购买频率、购买金额等信息，将客户群体划分为不同的细分市场。通过分析这些人口特征和购买历史，企业可以更好地了解客户的偏好和需求，从而精准地制定营销策略，提供个性化的产品和服务，提高客户满意度和忠诚度。

（2）根据顾客对企业的价值细分

根据顾客对企业的价值进行细分，在这种方法中，企业会根据客户对企业的重要程度和贡献价值，将客户群体划分为不同的价值层次。通常来说，企业会将客户分为高价值客户、中等价值客户和低价值客户等不同层次。通过对客户价值的细分，企业可以有针对性地制定营销策略，重点关注和保持高价值客户，同时通过挖掘中等价值客户的潜力和提升低价值客户的价值，实现客户价值最大化。

2. 客户定位

客户定位是指根据市场需求和客户特征，将客户群体划分为不同的细分市场，并针对每个市场制定营销策略和目标。通过客户定位，企业可以更精准地了解不同细分市场的需求和偏好，有针对性地开展营销活动，提高市场覆盖率和销售转化率，从而实现营销目标和持续增长。

一般来说，客户定位策略实施分为以下四个步骤。

（1）准确识别客户

这一步骤涉及收集和分析客户数据，以了解客户的人口特征、行为习惯、购买偏好等信息，从而确定目标客户群体。

（2）在客户群中将不同类型的客户区分开来

通过对客户进行细分，可以将客户划分为不同的细分市场或客户群体。这种细分可以基于客户的地理位置、年龄、性别、收入水平、购买行为等因素进行。

（3）重视与公司有长期利益关系的客户

在客户细分的基础上，企业应该重点关注那些对公司有长期利益贡献的客户。例如，高价值客户、忠诚客户等。通过与这些客户建立紧密的关系，可以增强客户满意度和忠诚度，实现长期稳定的业务增长。

（4）不断增加制定个性化的产品和服务来满足不同客户的需求

随着市场和客户需求的变化，企业应该不断优化和调整产品和服务，以满足不同客户群体的需求。个性化的产品和服务可以增强客户体验，提高客户满意度，促进客户忠诚度和口碑传播。

（二）客户属性分析

在大数据时代，网络营销成为主流，精准定位客户是关键。利用完善的算法模型进行统计分析可以帮助企业更好地理解客户，而精准定位客户属性则是确保营销策略的有效性和个性化的关键。在客户定位中，强调的是个性化，因为并非所有产品或服务都适合所有人。因此，企业需要尽最大努力去了解客户的需求和偏好，以便为他们提供定制化的解决方案，从而实现更高效的营销和更高的客户满意度。

1. 通用角度

从通用角度来说，客户的属性可以分为以下六种。

（1）基础属性

基础属性指目标用户的一些浅层基本信息，如客户性别、客户年龄、所处地域、所在行业等。

（2）文化属性

文化属性指目标用户的受教育程度及生活中的一些文化娱乐偏好，如学历等级、所处文化社团、平时喜好的活动等。

（3）经济属性

经济属性指目标用户的经济情况、消费水平，如用户的经济收入、可支配收入、对品牌的敏感度等。

（4）社群属性

社群属性指目标用户在社会关系上的表现，如社会交友、异性交往、社会合作等。

（5）硬件属性

硬件属性指目标用户所拥有的硬件设备及相关条件，如计算机设备的使用、网络状况等。

（6）软件属性

软件属性指目标用户对网络及软件的熟练使用程度，如用户对于某款产品是否经常使用等。

2. 特征角度

从特征角度来说客户属性分为两类：行为习惯特征属性、人性心理特征属性。

（1）行为习惯特征属性

行为习惯特征属性是指客户在购买过程中所表现出来的行为特征和习惯。这包括了客户的购买频率、购买金额、购买渠道偏好、购买时间偏好等方面的特征。通过分析客户的行为习惯特征属性，企业可以更好地了解客户的购买行为模式和偏好，从而精准地制定营销策略，提高销售转化率和客户忠诚度。例如，一些客户可能更喜欢在线购物，而另一些客户可能更喜欢实体店购物；一些客户可能倾向于在特定时间段购买特定产品，而另一些客户则更为随机。

（2）人性心理特征属性

人性心理特征属性是指客户在购买过程中所表现出来的心理特征和态度。这包括客户的购买动机、购买偏好、品牌认知、品牌忠诚度等方面的特征。通过分析客户的人性心理特征属性，企业可以更好地了解客户的心理需求和情感诉求，从而精准地制定品牌营销策略，提升品牌认知度和客户满意度。

3. 客户的静动态角度

从客户的静动态角度出发，客户属性大致分为以下几类。

（1）外在属性

外在属性包括客户所在的组织、地域分布以及所处的环境等信息。这些信息相对容易获取，但通常较为粗略，价值有限。外在属性可以帮助企业了解客户的基本背景和所处环境，但并不能提供详细的客户行为和偏好信息。

（2）内在属性

内在属性是指客户由内在因素决定的属性，如年龄、性别、收入、价值取向等。清晰掌握客户的内在属性有助于更准确地刻画客户形象,并为客户进行细致的分类定位。然而,单纯依靠内在属性进行客户定位可能不够精准,需要进一步挖掘客户更深层次的信息。

(3) 消费属性

消费属性指客户的消费状况,包括消费频率、品类偏好、消费金额等。这些属性通常可以在财务系统中找到。了解客户的消费属性有助于制定相应的消费策略,但也存在局限性,因为只有当客户产生消费行为时才能获取相关信息。

(三) 大数据在客户细分与定位中的应用

大数据在客户细分与定位中的应用已经成为现代营销中不可或缺的一环。通过大数据技术,企业可以更加精准地理解客户,从而实现更有效的营销策略和更高的客户满意度。

1. 大数据帮助企业进行客户细分

传统的市场细分往往基于一些基本的属性,如年龄、性别、地域等,这种方法往往无法全面捕捉客户的行为和偏好。而利用大数据技术,企业可以从海量的数据中挖掘出更多的客户特征,包括消费行为、购买偏好、社交互动等方面的数据。通过对这些数据的分析,企业可以将客户细分为更加精准的群体,从而实现针对性营销,提高市场响应率。

2. 大数据帮助企业实现精准客户定位

传统的客户定位往往基于一些静态的属性,如地域、年龄等,这种方法往往无法全面把握客户的动态变化和个性化需求。而利用大数据技术,企业可以实时监测客户的行为和偏好,并根据客户的动态变化调整营销策略。通过对客户行为数据的分析,企业可以实现精准客户定位，将个性化的服务和推广信息传递给客户，提高客户的满意度和忠诚度。

3. 大数据帮助企业进行客户画像建模

通过对客户的行为数据、社交数据、消费数据等多维度数据的整合和分析，企业可以构建客户的全面画像，包括客户的兴趣爱好、消费习惯、生活方式等方面的信息。基于这些客户画像，企业可以更好地理解客户，预测客户的需求和行为，从而为客户提供个性化的服务和推广信息。

二、客户行为及特征分析

基于数据的客户行为分析就是企业或者商家在拥有客户基本情况和行为数据的情况下，通过一系列技术手段对有关数据进行统计、分析，从这些数据中发现用户的一些行为规律，再将这些规律和公司的营销策略结合起来。

（一）客户分类

客户的行为都有其独特性，在分析客户的行为之前要先对客户进行粗略的分类。客户分类使客户的属性和价值能够被有效地识别出来，同一类型的客户都有相似性的行为，但是不同类型之间的客户行为具有很大的差异。

客户分类有助于企业形成一致性的有效识别。通过将客户按照一定的标准进行分类，企业可以更清晰地了解客户的特征和需求，从而更准确地识别客户群体，为其提供个性化的服务和推广信息。

客户分类可以帮助企业进行有效的客户管理。通过对不同类别客户的有效信息进行分析和管理，企业可以更好地理解客户的行为和偏好,及时发现客户的变化和需求,从而及时调整营销策略和服务方案,提高客户的满意度和忠诚度。

客户分类可以帮助企业更好地配置资源和制定营销策略。通过对不同类别客户的分析,企业可以更精准地了解客户的价值和潜力,从而更有效地配置资源,制定适合的营销策略,实现资源的最大化利用和营销效果的最大化。

1. 营销的角度

从营销的角度来看,可以将客户分为以下四类。

(1) 经济型客户

经济型客户注重价格和性价比。这类客户更关注产品或服务的价格是否合适、是否具有竞争力,他们可能会比较不同品牌或渠道的价格和优惠活动,希望以最经济的方式满足自己的需求。针对这类客户,企业可以通过价格优惠、促销活动等方式吸引他们的注意,并提供高性价比的产品或服务。

(2) 道德型客户

道德型客户注重产品或服务的品质和社会责任。更关注企业的社会形象和品牌价值,他们会考虑产品或服务的质量、环保性、社会责任等方面的因素,希望通过购买优质产品或支持有社会责任的企业来实现自身的道德需求。针对这类客户,企业可以通过提供高品质、环保、社会责任感强的产品或服务来吸引他们的青睐,并通过品牌宣传和社会公益活动提升自身形象。

(3) 个性化客户

个性化客户注重个性化定制和个性化体验。针对这类客户,企业可以通过数据分析和个性化推荐算法等技术手段,为他们提供个性化定制的产品或服务,以及个性化的购物体验,从而提升他们的购买满意度和忠诚度。

（4）方便型客户

方便型客户注重购物便利和体验。这类客户更注重购物的便利性和效率性，他们希望能够通过简单、快捷的方式完成购物，并享受到良好的购物体验。

2. 管理的角度

从管理的角度来看，可以将顾客划分为四类。

（1）常规客户

常规客户是企业客户关系管理中最主要的一部分，这部分的客户消费比较随机，更加追求实惠，能够直接决定企业的短期收益。

（2）潜力客户

潜力客户对企业的长期发展具有重要意义，他们和企业的关系相对稳定，有可能建立战略联盟或成为长期伙伴。尽管潜力客户目前的购买利润可能不高，但随着潜力的发展，他们的价值会逐渐增加。因此，企业需要通过有效的沟通和关怀，不断挖掘和培育潜力客户，为未来的长期合作奠定基础。

（3）关键客户

关键客户虽然在客户总人数中占比不大，但由于其利润贡献较高，对企业的经营影响显著。因此，企业应该将关键客户视作重点关注对象，提供个性化、专属化的服务，并建立稳固的合作关系，以确保其持续支持和忠诚度。

（4）临时客户

临时客户虽然购买行为是偶然的、临时的，但也有可能成为常规客户的一部分。企业可以通过提供良好的购物体验和个性化服务，吸引临时客户的再次光顾，从而提高客户转化率和忠诚度。

(二) 顾客忠诚度分析

顾客忠诚度是企业在营销和经营管理中非常重要的一个指标，它反映了顾客对企业产品或服务的认可程度和忠诚程度。顾客忠诚度通常表现为顾客对特定品牌、产品或服务的偏好和持续购买行为。当顾客对某一品牌或产品产生了好感倾向，并且愿意持续购买、推荐给他人或者对品牌进行积极的口碑宣传时，就表明其具有较高的忠诚度。

顾客忠诚度不仅体现在单次购买行为上，更重要的是顾客的重复购买行为和长期的持续消费。具有高度忠诚度的顾客往往会成为企业稳定的客户群体，为企业带来持续稳定的收入来源，同时也有助于降低营销成本和提升品牌形象。因此，企业通常会通过各种方式来提升顾客的忠诚度，包括提供优质的产品和服务、建立良好的客户关系、开展有效的营销活动以及不断提升品牌形象等。

1. 培养客户忠诚度的五大因素

（1）产品或服务质量

提供高品质的产品或服务是培养客户忠诚度的基础。优质的产品或服务能够满足客户的需求，增强客户的满意度和信任感，从而促使他们更倾向于选择并持续购买你的产品或服务。

（2）顾客体验

良好的顾客体验是吸引和留住客户的关键。通过提供便捷的购买流程、个性化的服务、及时的客户支持等方式，营造积极的购物体验，增强顾客的满意度和忠诚度。

（3）价格和价值

合理的价格定位与产品或服务的价值相匹配，能够吸引客户并促使其选择你的产品或服务。同时，提供具有竞争力的价格优惠或额外的价值增值服务也可以增强客户对品牌的忠诚度。

（4）客户关系管理

建立良好的客户关系是培养客户忠诚度的重要手段。通过建立有效的沟通渠道、定期与客户互动、关注客户反馈等方式，加强与客户的联系和互动，建立稳固的客户关系网。

（5）品牌形象和信誉

塑造良好的品牌形象和积极的企业信誉对于吸引和保持客户至关重要。通过品牌营销活动、社交媒体宣传，以及对品牌价值观的坚持，树立企业良好的品牌形象和信誉，增强客户对品牌的认同感和忠诚度。

2. 提高客户忠诚度的原则

企业要做好客户服务和提高客户忠诚度应遵循 10 个原则，只有掌握了这些原则，企业才能通过服务提高产品的附加价值。

（1）控制产品质量和价格

产品质量是企业发展、提高客户忠诚度的根基。世界上许多品牌产品的发展历史无一不显示，客户对品牌的忠诚一定程度源于产品的质量，只有高质量、高品质的产品才能真正建立客户对产品的信任，对企业产生好感。当然，只有高质量的产品是不够的，合理的产品定价也是提高客户忠诚度的重要手段。企业要以获得正常的利润作为定价目标，必须坚决放弃追求短期暴利。

（2）了解公司的产品

企业必须让销售和售后服务人员充分了解公司的产品，从而让相关人员更好地向客户传授产品知识，提供相关服务，使公司能够赢得客户的信任。同时，服务人员应主动了解公司的产品信息及销售信息，并尽量预测客户可能提出的问题。

(3) 了解公司的客户

应该尽量了解相关的客户,这样才能提供最能满足他们消费需求和消费习惯的好产品和好服务。当客户了解了公司服务流程和方式之后,服务流程就会更加顺畅,服务时间也会更短,服务产生矛盾的可能性也会降低;企业为每个客户提供服务的成本将会降低,公司的利润将会增加。

(4) 提高服务质量

公司的每一位员工都应该努力为客户创造愉快的购买体验,并始终努力把工作做得更好,从而超越客户的期望。经常接受公司服务并对公司感到满意的客户会积极地促进公司的业务推广,并将公司的服务推荐给朋友、邻居、业务伙伴或其他人。

(5) 提高客户满意度

在某种意义上,客户满意度是衡量企业经营好坏的一种手段。真正了解客户最需要什么以及对他们最有价值的是什么,然后通过客户满意度调查、访谈等方式调查客户从这些服务中获得愉悦体验的情景。

(6) 超出客户的心理预期

为客户提供其所期望的甚至是意想不到的服务,致力于打破行业常规,不断探索创新的服务路径,旨在为客户提供不仅满足其期望,更带来意外惊喜的卓越体验。然后寻找常规之外的机会为客户提供惊喜。高水准的服务将为客户带来更多的选择,公司的竞争对手可能会紧随其后效仿,但只要公司继续改善服务,这种惊喜所带来的销售先机就不会消失。

(7) 尽量满足消费者的个性化需求

一般情况下,公司根据自己的调研结果或经验来预测目标顾客的行为,但事实上,所有客户调研和销售经验的积累都有局限性,预测也存在局限性。因此,公司必须转变营销的思维,注重满足客户的个性化需求。

(8) 正确处理客户问题

如果想要和客户建立长期友好的合作关系,面对客户的投诉和建议就一定要认真对待,正确处理。一般的客户并没有时间和精力去对企业的产品提出自己的意见和建议,很多消费者如果对产品不满意就直接在下次消费时转而选择其他企业的产品了,不会浪费自己的时间来提建议。因此,企业要在这方面重视起来,建立好接受投诉和建议的渠道,让客户更加方便地反映自己的问题,并且面对客户的投诉要认真对待,耐心解决,让客户满意。

(9) 让购买过程变得更加方便快捷

现代的生活节奏很快,人们的时间和精力都很有限,消费者不会花费大量的时间来购买产品,尤其是日常消耗品。因此企业要考虑到这点,简化客户的消费过程,简化商品的陈列,减少客户不必要的参与,让服务的流程更加简单、高效。

(10) 做好员工服务

员工在消费、客户服务的环节十分关键,是外部客户服务链条的重要一环。一家企业,如果连自己员工的基本需求都满足不了,那么员工也不会全心全意地投入工作,以负面的情绪进行工作时很容易影响对顾客的服务,会让客户对产品或服务的信任度下降,甚至造成客户的流失。

(三) 客户行为分析数据源

在大数据时代,计算机将用户的行为定义为不同的事件,便于对用户进行分析。例如,用户在网页进行搜索被定义为一个事件,其内容包括搜索平台、时间、ID以及搜索内容等。随着信息技术的发展，这种事件定义会越来越多，并且处理速度也会不断提高。

企业可以根据详细的用户行为数据进行营销分析。例如，当客户首次使用购物平台时，被视为新用户，需要在注册环节填写基本信息。注册成功后，用户浏览商品或购买产品的行为可以用大数据捕捉，形成客户形象，并进行精准营销。

精准的商品推荐和营销依赖于数据的支持。收集客户行为数据的主要方法之一是通过监测代码定义用户行为事件。在企业需要获取用户行为数据的环节编写监测代码，例如，在注册、浏览和购买环节放置监测代码，以实时监测用户各种消费行为并收集数据。另一种获取客户消费行为的方法是使用数据抓取方法，这种自动程序通过程序设置获取所需信息。

在移动互联网时代，大量信息可在互联网上搜索，但搜索结果的通用性导致结果价值密度不高。数据抓取作为一种解决方案，可以定向抓取网页数据信息，满足用户需求。例如，可以监控电子商务、机票和酒店价格，挖掘客户意见并进行情感分析，还可构建机器学习算法的数据集。

三、常见客户行为分析模型

（一）行为事件分析模型

行为事件分析法旨在研究某种行为和事件对企业组织价值的影响及其程度。通过对用户行为的追踪和记录，如用户注册、浏览产品、投资等，分析事件背后的因素，挖掘更深层次的信息。

在日常运营中，与营销相关的团队会关注各种事件指标。例如，不同渠道的注册量、注册变化趋势、不同时段的平均充值金额以及每日独立对话数量等。通过分析这些指标，可以了解用户行为，并从中获取有价值的洞察。

行为事件分析法的关键在于理解事件对业务的影响，并根据分析结果制定相应的策略和行动计划。通过不断观察和分析行为事件，企业可以更好地理解用户需求，优化产品和服务，提升用户体验，从而实现业务增长和持续发展。

行为事件分析方法具有多种功能，包括筛选、分组和聚合的能力，并且具有逻辑清晰和使用程序简单的特点，因此在很多的商业领域，尤其是零售行业被广泛运用。行为事件分析法主要分为三个环节，分别是事件定义与选择、多维度下钻分析、解释与结论。

1. 事件定义与选择

事件定义与选择是行为事件分析的基础和关键步骤。

（1）事件定义

明确要分析的具体行为事件。例如，在一个 App 中，可能关注用户的登录、点击、购买等行为。

（2）时间窗口

确定分析这些行为事件的时间段长度。时间窗口可以是一天、一周、一个月等，具体取决于分析目标。

（3）会话

会话（Session），在这里指用户在指定时间段内在 App 或 Web 上发生的一系列互动。Session 能够包括多个网页浏览、屏幕浏览、社交互动和电子商务交易等。通过 Session 的定义和管理，可以计算诸如"访问次数"、"平均交互深度"、"平均使用时长"和"页面平均停留时长"等指标，帮助深入了解用户行为。

2. 多维度下钻分析

多维度下钻分析是指在多个维度上对行为事件进行详细的分析和筛选。

（1）任意分析和经济化的条件筛选

通过灵活的条件筛选，可以针对不同维度（如时间、地点、用户属性等）进行详细分析。

（2）合理配置追踪时间和属性

通过设置合理的追踪时间和属性，可以更好地分析事件的变化趋势和不同维度的对比。

（3）添加筛选条件

通过添加具体的筛选条件，可以精细化查看符合某些特定条件的事件数据，从而获得更有针对性的分析结果。

3. 解释与结论

解释与结论是行为事件分析的最终环节，主要是对分析结果进行解读和验证。

（1）合理解释分析结果

根据前一步的分析结果，进行理论解释，判断这些结果是否符合预期。

（2）结果验证

如果分析结果与预期不符，需要进一步分析原因，找出数据中的不足或异常，进行验证和论证。

（3）得出结论

根据分析结果和验证过程，得出有效的结论，为后续决策提供依据。

（二）留存分析模型

留存分析模型是评估用户参与度和活跃度的重要工具。通过分析用户初始行为后继续参与的情况，该模型能够有效地衡量产品对用户的吸引力和价值。留存分析不仅考察有多少用户在初次使用后继续使用，还能揭示用户对产品的长期兴趣和依赖程度。通过这种方式，企业可以深入了解产品的优缺点，从而不断优化用户体验，提升产品对用户的价值。

科学的留存分析模型具有灵活条件配置，其根据具体需求筛选初始行为或后续行为的细分维度，针对用户属性筛选合适的分析对象的特点。留存分析具有以下价值。

第一，精准评估用户参与度。通过细分维度和用户属性，能够准确评估用户在不同阶段的参与度和活跃度。

第二，优化用户体验。揭示用户流失的原因，帮助企业改进产品功能和服务，提升用户体验。

第三，提高用户留存率。识别和分析高留存率用户的行为模式，有助于制定有效的用户留存策略。

第四，指导产品改进。提供数据支持，使产品团队能够基于用户行为数据进行科学的产品优化。

第五，提升市场竞争力。通过持续改进用户体验和产品价值，增强企业在市场中的竞争力。

（三）漏斗分析模型

漏斗分析模型是一种常用的数据分析方法，用于评估和优化用户在完成某一特定目标（如购买、注册或订阅）过程中的行为路径。该模型通过将用户行为分解为多个连续步骤，构建出一个类似漏斗形状的结构,以此分析每个步骤中用户的转化率和流失率。漏斗分析的关键在于识别用户在哪些步骤中流失最多,从而找出流程中的瓶颈和改进点。通过对各个步骤的详细分析,可以帮助企业了解用户在整个流程中的行为模式和心理动机,发现导致用户流失的原因,进而采取针对性的优化措施。例如,在电子商务网站中,漏斗分析可以帮助识别用户从浏览商品到最终购买的整个过程中的障碍,从而改进购物车设计、简化结账流程或提供更好的客服支持。漏斗分析还可以应用于产品使用、营销活动效果评估和用户旅程优化等多个领域。通过持续的漏斗分析和优化,企业能够显著提高用户转化率和留存率,提升整体业务绩效。

漏斗分析也十分适合应用在业务流程更加规范、周期比较长和环节比较多的业务分析中,这样能够更加清晰地找到问题。这里需要说明的是,漏斗分析模型并不是简单的转化率的分析呈现,还有更多的价值。

第一,识别瓶颈环节。通过漏斗分析,可以清晰地看到每个环节的用户转化率,快速识别出用户流失最多的步骤。这有助于企业聚焦在关键问题上,从而进行针对性优化,提高整体转化效率。

第二,优化用户体验。通过深入分析用户在每个环节的行为,企业可以发现用户在流程中遇到的障碍和困惑。基于这些数据,企业能够改进流程设计,提升用户体验,增加用户满意度和留存率。

第三,提高营销效果。漏斗分析可以帮助企业评估不同营销活动和渠道的效果。通过比较不同来源的用户在各个环节的表现,企业可以优化营销策略,投入更多资源到高效渠道,提高营销投资回报率。

第四,支持决策制定。漏斗分析提供的数据和洞察可以作为决策依据,帮助管理层制定更科学的业务策略。例如,针对发现的瓶颈环节,可以调整资源分配,优化流程管理,从而提升整体业务绩效。

(四) 用户路径分析

对用户在平台或者网站上的访问路径进行分析就是用户路径分析。一般在明确网站优化效果和营销的推广效果的时候,或者想要了解用户的行为偏好的时候就要采取用户路径分析。

用户路径分析的主要应用场景如下。

1. 网站优化效果评估

用户路径分析能够帮助企业评估网站优化的效果。通过分析用户的访问路径,可以发现用户在网站上的行为模式,如进入页面的路径、停留时间、点击行为等,从而了解哪些页面和内容对用户最有吸引力,以及哪些部分存在改进空间。基于这些数据,企业可以进行有针对性的优化,提高网站的用户体验和转化率。

2. 营销推广效果评估

用户路径分析对于评估营销推广活动的效果也非常重要。通过分析用户从不同渠道进入网站后的行为路径,可以了解不同推广渠道的用户质量和转化效果。例如,通过分析广告投放后用户的访问路径,可以判断广告的引流效果和后续转化情况,从而优化营销策略和资源配置,提升营销活动的投资回报率(return on investment,ROI)。

3. 用户行为偏好了解

用户路径分析还可以帮助企业深入了解用户的行为偏好。通过分析用户在网站上的访问路径,可以发现用户最常访问的页面和内容、用户的点击习惯以及用户在网站上的行为模式。这些信息可以帮助企业更好地了解用户需求,进行内容优化和产品改进,提高用户满意度和忠诚度。

用户路径的分析结果通常以图形展现,以目标事件为起点/终点,详细查看后续/前置路径,可以了解某个节点事件的流向。总的来说，科学的用户路径分析能够带来以下价值。

第一，优化用户体验。通过用户路径分析，企业可以发现用户在访问网站过程中遇到的障碍和问题，从而进行针对性的优化，提升用户体验。

第二，提升转化率。通过分析用户的访问路径，企业可以找到用户流失的关键环节，进行改进和优化，提高网站的转化率。

第三，优化营销策略。用户路径分析可以帮助企业了解不同营销渠道的效果，优化营销策略，提升营销活动的效果。

第四，数据驱动决策。用户路径分析提供的数据和洞察可以帮助企业进行数据驱动的决策，优化业务流程和策略，提高运营效率和业务绩效。

（五）用户分群数据分析法

用户分群数据分析法是一种关键的数据分析方法，用于根据用户的特征和行为将用户分为不同的群组，从而进行更精准和有效的分析和营销。这种方法通过细分用户群体，使企业能够更好地了解不同类型用户的需求和行为模式。

一般来说，用户分群可以分为两种——普通分群和预测分群。普通分群是依据用户的属性特征和行为特征将用户群体进行分类；预测分群是根据用户以往的行为属性特征，运用机器学习算法来预测他们将来会发生某些事件的概率。下面分别从两个场景介绍这两种用户分群方式。

1. 普通用户分群——分析用户属性与行为特征

普通用户分群是通过分析用户属性和行为特征，将用户分为不同群组，以便进行更加精准的营销和服务。这一过程通常包括对用户的基本属性（如年龄、性别、地理位置等）和行为特征（如购买历史、访问频率、使用时长等）进行详细分析。通过这种细分，企业可以识别出不同用户群体的独特需求和偏好，从而提供更加个性化的产品和服务。例如，通过分析可以发现某一特定年龄段的用户更倾向于购买特定类型的商品，而某些地理区域的用户则表现出对特定服务的高需求。基于这些洞察，企业可以制定有针对性的营销策略，如定制广告内容、优化产品推荐、设计专属优惠活动等。

2. 预测用户分群——通过机器学习算法预测事件概率

预测用户分群是利用机器学习算法对用户未来行为进行预测，从而有效地分群和定向营销。这一过程包括收集和分析用户的历史数据，如购买记录、浏览行为、点击习惯等，并结合用户的属性数据，如年龄、性别、地理位置等。通过机器学习算法，建立预测模型，计算用户发生特定事件的概率，如再次购买、升级服务或流失等。基于这些预测结果，企业可以将用户分为不同的群组，如高购买概率群体、潜在流失群体和新用户潜力群体等，从而制定有针对性的营销策略和用户维护措施。例如，对于高购买概率的用户，可以推出个性化推荐和专属优惠，以刺激购买行为；对于潜在流失用户，可以实施挽留策略，如发送关怀邮件或提供专属优惠，减少流失率。通过预测用户分群，企业不仅能够提升用户体验和满意度，还可以优化资源配置，提高营销效果和客户管理效率，最终实现业务增长和市场竞争力的增强。

（六）点击分析

点击分析是一种高效、灵活且易用的数据分析方法，其分析过程直观明了，效果显著。点击分析采用可视化设计理念和架构，通过简洁直观的操作方式，清晰呈现访客在网页上热衷的区域。这样，运营人员或管理者能够轻松评估网页设计的科学性和用户体验。例如，通过点击热图，可以快速识别用户点击最多的区域，发现哪些内容和功能最受欢迎，哪些部分需要优化或调整。总之，点击分析不仅提升了数据分析的效率，还为优化网页设计提供了有力支持。

在追求精细化网站运营的路上，企业对用户点击行为的可视化分析提出了更高需求。理想的点击分析方法主要分析以下方面。

第一，精准评估用户与网站交互背后的深层关系。通过点击分析，可以深入了解用户在网站上的行为模式和互动习惯，揭示用户点击背后的动机和需求。这不仅有助于评估用户对不同内容和功能的兴趣，还能帮助企业优化网站布局，提升用户体验。

第二，实现网页内跳转点击分析，抽丝剥茧般完成网页深层次的点击分析。点击分析应能够详细追踪用户在网页内的点击路径，逐步剖析用户在不同页面和内容之间的跳转行为。通过这种方式，企业可以发现用户在网站上最常访问的路径和页面，识别出潜在的瓶颈和优化机会，从而提升整体网站的导航和结构。

第三，与其他分析模型配合，以全面视角探索数据价值，能够深度感知用户体验，实现科学决策。点击分析应能够与其他数据分析模型（如漏斗分析、用户分群分析等）相结合，以全面视角探索数据价值。通过多维度的数据融合，企业可以深度感知用户体验，识别不同用户群体的行为特征，制定更加精准的营销和运营策略，实现科学决策。

四、营销大数据分析

（一）营销大数据集成的基本概念

数据集成是将来自不同来源的数据整合到一个统一的平台或系

统中的过程,可以通过逻辑或物理方式实现。逻辑集成指在数据集合中保留对原始数据的引用,而物理集成则是将原始数据复制或移动到集合中。一旦数据集成完成,用户便可以方便地访问这些数据源。通过统一不同数据源的技术和方法,可以提高信息共享的效率。数据的形式主要分为结构化数据和非结构化数据。结构化数据易于存储和处理,可以按行和列组织,例如,数据库中的表格或Excel表格。而非结构化数据,如多媒体数据,来源广泛且处理复杂。随着非结构化数据在数据收集和处理中的重要性日益增强,对其进行有效管理和整合成为关键问题。

在企业信息化建设过程中,因为受各种因素的限制,例如,具体业务要求的不同、人力物力等物质条件的限制,业务数据的存储方式是不尽相同的。除此之外,每个层级的数据管理系统甚至数据库都有可能不同。因此,在面对异构数据源时,经常面临以下六个问题。

第一,数据的异构性。不同数据源之间可能使用不同的数据模型、格式和标准,导致数据结构和语义的差异,增加了数据集成的复杂性。

第二,数据完整性。由于数据源的不同,数据可能存在缺失、重复或不一致的情况,需要确保在集成过程中数据的完整性和准确性。

第三,对集成性能的要求。数据集成过程可能需要消耗大量的计算和存储资源,特别是在处理大规模数据时,需要考虑性能和效率的问题。

第四,语义不一致带来的问题。不同数据源中的数据可能使用不同的术语、定义和单位,导致语义上的不一致,需要进行数据映射和转换以解决语义差异。

第五，权限问题。不同数据源可能具有不同的访问权限和安全策略，需要确保在数据集成过程中合理管理和保护数据的访问权限，防止数据泄露和滥用。

第六，在数据集成过程中，可能会受到技术和资源的限制，无法完全集成所有的数据内容，需要根据业务需求和优先级进行选择和筛选。

（二）营销大数据集成层次

数据集成可以分为基本数据集成、多级视图集成、模式集成、多粒度数据集成四个层次。

1. 基本数据集成

基本数据集成有很多问题需要解决。其中最难的问题就是通用标识符问题。同一个业务实体往往会存在于多个系统源中，因此有时候很难识别确认一些实体是否就是同一个实体，这样就会造成很多困扰。这类问题的处理方法一般就是隔离和调和。隔离保证实体的每次出现都指派一个唯一标识符。调和能够确定实体的相同个体，每当这个实体出现的时候进行捕捉，然后把所有捕捉到的实体进行合并，当目标元素的来源很多时，可以指定某个系统在冲突出现的时候占据主导地位。

在基本数据集成中最常见的问题就是数据丢失，为了避免这种问题的发生，就要为丢失的数据重构一个非常接近实际的估值进行替换。

2. 多级视图集成

多级视图集成是一种将不同数据源之间进行集成的方法。在这种方法中，底层数据源的表示方式可以是局部模型的局部格式，即每个数据源使用自己的数据模型和格式来存储数据。通过建立多级视图，将不同数据源的数据以统一的方式进行抽象和表示，使得数据之间可以相互理解和交互。

多级视图集成的核心思想是通过定义多个层次的数据视图，每个层次对应一个抽象级别，将底层数据源的局部格式映射到全局格式上。通过这种方式，可以隐藏底层数据源的细节，使得上层应用程序可以统一访问和操作不同数据源的数据，而不需要了解底层数据源的具体实现细节。

通过多级视图集成，可以有效地解决数据源之间的异构性和语义不一致性问题，提高数据的可理解性和可用性。同时，多级视图集成也可以提高数据集成的灵活性和扩展性，使得系统能够适应不断变化的业务需求和数据源。

3. 模式集成

模式集成主要就是数据库的设计问题，设计者的经验决定了最终的设计效果，因此很难在理论中找到指导性的内容。

在实际的应用中，数据源的模式集成并不能和数据库的设计相提并论，数据库的设计往往是比较成熟的，但是它的经验，如模型集成的命名、单位、结构等一些冲突问题的解决，并不能完全适用于数据源的模式集成。

在相互操作系统中，模式集成的基本框架如属性等价、关联等价等都属于语义等价的范畴。

4. 多粒度数据集成

多粒度数据集成是异构数据集成的一种形式，其难度较大，因为它需要将来自不同数据源的数据以多个不同的粒度进行集成和抽象。在多粒度数据集成中，理想的集成模式是自动逐步抽象，即通过逐步将底层数据逐渐抽象到更高层次的概念表示，以实现数据的统一和可理解性。

自动逐步抽象的多粒度数据集成模式可以通过一系列自动化的数据转换和映射操作来实现。首先，将底层数据源的细节信息逐步抽象为更高层次的概念表示。例如，将具体的数据项转换为抽象的数据对象或实体。其次，通过进一步的抽象和整合操作，将不同粒度的数据整合到统一的数据模型中，以实现数据的统一访问和操作。

在理想情况下，自动逐步抽象的多粒度数据集成模式可以减少人工干预和误差，提高集成的效率和质量。然而，实现这样的集成模式仍然面临着挑战，包括数据语义的理解和映射、数据转换的复杂性以及集成过程中的性能和资源限制等问题。

（三）常见营销大数据集成方法

1. 模式集成方法

营销大数据集成中的模式集成方法是一种有效的数据集成策略，旨在将不同来源的数据整合到一个统一的平台或系统中，以支持营销决策和策略制定。这种方法的关键在于识别和利用数据中的模式和趋势，以提取有用的信息和洞见，从而优化营销活动和提升业务效果。

模式集成方法通常包括以下几个步骤。

①数据采集和清洗：从各种数据源中收集数据，并对数据进行清洗和预处理，以确保数据的质量和一致性。

②特征提取和分析：通过数据挖掘和分析技术，从数据中提取有价值的特征和模式，如用户行为、购买偏好、市场趋势等。

③模式识别和建模：基于提取的特征和模式，使用机器学习、数据挖掘或统计建模等方法，识别和建立营销相关的模式和趋势，如用户分群、购买预测、推荐系统等。

④集成和整合：将识别的模式和建立的模型集成到统一的平台或系统中，以支持营销决策和实施。

⑤实时监测和优化：持续监测营销活动的执行结果和效果，根据反馈数据对模型和策略进行优化和调整，以实现持续改进和优化。

通过模式集成方法，营销团队可以更好地理解客户行为和市场趋势，精准地进行目标市场定位、产品定价、促销活动等决策，从而提升营销效果和客户满意度。

2. 数据复制方法

数据复制是一种数据集成方法，其核心思想是将每个数据源的数据复制到与各个数据源相关联的目标数据存储中，并确保数据的一致性，以提高信息的利用效率。通过数据复制，可以将各个数据源的数据集中存储在一个数据仓库或数据库中，使用户在使用数据时能够像访问普通数据一样直接获取所需信息。

数据复制的过程通常包括以下几个步骤。

①数据提取：从每个数据源中提取需要复制的数据，可能涉及数据的抽样、过滤和转换等操作。

②数据传输：将提取的数据通过网络或其他途径传输到目标数据存储中，这可以是一个集中式的数据仓库或分布式的数据库。

③数据加载：将传输的数据加载到目标数据存储中，并确保数据的完整性和一致性，可能需要进行数据校验和验证。

④数据同步：定期或实时地同步源数据和目标数据之间的变化，以保持数据的最新状态和一致性。

通过数据复制，用户可以方便地在一个统一的数据存储中访问和查询各个数据源的数据，无须关心数据的来源和具体存储位置。这种集中式的数据管理方式能够提高信息的利用效率，并为数据分析、报告和决策提供更好的支持。同时，数据复制也可以减少对源数据系统的访问压力，提高系统的性能和稳定性。

3. 综合性集成方法

综合性集成方法是一种将多种不同类型和来源的数据整合到一个统一的平台或系统中的综合性策略。这种方法不仅考虑了数据的异构性，还涵盖了数据的完整性、性能要求、语义一致性、权限管理以及集成内容的限制等方面的问题。

综合性集成方法通常包括以下几个关键步骤。

①数据采集和清洗：从各种数据源中收集数据，并对数据进行清洗、转换和预处理，以确保数据的质量和一致性。

②数据模型和标准化：设计统一的数据模型和标准，将数据设置为统一的格式和表示，以便在集成过程中进行映射和转换。

③数据存储和管理：将整合后的数据存储到统一的数据存储中，可能是数据仓库、数据库或其他类型的存储系统，同时管理数据的访问权限和安全性。

④数据整合和转换：使用各种技术和方法，对不同来源的数据进行整合和转换，使其能够在统一的数据存储中进行统一的访问和操作。

⑤数据分析和挖掘：基于整合后的数据，进行数据分析和挖掘，发现数据中的模式、趋势和关联规则，为业务决策提供支持。

⑥实时监控和优化：持续监控数据集成的执行效果和数据质量，及时发现和解决问题，并对集成过程进行优化和改进。

综合性集成方法旨在通过综合考虑数据的各种特点和需求，实现数据的统一管理、高效利用和价值最大化。这种方法能够帮助组织更好地理解和利用数据，提高业务决策的准确性和效率，从而获得竞争优势。

4. 其他数据集成技术

数据集成技术还涉及许多技术方法，在这里简单介绍一下网格技术以及本体技术。

（1）网格技术

数据网格技术的提出源于科学研究中对于日益复杂、庞大数据集的需求，它试图通过联合网络中的所有资源，构建一个虚拟的巨型超级计算机系统，以便处理分散的、异构的海量数据。该技术的最终目标是建立一个统一的架构和环境，用于异构分布环境下海量数据的存储、管理、访问、传输和服务。

数据网格技术的主要任务是解决在广域环境下分布的异构的海量存储资源的统一访问与管理的问题。通过数据网格技术，科学研究者可以更有效地组织、处理和利用海量数据，克服了传统计算环境下数据规模带来的挑战。

数据网格技术是在计算网格技术的基础上发展而来的，它为数据集型的大型科学研究提供了重要的科研和应用价值。通过数据网格技术，可以为广域的数据密集型或有协作特点的大型科学应用和研究提供一个统一的支撑平台，促进科学研究取得进展和作出创新。

（2）本体技术

本体技术在数据集成中通过明确描述不同领域中的概念及其之间的关系，为解决语义异构性问题提供了新的思路。本体技术能够支持基于描述逻辑的自动推理，帮助系统理解数据的语义，并在数据集成过程中实现数据的统一表示和交互。

在数据集成中，常常采用本体技术与中间件相结合的方法。通过中间件架构，可以支持虚拟视图或视图集合，而不需要存储任何异构数据库中的实际数据。这种架构允许系统根据用户需求动态地组织和提供数据，从而实现了数据的灵活集成和查询。

为了更好地解决语义异构性问题,中间件中通常引入一个本体库。本体库存储了领域内的本体描述,包括概念、属性、关系等信息,并提供了一套标准的查询和推理接口,以支持数据的语义理解和推理。通过与本体库的交互,系统可以在数据集成过程中对数据进行语义映射和转换,实现数据的统一理解和交互,从而更好地支持数据集成和应用。

五、营销大数据挖掘

(一)营销大数据挖掘的基本概念

数据挖掘是对收集来的数据进行加工处理的过程,旨在从大量数据中发现隐藏的模式、关联、趋势或规律,以转化为有用的信息和知识,从而支持商业决策和行动。

在通常情况下,收集来的数据并不可直接用于商业分析。因为这些数据可能是不完整的、杂乱的或包含噪声的,所以需要经过加工处理,类似于工业原料需要加工才能转化为成品。数据挖掘就是这样一个加工处理过程,它采用有组织、有目的地的方法,对数据进行分析、建模和算法运用,从而发现数据中的潜在价值和有用信息。

数据挖掘的流程是一个重复反馈的过程。一般来说,数据挖掘主要通过解读业务需求、搜集数据、预处理数据、评估模型、解释模型这几个过程来迭代处理数据。

1. 解读业务需求

所有的数据挖掘都是拥有使用场景的,数据要回归应用,因此数据分析挖掘师不能一味地追求算法模型的精美而忽略了对应用情境的理解，要积极与行业专家交流，解读具体的业务需要，明白数据挖掘要带来怎样的应用价值，这个解读要贯穿整个项目的全周期。

2. 搜集数据

搜集是数据挖掘的前期准备，大型公司的数据一般来源于自有的业务数据库。通常情况下，并不是所有数据都要收集起来的，通过数据抽样取得数据，在此过程中，就需要了解抽样过程中的取样分布，确保数据来源于同一个分布。

3. 预处理数据

由于企业平时业务繁多等原因，数据不可避免地会出现缺失、异常等情况。因此，在使用数据前需要对数据进行预处理，做好数据准备工作。

4. 评估模型

在这一环节，需要对数据分析的模型和算法作出选择，如何在众多模型算法中找到适合的，需要反复进行测试评估。

5. 解释模型

数据挖掘的目的就是用数据辅助决策，而数据经过模型的处理后得出了相应的一系列数据结果，需要根据这些结果结合具体的应用场景来作出表述，从而辅助决策。

（二）营销大数据挖掘的基本功能

大数据的商业化时代已经到来，不过，人们对大数据挖掘真正能给企业带来多少好处却并不是很清楚。大数据意味着大商机，对于企业来说，营销大数据挖掘产生的价值是巨大的。

1. 分析用户的行为特征

在大数据时代，用户行为的分析可以从时间和空间两个方面来处理。在时间维度上，营销大师菲利普·科特勒（Philip Kotler）将用户的消费过程分为五个阶段，分别是消费者产生需求、进行商业信息的收集工作、购买方案的比较、作出购买决策和购买后的行为过程。①

从空间上来看，用户的行为特征可以通过消费的主体、消费的对象、消费的地点、消费的时间、消费的原因和消费的数量等方面进行研究，从而形成用户行为分析的体系框架。现在，越来越多的企业意识到，通过数据分析对消费者行为进行精准分析是获取客户资源的关键。

数据成为企业了解客户的重要资源。拥有足够多的数据意味着企业有可能比用户自己更了解他们的行为，从而能够更好地满足客户需求、提高客户满意度和忠诚度。因此，许多企业不再把重点放在价格战或产品质量上，而是转向利用数据分析来深入了解消费者行为，从而更好地把握客户资源。

通过对消费者行为的精准分析，企业可以发现消费者的偏好、需求和行为模式，从而制定更有效的营销策略、推出更符合市场需求的产品，并提供个性化的服务和体验。数据分析也可以帮助企业预测未来的市场趋势，及时调整业务战略，保持竞争优势。

2. 精准推送商业信息

在大数据时代，精准营销被越来越多的企业所重视，因为它被认为是大数据最大的商业用途之一。然而，尽管精准营销有着巨大的潜力，但真正能够实现精准营销的企业却寥寥无几。许多企业尚未建立起完善的大数据营销体系，导致经常出现消息投送无门、随意推送商业信息等现象，给用户制造了大量的垃圾信息。

造成这种现象的原因有多方面的因素。

---

① 王赛. 营销之父菲利普·科特勒的六条卓越原则 [J]. 北方牧业, 2019 (14): 3.

①数据收集不完善：很多企业虽然拥有大量的数据，但这些数据可能有不同的来源，质量和准确性参差不齐，导致了数据收集的不完善。

②数据分析能力不足：虽然企业拥有大量的数据，但是缺乏有效的数据分析能力，无法从海量数据中提取有价值的信息和洞察。

③缺乏个性化营销策略：许多企业采用的是传统的群发式营销策略，缺乏对用户个性化需求的了解，导致了推送信息的随意性和不准确性。

④隐私和安全问题：在大数据营销中，隐私和安全问题是一个重要考虑因素，企业需要确保用户数据的合法性和安全性，避免用户信息被泄露或滥用。

为了解决这些问题，企业需要采取一系列措施。

①建立完善的数据收集和管理机制：确保数据来源的可靠性和准确性，建立完善的数据收集和管理体系。

②提升数据分析能力：引进和培养数据分析人才，利用先进的数据分析技术和工具，从海量数据中挖掘有价值的信息和洞察。

③实施个性化营销策略：了解用户的个性化需求和行为模式，制定针对性强的个性化营销策略，提高营销信息的准确性和有效性。

④加强隐私和安全保护：严格遵守相关法律法规，建立健全的用户数据保护机制，保护用户隐私和数据安全。

通过以上措施，企业可以建立起更为完善和有效的大数据营销体系，实现精准营销，提升用户体验，从而实现商业价值的最大化。

3. 占领商业市场

企业的生产与用户需求息息相关，因为用户就是市场的动力源，他们的需求决定了市场的走向。例如，电影公司在公映前发布电影预告片，通过市场反响来调整宣传策略，这一过程直接反映了企业对用户市场的关注和监控。

尤其是当企业处于市场领先地位时，更需要密切关注用户市场的变化，及时调整产品和营销策略，以保持竞争优势。因此，了解用户需求、把握市场动态是企业持续发展的关键。

4. 监测竞争对手与传播品牌

知己知彼，百战不殆。在商业竞争中，通过持续监测竞争对手的动态和品牌传播效果，企业可以及时了解市场环境的变化和竞争态势，从而灵活调整自身策略和行动，以应对市场挑战并提升品牌竞争力。

在竞争对手监测方面，企业可以关注竞争对手的产品、定价、营销活动、市场份额等方面的情况。通过收集和分析竞争对手的数据和信息，企业可以发现竞争对手的优势和劣势，及时调整自身策略以保持市场地位。

而在品牌传播监测方面，企业需要关注品牌在各种渠道上的曝光度、声誉、用户反馈等情况。通过监测品牌在社交媒体、新闻报道、广告等渠道的传播效果，企业可以了解品牌形象在市场中的受欢迎程度，发现潜在的品牌危机并及时应对，同时也可以发现用户的需求和偏好，指导品牌传播策略的调整和优化。

5. 客户分级管理

客户分级管理是根据客户对企业的利润贡献率等多个指标对客户进行综合评估和分级，以实现对客户的精细化管理和个性化服务的一种策略。通过客户分级管理，企业能够更好地了解客户需求、提升客户服务水平，以及优化营销管理和市场推广效果。

首先，客户分级管理通过对客户的综合评估，将客户分为不同等级，从而针对不同等级的客户实施个性化的服务和优惠政策。特别是对于新用户,通过提供各种优惠和特权,可以促使其更频繁地消费,逐渐形成稳定的消费习惯。

其次,客户分级管理有助于整合和记录企业各个业务部门与客户的接触资料,通过挖掘和分析这些数据,深入了解客户需求和行为特征,发现高价值客户,为他们提供更加个性化的产品和服务,从而提升客户满意度和忠诚度。

最后,客户分级管理还可以帮助企业制定合适的市场营销计划,对各种推广渠道所接触的客户进行记录、分类和评估,加强对潜在客户和现实客户的管理,从而提高营销活动的效果和回报率。

6. 改善用户体验

改善用户体验一直是企业关注的重点,而大数据技术为企业提供了更深入了解用户和产品使用情况的可能。通过大数据分析,企业可以获知用户的真实情况和产品的具体使用情况,进而有针对性地改善用户体验。

大数据可以帮助企业了解产品的售后情况,监测产品的性能表现和用户反馈。当产品出现问题时,大数据分析可以及时发现并提醒用户,帮助用户解决问题,提高产品的可靠性和稳定性,从而提升用户的满意度和体验感受。

总的来讲,改善用户体验的核心是方便用户的使用。通过大数据技术,企业可以更加全面地了解用户和产品的情况,从而提供更贴心、更便捷的服务,为用户创造更好的使用体验。

(三) 营销大数据挖掘的常用方法

数据挖掘的方法多种多样,这里列举几个常用的方法,如分类分析、回归分析、关联规则、特征分析、偏差分析、Web 页挖掘。

1. 分类分析

分类是指在数据库中找出一组数据，通过分析这组数据的共同特点，将其按照某种分类模式分成不同的类别。分类通常是数据挖掘中的一项重要任务，其目的是根据数据的特征和属性，将数据集划分为具有相似特征的若干个类别，以便于进一步分析和理解数据的规律性。

现在常见的分类算法主要有以下几种。

（1）贝叶斯分类

贝叶斯（Bayes）分类器的分类原理是通过某对象的先验概率，利用贝叶斯公式计算出其后验概率，即该对象属于某一类的概率，选择具有最大后验概率的类作为该对象所属的类。目前研究较多的贝叶斯分类器主要是朴素贝叶斯（naive bayes）、树增广朴素贝叶斯（tree augmented naive bayes，TAN）、贝叶斯增强网络（bayesian augmented network，BAN）和广义贝叶斯网络（generalized bayesian network，GBN）。

①朴素贝叶斯：基于贝叶斯定理与特征条件独立假设的简单概率分类器。

②TAN：朴素贝叶斯分类器的一种扩展，通过引入树状结构来表示属性之间的依赖关系。

③BAN 和 GBN：这两种贝叶斯分类器也考虑了属性之间的依赖关系，但具体结构和应用场景有所不同。BAN 可能更注重于处理具有复杂依赖关系的数据集，而 GBN 则可能提供了更一般的贝叶斯网络结构来表示这种依赖关系。

（2）K 近邻算法

K 近邻算法（K—nearest neighbor，KNN）是非参数法中最重要的方法之一。根据距离函数计算待分类样本 X 和每个训练样本的距离（作为相似度），选择与待分类样本距离最小的 K 个样本作为 X 的 K 个最近邻，最后以 X 的 K 个最近邻中的大多数所属的类别作为 X 的类别。

（3）决策树归纳算法

决策树归纳算法是一个贪心算法，它以自顶向下的分治方式构造决策树，使用分类属性（如果是量化属性，则须先进行离散化）的递归并选择相应的测试属性来划分样本。测试属性是根据某种启发信息或者统计信息来进行选择（如信息增益）。

（4）支持向量机

支持向量机（support vector machine，SVM）是一种常用的机器学习算法，主要用于二分类问题。其基本思想是在特征空间中找到一个间隔最大的超平面作为决策边界，以实现对样本数据的有效分类。

SVM 通过优化一个凸二次规划问题，寻求结构化风险最小化，从而提高学习机的泛化能力。这意味着 SVM 旨在最大化分类器的间隔，即样本点与决策边界之间的距离，以确保对未知数据的分类能力。通过间隔最大化，SVM 可以实现经验风险和置信范围的最小化，即在统计样本量较少的情况下，也能够获得良好的统计规律，提高分类的准确性和泛化能力。

（5）神经网络算法

BP 神经网络，即反向传播神经网络（backpropagation neural network），是一种常见的人工神经网络模型，用于解决分类和回归问题。它是一种单向传播的多层前馈神经网络，由输入层、若干个隐藏层和输出层组成。

在 BP 神经网络中，每个节点（神经元）与下一层的所有节点连接，而同一层的节点之间没有连接。神经网络的训练过程主要包括前向传播和反向传播两个阶段。

①前向传播（forward propagation）：在前向传播阶段，输入数据通过神经网络的每一层，经过一系列的加权求和和激活函数的处理，最终得到输出结果。每一层的输出作为下一层的输入，直至达到输出层。

②反向传播（backward propagation）：在反向传播阶段，神经网络根据输出结果和实际标签之间的差异，计算出误差，并反向传播更新每个节点的权重，使得误差最小化。反向传播算法使用梯度下降等优化算法来更新权重，以逐步降低网络的误差。

由于BP神经网络采用了反向传播算法，可以有效地训练多层的神经网络模型，并且具有较强的非线性建模能力。然而，BP神经网络也存在一些缺点，如容易陷入局部最优解、需要大量的训练数据和计算资源等。因此，在实际应用中需要根据具体情况选择合适的神经网络结构和参数，并进行适当的调优和训练。

2. 回归分析

回归分析方法是一种统计分析方法，主要用于研究事务数据库中属性值在时间上的特征，并建立将数据项映射到一个实值预测变量的函数，以揭示变量或属性之间的依赖关系。其主要研究问题包括数据序列的趋势特征、数据序列的预测以及数据间的相关关系等。

在市场营销领域，回归分析方法被广泛应用于解释和预测各种市场现象和行为。具体来说，它可以应用于：

①市场占有率分析：通过回归分析，可以了解市场占有率与各种市场因素之间的关系，从而评估企业在市场中的竞争地位。

②销售额预测：利用历史销售数据和市场因素，可以建立销售额的回归模型，用于预测未来销售趋势。

③品牌偏好分析：通过回归分析可以探究品牌偏好与消费者特征、市场活动等因素之间的关系，为品牌营销策略提供指导。

④市场营销效果评估：回归分析可以帮助企业评估市场营销活动的效果，包括广告投放、促销活动等，从而优化营销策略。

⑤客户行为分析：通过回归分析可以研究客户的购买行为、流失行为等，帮助企业进行客户维护和流失预防。

⑥产品生命周期分析：回归分析可以帮助企业了解产品在市场上的生命周期特征，以及影响产品生命周期的因素。

3. 关联规则

关联规则是数据挖掘领域中的一种技术，用于发现数据集中不同项之间的关联关系。这些规则描述了数据项之间的频繁出现模式，即当某些项同时出现时，其他项也可能会以一定的概率出现。通过挖掘这些关联规则，可以帮助人们理解数据之间的关联性，发现潜在的规律和趋势，进而支持决策制定、推荐系统等应用。

常用的关联规则算法有APRiori算法、FP-Tree算法、Eclat算法、灰色关联法。

（1）APRiori算法

APRiori算法是关联规则最常用、最经典的挖掘频繁项集的算法，核心思想是通过连接产生候选项及其支持度，然后通过剪枝生成频繁项集。APRiori无法处理连续型数值变量，在分析之前往往需要对数据进行离散化。

（2）FP-Tree算法

FP-Tree算法是针对APRiori算法固有的多次扫描事务数据集的缺陷，提出的不产生候选频繁项集的方法。APRiori和FP-Tree都是寻找频繁项集的算法。

（3）Eclat算法

Eclat算法是一种深度优先算法，采用垂直数据表示形式，在概念格理论的基础上利用基于前缀的等价关系将搜索空间划分为较小的子空间。

(4) 灰色关联法

灰色关联法是一种主要分析和确定各因素之间的影响程度,或者若干个子因素(子序列)对主因素(母序列)的贡献度的分析方法。

4. 特征分析

特征分析是从数据库的一组数据中提取出关于这些数据的特征式,这些特征式表达该数据集的总体特征。如营销人员通过对客户流失因素的特征提取,可以得到导致客户流失的一系列原因和主要特征,利用这些特征可以有效地预防客户的流失。

特征分析主要包括定量数据的分布分析、定性数据、统计量分析(均值、中位数、极差、标准、变异系数等)、周期性分析、贡献度分析(又称帕累托分析)、相关度分析等。

5. 偏差分析

偏差通常包含着一系列潜在的有趣信息。例如,在分类任务中出现的异常实例、模式的例外情况以及观察结果与期望值之间的差异。发现这些偏差有助于理解结果与基准的显著差异。在企业危机管理中,管理者通常更感兴趣于那些突发情况下的规则偏差。挖掘意外规则尤其适用于异常信息的检测、分析、识别和预警等活动。在数据挖掘中,偏差分析用于探测数据的现状和历史纪录等方面,以识别显著的变化和偏离。

6. Web 页挖掘

互联网的快速发展以及全球范围内 Web 的普及,极大地促进了信息技术的进步。Web 的迅速发展使得信息量不断增加,人们可以通过不断发展和挖掘 Web 技术,利用 Web 上的数据进行分析。这些数据涵盖了各个领域的信息,包括政治、经济、市场等方面的信息。对于企业来说,通过对这些信息的分析,企业可以提前发现经营过程中可能出现的问题,从而预防危机的发生,减少潜在的损失。

六、营销大数据应用

(一) 营销大数据应用过程

对于企业来说,营销大数据的应用过程一般分为三个层面,分别是数据层的采集和处理数据、业务层的建模分析数据以及应用层的解读数据。通过对客户特征、产品特征、消费行为特征数据的采集和处理,可以进行多维度的客户消费特征分析、产品策略分析和销售策略指导分析。

1. 数据层的采集和处理数据

数据层的采集和处理是指从各种数据源获取数据,并对其进行预处理、清洗和转换的过程。在这个阶段,数据工程师或数据科学家负责设计和实施数据采集策略,确保数据的准确性、完整性和可靠性。采集的数据可以来自各种来源,包括数据库、文件系统、传感器、日志文件等。一旦数据被采集,就需要经过清洗和预处理,以处理缺失值、异常值和重复值,使其适合用于后续的分析和建模工作。数据还可能需要进行格式转换、特征提取和标准化等处理,以确保数据的质量和一致性。通过有效的数据采集和处理,可以为企业提供可靠的数据基础,支持决策制定、业务优化和创新发展。

2. 业务层的建模分析数据

业务层的建模分析数据是指在数据层采集和处理完数据之后,对数据进行进一步分析、建模和挖掘的过程。在这个阶段,数据科学家、分析师或业务专家利用各种统计和机器学习技术,探索数据背后的模式、关系和趋势,以解决业务问题、提取洞察和作出预测。这包括数据可视化、探索性数据分析、特征工程、建立预测模型、分类模型、聚类模型等。通过建模分析数据,企业可以深入了解其业务运营情况,发现潜在机会和挑战,并基于数据驱动的方法作出有效的决策和行动。

3. 应用层的解读数据

应用层的解读数据是指将经过业务层建模分析的数据转化为可理解的见解和推荐,以支持决策制定和业务优化。在这个阶段,数据分析结果被解释和解读,以便业务领导和相关利益相关者能够理解数据所传达的含义,并据此作出相应的行动和决策。这可能包括将模型的结果转化为业务洞察、制定具体的策略和行动计划、提供推荐和建议等。通过应用层的解读数据,企业可以充分利用数据资产,优化业务流程,提高效率,实现业务目标。

(二)营销大数据应用模型——RFM 模型

RFM 模型是衡量当前用户价值以及客户潜在价值的一个重要工具和手段。RFM 是 recency(最近一次消费时间)、frequency(消费频率)、monetary(消费金额)三个指标首字母组合。

1. R 值

R 值代表了客户最近一次消费情况,指的是客户在店铺进行消费的最近一次时间与上一次消费时间之间的时间间隔。通常来说,R 值越小,表示客户距离上一次消费越近,即最近一次购买的时间距离现在越短。在客户价值的理论中,R 值越小的客户通常被认为是更有价值的客户,因为他们对店铺的产品或服务的回购可能性更高,更有可能产生回应。因此,对于店铺来说,重视 R 值较小的客户,并采取相应的营销和客户关怀措施,有助于提高客户忠诚度和销售额。

2. F值

F值代表客户的消费频率,指的是客户在一个固定时间段(通常是一年)内的购买次数。消费频率反映了客户对店铺或产品的购买活跃度,频繁购买的客户可能对店铺更加忠诚或对其产品更感兴趣。在客户价值分析中,高F值通常被认为是一个积极的指标,表示客户具有较高的购买活跃度,有可能为店铺带来稳定的销售收入。因此,对于店铺来说,重视高F值的客户,并通过个性化营销、定期促销等方式激发其购买意愿,有助于增加销售额和客户忠诚度。

3. M值

M值代表客户的消费金额,在RFM模型中,通常被认为是相对于R值(最近一次消费时间)和F值(消费频率)最难以获取但却最具有价值的指标之一。M值反映了客户在一定时间段内所花费的总金额,它直接关联着客户的购买能力和对店铺产品的消费偏好。高M值的客户通常被视为高价值客户,因为他们对店铺贡献了大量的销售收入,并且有可能成为长期的忠诚顾客。因此,对于店铺来说,重视高M值的客户,并采取个性化的服务和优惠活动,提高他们的购买满意度和忠诚度,有助于增加销售额和提升客户价值。

4. 分析RFM模型结果的方法

一般用两种方法来分析RFM模型的结果,一种是基于RFM模型的划分标准来进行客户细分,另一种是基于RFM模型的客户评分来进行客户细分。

(1)基于RFM模型的划分标准进行客户细分

可以选择RFM模型中的1~3个指标进行客户细分。细分指标需要在企业可操控的合理范围内,并非越多越好,一旦用户细分群组过多,一是会给自己的营销方案执行带来较大的难度,二是可能会遗漏用户群或者对同一个用户造成多次打扰。最终选择多少个指标有两个参考标准：店铺的客户基数、店铺的商品和客户结构。

①店铺的客户基数。

在店铺客户一定的情况下，选择的维度越多，细分出来每一组的用户越少。对于店铺基数不大（5万以下客户数）的店铺而言，选择1~2个维度进行细分即可。对于客户超过50万的大卖家而言可以选择2~3个维度。

②店铺的商品和客户结构。

在店铺的商品层次比较单一、客单价差异幅度不大，并且购买频次和消费金额高度相关的情况下，可以只选择比较容易操作的购买频次代替消费金额。对于刚刚开店还没形成客户黏性的店铺，该模型则可以放弃购买频次，直接采用最后一次消费时间或者消费金额进行分析。

（2）基于RFM模型的客户评分进行客户细分

基于RFM模型的客户评分，可以对客户进行细分，以便更好地理解和管理不同群体的客户。通过RFM模型，可以为每个客户分配相应的R值、F值、M值，然后根据这些值进行客户评分。一种常见的方法是将R值、F值、M值分别划分为若干个等级或分组，然后将这些等级组合起来形成客户评分。通过客户评分，可以将客户分为不同的细分群体，如重要价值客户、潜在回流客户、一般客户等，针对不同的细分群体实施个性化的营销策略和服务方案，以提高客户满意度、忠诚度和业务价值。RFM模型的客户细分可以帮助企业更有效地利用有限的资源，优化客户关系管理，并实现持续的业务增长。

第五章

大数据背景下营销管理的策略

第一节 大数据与精准营销

一、移动互联网精准营销

(一) 移动互联网精准营销的概念

移动互联网精准营销是利用移动互联网平台和技术,通过对用户行为、兴趣、地理位置等数据进行分析和挖掘,精准地定位目标用户群体,实施个性化、定制化的营销策略,以提升营销效果和用户体验为目标的营销方式。

(二) 移动互联网精准营销的优势

移动营销作为一种营销方式,具有即时性和精准性。与其他营销方式相比,其优势是独特的。

1. 移动营销更加透明化

移动设备的强大功能为在线广告与品牌信息的结合提供了更多可能性,也增加了产品信息的透明度。消费者在购物过程中可以通过手机在线查看其他消费者对产品的评价,这为他们的购物决策提供了有力参考。而且,在使用产品时,通过访问相应的 App,消费者可以获取更多关于产品的信息和服务。消费者还可以利用手机将产品拍照上传到社交媒体平台上,与朋友分享购物体验,这进一步加强了品牌和产品在社交网络中的曝光和影响力。这些交互方式的出现,使得消费者能够更加方便地获取信息、分享体验,同时也促进了品牌和产品的营销传播。

2. 移动广告提升了用户体验

移动广告为营销商提供了与消费者个性化、持续交流的机会。通过获取用户的位置信息等数据,营销商可以更精准地定位目标受众,提供定制化的营销内容,从而增强营销效果。从最简单的文本消息传递到丰富的移动应用程序,企业可以根据自身需求和目标选择合适的营销方式,以实现营销目标并与消费者建立更紧密的联系。这种个性化、多样化的营销手段为企业带来了更多的机会,也为消费者提供了更加丰富、个性化的购物体验。

3. 移动设备就是移动的媒体

手机已经成为人们生活中不可或缺的一部分,几乎每个人都随身携带着手机,并且在手机上花费的时间也越来越多。手机不仅是通信工具,更是信息获取、社交互动、娱乐消遣等多种功能的集合体。人们通过手机获取新闻资讯、与朋友交流、观看视频、购物支付等,这使手机成为人们日常生活中不可或缺的必需品之一。这也为企业和品牌提供了巨大的营销机会,通过移动端的广告和应用,能够更直接、更有效地与目标受众进行沟通和互动。

4. 移动营销业务越来越多

智能手机正在改变用户开展业务、通信、消费的形式，其移动性不仅给消费者带来了各种便利，也给企业的经营带来了冲击。企业应该密切关注智能手机用户的消费趋势，根据时代变化开展各种广告营销。

5. 用户更容易接受移动广告

移动广告具有更好的互动性，使得用户更容易接触到广告内容，并且在合适的时间和场景下呈现，增加了用户的接受程度。相比之下，传统媒体营销如电视广告在产品广告播放时常常被用户视为干扰，容易被忽视或换台。

随着移动终端的普及和无线网络的发展，移动营销已成为企业不可忽视的重要手段。了解用户在移动互联网上的行为习惯、喜好和需求，是制定有效移动营销策略的关键。在移动互联网上，广告通常不会让用户产生反感，而是在满足用户需求的情况下，成为用户欢迎的内容之一。因此，移动互联网营销需要建立在对客户群体的深入分析和了解之上，以确保广告内容的有效传达和接受。

（三）移动互联网精准营销实践

移动互联网的普及使得消费者的行为数据更加丰富，这些数据为各种应用和后台服务提供了宝贵的信息资源。随着移动用户数量的增加，大数据应用的重要性日益凸显，其在移动互联网时代的营销中起到了关键作用。

在移动互联网时代，用户信息的获取和利用成为广告主的关键挑战之一。广告主需要根据用户的行为习惯和需求，以精准、个性化的方式进行广告投放，避免信息冗余和用户反感。而移动终端的多样化广告形式则需要根据用户的接受程度进行选择和调整，以确保广告的有效传达和接受。

大数据分析在移动互联网营销中发挥着重要作用,通过对用户数据的分析和整合,可以帮助广告主更好地理解和把握用户需求,制定更精准的营销策略。随着人工智能技术的发展,大数据分析将在未来的营销中体现得更加重要,而移动智能终端将成为主要的应用载体之一。

在移动电商领域,大数据的应用也日益成为电商企业提升竞争力的重要手段。通过对客户数据的分析,电商企业能够实现精准营销,为消费者提供个性化的购物体验,从而提升用户满意度和忠诚度。

总的来说,移动互联网时代的到来为营销带来了全新的机遇和挑战,大数据分析的应用将成为营销的重要工具,而移动智能终端则将成为营销的重要载体之一。

(四)移动互联网精准营销案例

1. 维也纳酒店的移动互联网精准营销

如今,酒店管理者可以利用大数据、移动互联网平台为用户提供在线预订、在线支付、库存管理等功能,酒店商家在快捷管理的同时全面提升客户的消费体验。维也纳酒店是这方面的一个例子。维也纳酒店成立于20世纪90年代,在大数据背景下,维也纳酒店升级了服务,借助微信进行精确定位并添加大量高级界面,为会员提供微信预订房间服务。同时,通过对定制菜单的深入优化,维也纳酒店不断改善平台的客户体验,有效激活了平台的消费黏性和活跃度。这体现在以下两个方面。

第一,预订系统的建立。维也纳酒店开发微信预约系统,与PC官方网站同步实现预约,同时,通过微信渠道预订优惠,实现微信预约系统的客户入住。

第二,良好的互动体验。通过使用微信的每日签到功能,使娱乐互动和企业让利相联系,维也纳酒店的会员可以在微信平台上享受乐趣,获得收益,企业也可以通过签到情况了解部分会员入住情况。

维也纳酒店主要通过"线上+线下"的组合方式增加客户,通过在会员电子邮件、官方网站增设微信公众号二维码,再结合线下的店内摆设以标注二维码的形式吸引公众号粉丝。

此外,维也纳酒店积极利用微博活动将流量引入微信,然后与微信粉丝进行各种互动,开展促销活动。在移动时代,微信预订必须严格监测房间库存,持续优化流程,增加其便捷性。而且在与用户互动的过程中,随时掌握用户动向,在合适的时间、合适的地点,为用户做精准的营销。①

2. 电子二维码促进会员消费

休闲娱乐行业中最重要的资源就是老客户,为了提高客户忠诚度和营业额,许多企业采用会员营销方式。传统的会员卡系统大多是发行会员卡,但会员卡携带麻烦、易丢失、卡号难记等问题使没有出示会员卡的客户不能享受会员优惠,反而降低了这部分会员的满意度。

随着移动互联网的快速发展,休闲娱乐业商家可以邀请顾客在微信公众号或者服务号上进行会员在线注册,从而让顾客获得一个专属于自己的电子会员二维码,这个就代替了以前的会员实体卡。客户在购物中能够直接出示会员二维码从而享受到会员应有的待遇。同时,商家还可以通过微信公众号或者服务号向会员发送促销

---

① 吕列金. 基于精准营销的酒店品牌营销策略[J]. 商场现代化,2018(1):85-86.

活动、优惠券等信息。一般情况下，会员管理系统包含多个子系统，如会员基本信息、会员的消费记录、客户关怀等。

通过二维码会员卡的使用，不仅可以提升客户体验，还能为企业带来更多的数据收集和分析机会。这些数据的积累和分析能够有效地实现用户细分，为娱乐业提供精准营销的基础。二维码会员管理系统不仅适用于实体店铺，也同样适用于网络会员管理体制。这意味着会员不论身处何地，都能享受到会员服务，增强了客户的忠诚度和满意度，为顾客提供更加便捷和优质的服务体验。

二、App 精准营销

随着移动互联网的快速发展，企业把在移动互联网上实现精准营销的重点放在了移动终端的 App 上，因为智能手机与 App 是互不分离的。企业通过开发自己的移动客户端，快速收集相关数据，全面分析用户信息，从而实现产品的精准营销。

（一）App 精准营销的基本概念

App 精准营销是利用 App 作为营销载体，通过对用户行为、偏好、地理位置等数据进行深度分析和挖掘，精准定位目标用户群体，采用个性化、定制化的营销策略，以提升营销效果和用户体验为目标的营销方式。通过 App，企业可以与用户建立更紧密的联系，实现与用户的互动和沟通，从而提高用户参与度和忠诚度。

（二）App 精准营销的优势

App 营销之所以能够逐渐成为主流，最主要的原因除了用户众多外，还包括其与 PC 版普通网站营销相比存在巨大的优势。

1. 成本低廉

相较于传统的营销方式，如电视广告、纸质宣传册等，通过移动应用平台进行营销所需的投入更少。企业可以通过开发 App 或者与已有 App 合作，在线上进行广告投放、推送优惠信息等，无须投入大量的物力和人力，从而降低了营销成本。

2. 促进销售

通过 App，企业可以精准地定位用户的需求和兴趣，提供个性化的产品推荐和优惠信息，激发用户购买欲望，从而提高销售转化率。同时，App 还能够实时追踪用户行为，及时调整营销策略，以适应市场需求的变化，进一步促进销售增长。

3. 信息全面

通过 App 收集的用户数据包括用户偏好、购买历史、浏览行为等多方面信息，为企业提供了全面了解用户的机会。基于这些数据，企业可以更加精准地制定营销策略，提供符合用户需求的个性化服务和推荐，增强用户满意度和忠诚度。

4. 跨时空

用户可以随时随地通过手机 App 获取产品信息、下单购买，无须受到实体店铺营业时间和地理位置的限制。这种便捷的购物体验吸引了越来越多的消费者，提升了用户的购物便利性和满意度，进而促进了销售额的增长。

5. 品牌建设

通过 App，企业可以持续向用户传递品牌理念、产品信息和优惠活动，提升品牌曝光度和用户对品牌的认知度。App 还提供了用户与品牌互动的平台，增强了用户对品牌的信任感和忠诚度，有助于长期品牌建设和维护。

6. 随时服务

用户可以随时通过 App 与企业进行沟通和互动，提出问题、反馈意见，获得及时的客户服务和支持。这种及时响应能力提升了用户体验，增强了用户满意度，有利于提升品牌声誉和口碑。

7. 精准营销

通过 App 收集的用户数据，企业可以精准地定位目标受众群体，根据用户的兴趣、地理位置等特征进行精准营销，提高广告投放的精准度和效果，降低了营销成本，提高了营销 ROI。

8. 互动性强

通过 App，用户可以参与到各种营销活动中，如抽奖活动、互动游戏等，增强了用户参与感和忠诚度，促进了用户与品牌之间的互动和沟通，有助于提升品牌影响力和用户忠诚度。

（三）App 精准营销模式和方法

在众多的功能性 App 和游戏应用中，针对不同产品需要选择不同的营销模式，不同的营销模式会带来不同的营销效果。不管什么营销模式，只要在热门的、与自己产品受众消费相关的 App 应用上投放广告，所达到的传播效果一般都是比较良好的。目前，比较常见的 App 营销模式有四种，分别是广告营销、App 植入、用户营销、购物网站模式。

1. 广告营销

广告营销是最为常见的一种 App 营销模式，通过在 App 内部展示广告来获取收入。这些广告可以是横幅广告、插页广告、视频广告等形式，通常由第三方广告商向 App 开发者购买广告位，从中获得收益。广告营销的优势在于简单易行，但可能会影响用户体验，需要平衡广告数量和用户感受。

2. App 植入

App 植入这种营销模式是将产品或品牌植入 App 的内容或功能，以实现间接的品牌推广和营销效果。例如，在游戏中植入品牌广告、在社交媒体 App 中进行品牌合作推广等。这种模式的优势在于能够与 App 的内容融合，增加品牌曝光度，但需要注意植入的自然性和不干扰用户体验。

3. 用户营销

用户营销这种模式主要通过用户参与和分享来进行营销。例如，通过用户邀请好友注册 App 获得奖励、通过积分兑换奖品等方式，激励用户积极参与和推广 App。用户营销的优势在于能够通过用户口碑传播快速扩张用户群，但需要注意奖励机制的合理性和用户隐私保护。

4. 购物网站模式

购物网站模式是指通过 App 直接进行商品销售，类似于电子商务平台的形式。用户可以在 App 上浏览、选择商品，并进行购买支付。这种模式的优势在于直接实现了交易闭环，但需要注意商品品质和售后服务的保障，以及竞争激烈的电商市场环境。

(四) App 精准营销案例

1. 海底捞 App 精准营销

海底捞成立于1994年，是一家以经营川味火锅为主、融汇各地火锅特色的大型跨省直营餐饮品牌火锅店，在全国范围内都有分店，销售业绩也极为亮眼。

随着移动互联网的迅猛发展，为了吸引更多的顾客，打造企业品牌，餐饮业也兴起了 App 营销的热潮。以服务著称的海底捞为了迎合消费者的消费方式，也开始尝试打造属于自己的 App 订餐平台。通过洞悉消费者的消费心理,为用户提供了便于消费的 App 频道。海底捞为用户提供了十分丰富的 App 消费体验,用户登录后可以立即享受在线商店的位置获取、提前预订座位、在线订购、了解优惠活动和其他服务,并且将消费感受同步到社交网站。海底捞 App 还拥有一套社交体系,用户可以从其他用户分享的信息中得到更多关于美食的信息。例如,从"Hi 活动"中可以了解海底捞的一些优惠活动。①

而站在大数据的立场上来看,海底捞 App 与大多数 App 一样,为餐饮企业进行精准化、个性化的营销提供了便利,主要体现在以下几点:根据用户的评价,为餐饮企业提供参考依据;根据用户订单判断大多数用户偏爱的口味;根据消费时间准确把握客流高峰期;根据用户的消费记录进行精准的菜品推荐。用户利用海底捞 App 查询附近海底捞店铺的位置,领取电子优惠券,促进消费。

2. 沃尔玛用 App 精准营销

沃尔玛公司是美国一家世界性连锁企业,以营业额计算,为全球最大的公司,总部位于美国阿肯色州的本顿维尔。随着移动互联网的快速发展与智能手机的广泛应用,作为一家全球性连锁零售超市的沃尔玛也开始意识到移动电子商务的重要性,推出了可以让消费者进行智能手机消费与支付的应用软件沃尔玛 App(Walmart App)。

随着电子商务的加入,零售行业面临更大的竞争,大数据技术、移动化环境给零售带来新的增长点,提高每个消费者的个性化体验成为零售行业的竞争点。这些竞争都将发生在客户的智能手机中,沃尔玛用大数据来改善商店中消费者购物体验。沃尔玛发现 Walmart App 可以吸引消费者进行消费,安装该应用程序的用户光临

---

① 潘宇. 海底捞的网络营销创新[J]. 企业管理,2019(3):57-60.

沃尔玛实体店的频率更高，与普通顾客相比，在沃尔玛超市花费的时间多了40%。沃尔玛会员的各种信息都被记录在沃尔玛系统内，结合客户的手机定位，当客户离某个沃尔玛超市很近时，Walmart App 就会根据客户的购买记录向其提供购买频率高的商品优惠券，刺激用户的购买欲望。

沃尔玛的 Scan and Go 系统还可以让客户在超市中用手机扫描商品二维码结账，节省排队结账时间。除此之外，会员在完成每次移动支付的同时，沃尔玛会更新该客户的消费记录数据，并且预测客户下一次购买该商品的时间，方便 Walmart App 向其推荐商品及优惠券的发放。①

三、微信精准营销

微信如今作为国民软件，拥有十几亿用户，这是一个非常庞大的"流量海"，微信营销就是利用微信这片"流量海"进行营销的一种方式，而微信附带的社交属性使其能够精确到个体用户。

（一）微信精准营销的基本概念

微信精准营销是指利用微信平台进行的一种个性化、定制化的营销方式，通过对用户行为、兴趣、地理位置等多维度数据的深度分析和挖掘，精准锁定目标用户群体，以个性化的内容、优惠活动和互动体验，实现与用户的精准互动和沟通，从而提高营销效果和用户满意度。微信精准营销借助微信公众号、小程序、朋友圈等功

---

① 冯煜. APP 营销对顾客购买行为的影响研究——以购物类 APP 为例 [J]. 经济管理文摘, 2021 (13): 187-188.

能，实现了与用户的多种互动方式，包括图文推送、语音消息、直播互动等，为企业提供了更丰富的营销工具和渠道，实现了更精准、更个性化的营销目标。

（二）微信精准营销的优势

相比其他营销方式，微信营销有许多优势。

1. 增加收入，节约成本

通过微信精准营销，企业可以直接与潜在客户进行互动以促进产品或服务的销售，从而增加收入。与传统的营销方式相比，微信营销通常成本更低。例如，可以通过微信公众号或小程序进行推广而无须大量的广告投放。

2. 快速收集客户反馈信息

微信平台提供了丰富的用户互动功能，企业可以通过微信收集用户反馈和意见，了解客户对产品或服务的看法和需求，以便及时调整营销策略和产品方向，提高市场响应速度。

3. 提升客户管理

微信营销可以实现对客户的精准管理和跟踪。例如，通过微信公众号的粉丝管理功能，企业可以实时监测用户行为和互动情况，对不同群体进行分类管理和定制化服务，提升客户体验和满意度。

4. 提升形象效应与口碑效应

通过微信精准营销，企业可以定制化地传递品牌形象和价值观，提升品牌知名度和美誉度。同时，良好的客户体验和服务质量也会在微信平台上被用户分享和传播，形成良好的口碑效应，进一步提升品牌价值和影响力。

5. 增强企业核心竞争力

微信精准营销可以帮助企业更好地了解市场和客户需求，灵活调整营销策略和产品创新，提高企业的市场竞争力。同时，建立良好的客户关系和品牌形象也是企业核心竞争力的重要组成部分。

6. 保证企业与客户实现双赢

通过微信精准营销，企业可以提供个性化、优质的产品和服务，满足客户需求，增强客户黏性和忠诚度。同时，企业也能够获得更多的销售机会和市场份额，实现与客户的双赢局面。

（三）微信营销基本模式

微信日渐盛行，如何做好微信营销是企业占领移动互联网营销市场的关键，而如何利用微信的特殊功能形成一种独具特色的营销模式，是微信营销要迈出的重要一步。目前微信营销常用模式主要有以下几种。

1. 朋友圈营销

通过在微信朋友圈发布营销动态，引导朋友关注并支持自己的产品或服务，从而实现销售目标。朋友圈营销具有针对性强、信任度高的特点，能够有效地传播品牌信息和促进销售。

2. 扫一扫折扣式

通过二维码扫描进行会员注册或享受折扣优惠，进而实现销售和用户增长。二维码营销依托微信庞大的用户群体和活跃度，是一种成本低廉、效果显著的营销手段。

3. 互动式公众号平台

通过微信公众号建立品牌与用户之间的长期互动，推送与产品相关的信息和娱乐内容，满足用户的需求和情感。企业可以利用自定义回复接口提供周边信息服务，以及通过数据分析实现精准营销。

4. 微信小程序营销

利用微信小程序开发出适用于移动端的应用程序，提供产品展示、购物、服务预订等功能，实现在线销售和用户互动。微信小程序具有便捷性和交互性强的特点，能够增强用户体验和促进销售。

（四）微信精准营销案例

1. 南航用微信实现精准服务

中国南方航空股份有限公司（以下简称"南航"）是国内著名的航空公司之一，它是亚洲年客运量最大的航空公司，在国内，其运输航班最多、航线网络最密集。

南航在国内首创推出微信值机服务，为用户打造微信移动航空服务体验。用户只需要登录微信或者扫描二维码，就可以关注南航的账号，体验使用智能手机选座与获取电子登机牌的服务。除此之外，用户通过南航的微信公众平台可以享受到机票预订、办理登机牌、航班动态查询、里程查询与兑换、出行指南、城市天气查询、机票验真等多项服务。

南航微信会员的比例在微信用户数量上升的基础上得到了进一步提高。南航所进行的微信营销并不是大张旗鼓地，而是让微信发挥它应有的功能。例如，用户只有在通过短信邀约办理值机的时候，南航才会提示用户关注南航官方微信号，避免了没必要的营销信息对用户造成的困扰。南航利用微信公众平台收集用户常见的搜索数据，通过对用户的行为数据进行分析，为旅客提供精准化的服务，这在航空公司中应该算是比较完善的了，当然给用户带来的体验也是非同一般的。[①]

[①] 徐志武. 微信在航空服务领域的应用 [J]. 合作经济与科技，2016（22）：94-95.

2. 布丁酒店的微信精准营销

住友酒店管理有限公司旗下的布丁酒店是中国第一家时尚型连锁酒店，专注于为客户创造快乐时尚的休息体验。布丁酒店微信客户预订功能上线，允许用户通过微信的布丁公众号随时随地预订布丁酒店的房间。这是布丁酒店的一个重要战略布局，也是跨界合作的重要典范。

布丁酒店微信公众平台以获取客户的手机定位权限为基础，实现客户精准定位，从而为客户提供最准确的服务。微信公众号的所有功能和信息与布丁酒店官方网站和手机官方 App 相同，并且可以同时更新，享受各种优惠活动。

大数据时代，将订酒店与微信结合可以说是布丁酒店最为成功之处，当然布丁酒店的 App 中，利用基于位置服务（location based services，LBS）技术对用户进行精准定位，为精准营销提供了保障，布丁酒店的这项举措也成为企业创收的利器。①

3. 餐饮行业的微信精准营销

民以食为天，吃饭是一件大事，尤其是对于经常加班的人士来说，加班时如果能够便捷地订到外卖是一件很"幸福"的事情。一款名为"外卖网络"的微信应用解决了这一难题。添加"外卖网络"应用之后，用户授权为该应用提供位置信息，外卖网络就会显示周围一公里以内 15 家左右的外卖商家信息，用户可以根据这些店铺信息订购外卖。②

类似于这种定位精准服务的例子数不胜数，这也许就是大数据

---

① 余彬文. 基于微信公众平台的国内酒店精准营销实施策略 [J]. 旅游纵览（下半月），2018（9）：76－78.

② 林荔娜，苏喜冰. 大数据时代休闲类餐饮企业微信营销策略探究 [J]. 牡丹江师范学院学报（哲学社会科学版），2020（3）：19－27.

在微信精准营销中的核心。正是利用大数据技术对相关数据的分析，才使微信用户能够得到如此便捷的服务，而作为企业，这种精准的营销形式也是企业实现精准营销、创造收益的重要手段。

四、O2O 精准营销

互联网与金融业的不断融合改变了人们的消费方式，O2O 的出现成为现实商务和虚拟平台交互结合的典型例子。O2O 这种线上线下相结合的方式也为商业活动带来了一个新的思维模式。

（一）O2O 精准营销的基本概念

O2O 精准营销是指将线上的营销活动与线下的消费场景相结合，通过数据分析和精准定位，实现对用户的个性化营销，从而引导用户线上进行消费并促进线下店铺的销售。这一概念的出现源于互联网时代的兴起，随着移动互联网技术的发展，越来越多的企业开始重视线上线下融合的营销模式，O2O 精准营销成为企业获取客户、提升销售的一种重要策略。

首先，O2O 精准营销通过数据分析和挖掘，深入了解用户的消费习惯、偏好和行为轨迹，实现对用户的精准定位和个性化推荐。通过用户的地理位置、搜索记录、浏览行为等数据，可以精准地了解用户的需求和购买意向，为其推送符合其兴趣和需求的产品或服务，提高用户的购买欲望和消费体验。

其次，O2O 精准营销借助移动互联网和智能设备的普及，实现了线上线下的无缝连接和互动。通过手机 App、社交媒体、微信公众号等线上平台，用户可以随时随地获取商家的最新促销信息、优惠活动和商品资讯，方便快捷地进行购买和预约。同时，通过线上平台的用户行为数据分析,可以精准锁定目标用户群体,为其推送个性化的营销信息,提升用户的购买转化率和消费满意度。

再次,O2O精准营销还通过线上线下的融合互动,增强了用户与商家之间的互动和沟通。用户可以通过线上平台参与抽奖活动、签到领券、评论互动等方式获取优惠和奖励,激发用户的参与度和忠诚度。同时,商家也可以通过线下店铺促销活动、会员积分制度等方式吸引用户线下消费,增加用户的黏性和复购率。通过线上线下的双向互动,商家可以更好地了解用户的反馈和需求,优化产品和服务,提升用户满意度和品牌忠诚度。

最后,O2O精准营销通过线上线下的整合和优化,实现了商家的全渠道覆盖和销售增长。通过线上平台的推广和引流,可以吸引更多的用户关注和了解品牌,扩大品牌影响力和知名度。同时,通过线下店铺的实体服务和体验,可以增加用户的信任和购买决策,提升销售额和市场份额。O2O精准营销不仅可以帮助商家实现线上线下的销售一体化,还可以为用户提供更便捷、更个性化的购物体验,促进经济的持续健康发展。

(二)O2O精准营销平台

比较常见的O2O营销平台有四种。

1. O2O+手机客户端

O2O营销平台结合了手机客户端,成为当今数字化时代企业发展的重要一环。手机客户端为企业提供了一个直接与消费者交互的渠道,为用户提供了便捷的购物、服务体验,同时也为企业提供了更精准的营销和管理手段。

手机客户端作为O2O营销的一部分,具有以下优势。

①便捷的用户体验:用户可以随时随地通过手机客户端进行线

第五章 大数据背景下营销管理的策略

上购物、预约服务等操作，无须受时间和地点限制，极大地提升了用户的购物体验和满意度。

②个性化推荐：手机客户端可以通过用户的浏览历史、购买记录等数据，为用户推荐个性化的产品或服务，提高用户对广告的接受度和购买转化率。

③实时互动：通过手机客户端，企业可以与用户进行实时互动，推送促销活动、优惠券等营销信息，引导用户线上消费或到店消费。

④精准营销：手机客户端可以收集用户的地理位置、搜索行为等信息，实现对用户的精准定位和个性化营销，提高营销效果和 ROI（投资回报率）。

手机客户端的发展和普及为 O2O 营销提供了强大的支持，使得企业能够更加高效地吸引客户、提升销售，并实现线上线下的无缝连接。

2. O2O + LBS 平台

O2O 营销平台结合了 LBS 平台，为企业提供了更精准的定位和推广手段。通过 LBS 平台，企业可以根据用户的地理位置信息，向其推送附近商家的促销活动、优惠信息等，从而吸引用户到店消费。

以下是 O2O + LBS 平台的特点和优势。

①精准的定位服务：LBS 平台可以获取用户的地理位置信息，实现对用户的精准定位，为用户提供周边商家的信息和推荐，提高用户的购物体验和满意度。

②实时的推广信息：基于 LBS 平台的实时定位信息，企业可以向用户推送实时的促销活动、优惠券等信息，引导用户到店消费，提高销售额和客流量。

③增强用户参与度：通过 LBS 平台，用户可以参与到周边商家

的促销活动中，如签到领取优惠券、参与抽奖等，增强用户的参与度和忠诚度。

④提升品牌曝光度：通过 LBS 平台，企业可以将自身的品牌信息推送给附近用户，提升品牌的曝光度和知名度，增加用户对品牌的认知和信任度。

3. O2O+支付平台

O2O 营销平台结合了支付平台，为企业提供了更便捷、安全的支付方式，并为用户提供了更多的支付优惠和服务，从而促进了线上线下消费的无缝衔接和交易完成。

以下是 O2O+支付平台的特点和优势。

①便捷的支付方式：O2O 营销平台结合了支付平台，为用户提供了多种便捷的支付方式，如在线支付、移动支付、扫码支付等，用户可以根据自己的需求选择最合适的支付方式进行消费。

②安全的支付环境：支付平台提供了安全可靠的支付环境，采用了多种加密和防护措施，保障用户的支付信息和资金安全，增强了用户对支付的信任度和满意度。

③多样的支付优惠：通过支付平台，用户可以享受到各种支付优惠和福利，如满减、折扣、返现等，提高了用户的购买欲望和消费频率，促进了销售额的增长。

④无缝的交易完成：O2O 营销平台结合了支付平台，实现了线上线下消费的无缝衔接，用户可以通过手机客户端完成线上下单和支付，然后到线下门店取货或消费，提高了购物的便利性和效率。

⑤数据统计与分析：支付平台可以实时记录用户的消费行为和支付习惯，为企业提供了丰富的数据统计和分析，帮助企业更好地了解用户需求和行为特征，优化营销策略和服务品质。

O2O+支付平台的结合为企业提供了更便捷、安全的支付方式，增加了用户的购买欲望和消费频率,促进了线上线下消费的无缝衔接和交易完成,是O2O营销的重要组成部分之一。

4. O2O + NFC 平台

O2O 营销平台结合了近场通信(near field communication,NFC)技术,为企业提供了一种全新的线上线下交互方式,通过近场通信技术实现了手机与物品之间的信息传输和交换,为用户提供了更智能、更便捷的购物体验。

以下是 O2O + NFC 平台的特点和优势。

①智能化的互动体验:NFC 技术可以实现手机与 NFC 标签或设备之间的近距离通信,用户只需将手机靠近 NFC 标签或设备,即可实现信息传输和交换,为用户提供了智能化的互动体验。

②快速的信息传输:NFC 技术传输速度快、响应速度高,用户只需轻轻一触,即可完成信息传输和交换,无须等待,提高了用户的购物效率和体验感。

③个性化的服务推荐:通过 NFC 标签或设备,商家可以为用户提供个性化的服务推荐和优惠信息,如商品介绍、促销活动、折扣优惠等,提高了用户对商品和服务的了解和购买意愿。

④安全可靠的支付功能:NFC 技术可以实现手机与 POS 机之间的近场支付功能,用户只需将手机靠近 POS 机,即可完成支付,无须输入密码或刷卡,安全可靠,提高了用户的支付便利性和安全性。

⑤创新的营销方式:O2O + NFC 平台为企业提供了一种创新的营销方式,通过 NFC 标签或设备,可以实现线上线下的无缝连接,为用户提供更智能、更便捷的购物体验,提升了用户的满意度和忠诚度。

O2O + NFC 平台的结合为企业提供了一种全新的线上线下交互方式,通过 NFC 技术实现了手机与物品之间的智能化互动,为用户提供了更便捷、更智能的购物体验，是O2O营销的重要创新方向之一。

（三）O2O精准营销实践

消费者的行为习惯已随着移动互联网等技术的广泛应用而发生了多方面、多层次的变化。越来越多的企业正在利用各种营销方式和工具进一步了解客户并展开营销活动。在这个过程中，大数据和O2O营销的结合实现了精准化的营销，为企业获取了更多的价值。

在大数据时代，O2O营销已逐渐走向数据化。在这种背景下，O2O背后的数据才是其真正的价值所在。一位用户背后的数据可以为企业资源部署提供参考依据。例如，当一位顾客来到企业线下店铺逛了一圈，但没有购买任何商品，在传统的营销模式中，这位顾客对企业而言可能被视为没有价值的。然而，随着移动技术和大数据技术的不断发展，各种智能移动终端如今是消费者的化身。通过这些智能终端的联网情况，判断用户的位置信息十分容易。通过分析这些位置数据，企业能清晰地了解客户在店铺中的停留情况。

O2O营销的另一个重要优势是其交互性。与传统的线下营销方式相比，O2O营销通过线上线下的无缝连接，使得企业与客户之间的互动更加密切。通过手机客户端、支付平台、NFC等技术手段，企业可以与客户实时互动，获取客户的反馈和需求，进而调整营销策略，提升服务品质。

O2O营销还可以提高企业的运营效率和资源利用率。通过大数据分析，企业可以深入了解客户的偏好和行为习惯，有针对性地开展营销活动，减少资源的浪费，提高营销的效果和ROI。

综上所述，大数据时代的O2O营销不仅能够帮助企业更好地了解客户，还能够实现精准化的营销，提高营销效果和企业竞争力。

通过对大数据的深度挖掘和分析，O2O 营销将成为未来企业发展的重要战略方向。

（四）O2O 精准营销案例

在大数据时代，O2O 在激烈营销中越来越占据有利的地位，其中，快速构建 O2O 发展格局，掌握 O2O 营销方案是关键。下面以宝岛眼镜的 O2O 精准营销为例来说明。

宝岛眼镜是 20 世纪 80 年代开创于中国台湾的专业眼镜连锁经营品牌店，拥有 30 多年的发展历史。为了改变传统线下店面式营销带来的困境，宝岛眼镜开始寻求新的发展出路。

在宝岛眼镜内部已经成立新形态的消费者互动中心（consumer interaction center，CIC）。CIC 除与客户直接沟通之外，更以大数据收集为基础，在所有触及消费者的渠道上有效地记录、观察、解读消费者需求，并将其应用在每一次营销中，及时调整产品适应性，刺激销售，精确推送商品、活动及其他服务信息，通过 CIC 精确找到吸引客户消费的关键点，减少客户购买的犹豫期。

宝岛眼镜转向 O2O 最重要的就是构建 O2O 营销模式。宝岛眼镜曾与天猫七乐康合作，客户在天猫七乐康药房店铺购买 200 元的产品，则可以获得指定的宝岛镜片优惠券，其市场价格为 200 元，使用该优惠券可在一千多家宝岛眼镜店免费兑换，还可以享受"免费验光"服务。现今中国传播渠道多样，广告投放比较混乱，资金成本高，但是七乐康店铺的点击率较高，只要有 20% 领到宝岛眼镜优惠券的客户到线下消费，就可以维持宝岛眼镜此次活动的运营，投入产出比十分可观。宝岛眼镜的 O2O 营销能够准确获取得到优惠券的潜在客户的信息，客户在实体店铺内的消费也能被记录下来，因此，宝岛眼镜能够精确地计算投资成本。

准确把握眼镜行业的发展特点,也是宝岛眼镜在O2O领域投入巨资的重要原因。实体眼镜店的体验功能是在线消费所无法替代的。镜框和镜片的组合必须在实体店内进行,这种消费特点是O2O模式的基础。

通过以上努力,宝岛眼镜掌握了重要的数据信息以及合适的营销模式,最后针对客户进行产品的精准营销。宝岛眼镜选择的是大众点评网,通过与大众点评网联手,加快了O2O的渠道建设。其合作的内容包括:店面信息管理、会员精准营销管理、验光预约服务、LBS营销等,致力于打造更成熟的O2O模式。[①]

五、其他精准营销

(一)微博精准营销

随着微博用户数量的不断升高,出现了微博营销。微博营销指的是在微博平台上为商家、个人等创造价值的一种营销方式,也是指一种在微博平台上满足用户的各类需求的商业行为。

微博精准营销作为当下互联网营销领域的一项重要策略,以其广泛的用户群体和强大的社交互动性,成为众多企业推广品牌、产品和服务的首选之一。微博平台的独特优势和特点,为企业提供了广阔的营销空间和无限的商机。

首先,微博平台具有庞大的用户基础和活跃的社交氛围。作为中国最具影响力的社交媒体平台之一,微博拥有数亿的注册用户,其中包括各个年龄段、职业领域和兴趣爱好的用户群体。这种庞大

---

① 陈雪玲.宝岛眼镜"O+O"商务模式[J].成功营销,2014(3):57.

的用户基础为企业提供了广阔的推广渠道，能够让企业的品牌和产品信息迅速传播到更多的潜在用户中。

其次，微博平台具有强大的社交互动性和内容传播能力。用户在微博上不仅可以发布文字、图片、视频等多种形式的内容，还可以通过点赞、评论、转发等方式进行互动和传播。这种社交互动性使得用户能够更加活跃地参与到品牌营销活动中，同时也增强了品牌信息的传播效果和影响力。通过在微博上发布有吸引力和有趣味性的内容，企业可以吸引更多用户的关注和参与，从而提升品牌的知名度和美誉度。

再次，微博平台具有精准的用户定位和个性化推荐功能。通过分析用户的行为轨迹、兴趣爱好、社交关系等数据，微博平台能够精准地定位用户的属性和需求，并向其推荐符合其兴趣和偏好的内容和广告。这种个性化推荐功能能够让企业更加准确地把握用户的需求和心理，提供更加精准和有效的营销服务，从而提高用户的满意度和忠诚度。

最后，微博平台还具有多样化的营销工具和广告形式。企业可以通过微博开设官方账号，发布品牌信息、产品介绍、活动公告等内容，与用户进行互动和沟通。同时，微博还提供了各种形式的广告投放方式，如微博推广、话题营销、直播营销等，为企业提供了更多的选择和灵活性。这些多样化的营销工具和广告形式能够满足不同企业的需求和目标，帮助其更好地实现营销目标和提升品牌价值。

（二）视频营销

视频营销是利用视频内容进行产品或服务的推广和营销活动。通过制作各种类型的视频，如产品演示、用户评价、品牌故事等，吸引用户的注意力，提升品牌形象，并建立与受众之间更深层次的情感联系。视频营销具有视觉冲击力强、能够引发情感共鸣、信息传递全面、易于分享传播、用户参与度高等特点，成为各行业企业实现品牌推广和销售增长的重要策略之一。

目前，我国的视频营销一般有两种：一种是电视营销；另一种是互联网视频营销。

电视营销是传统的视频营销形式，通过在电视媒体上播放广告、节目赞助、品牌合作等方式进行产品或服务的推广。电视媒体覆盖面广，观众基数大，因此电视营销在品牌推广和宣传方面具有较大的影响力。传统电视营销通常以广告时段为主要推广方式，通过精心策划的广告片来吸引观众的注意力，提升品牌知名度和美誉度。

互联网视频营销是近年来随着互联网发展而兴起的新型营销形式，主要通过在线视频平台（如优酷、爱奇艺、YouTube等）发布各类视频内容来实现产品或服务的推广。互联网视频营销具有内容丰富、互动性强、传播速度快等特点，能够更加精准地定位目标受众，提高营销效果。除了传统的广告形式外，互联网视频营销还包括自媒体创作、内容营销、视频直播等多种形式，为企业提供了更多的选择和灵活性。

视频营销有着巨大的商业价值，因此得到了众多企业的青睐，与此同时，它独特的营销方式吸引了大众的注意力。分析发现，视频营销之所以能够带来良好的营销效果，主要是因为它为企业创造了显著的商业价值。视频营销的商业价值主要体现在以下三个方面。

第一，打造高效的视觉平台。视频作为一种视觉化的传播方式，能够以生动、形象的方式展现产品或服务的特点和优势，从而吸引目标受众的注意力。通过视频营销，企业可以打造一个高效的视觉平台，将产品形象、品牌文化、市场理念等信息直观地传达给用户。通过精心策划和制作的视频内容，企业能够在短时间内吸引用户的关注，并有效地传递所需的信息，从而提升品牌形象和知名度。

第二，实现良好的用户体验。视频营销不仅能够通过视觉和听觉等多种方式给用户带来愉悦的观看体验，还能够提供更加直观、全面的产品信息，帮助用户更好地了解和认知产品或服务。良好的用户体验能够增强用户对品牌的好感度和信任度，促使其更愿意与品牌进行互动和交流，从而提升品牌忠诚度和购买意愿。通过视频营销，企业可以为用户提供更加丰富、多样化的信息内容，满足用户对品牌故事、产品功能、使用方法等方面的需求，从而提升用户的满意度和体验感受。

第三，建立高度的信任感。视频营销能够通过真实的画面和声音展现产品或服务的真实性和可信度，从而建立起用户对品牌的信任感。通过视频中的产品演示、用户评价、品牌故事等内容，用户可以更直观地感受到产品或服务的质量和特点，增强对品牌的信任度。此外，通过制作专业、有品质感的视频内容，企业也能够展现出自身的专业性和可靠性，从而赢得用户的信赖和支持。建立高度的信任感有助于增加用户对品牌的认可度和忠诚度，促使其成为品牌的忠实用户和品牌的传播者。

有的视频网站的点击量很高，而有的很低。只有点击量越高，视频传播才能越广，营销信息传递的次数也就越多。其实，想要提高视频点击量，获得更好的营销效果，是有技巧的。

一是要制定合适的营销内容。

制定合适的营销内容是提高视频点击量的关键之一。在制定营销内容时，需要考虑以下几个方面。

①目标受众：要明确目标受众是谁，了解他们的喜好、需求和

兴趣,从而制定出能够吸引他们的内容。

②内容创意:创意是视频内容的灵魂,要制定引人入胜的创意,能够吸引受众的注意力,让他们愿意点击观看。

③内容形式:视频内容可以采用多种形式,如产品演示、用户体验、品牌故事、行业资讯等,根据营销目标和受众喜好选择合适的形式。

④内容质量:视频内容的质量直接影响着受众的观看体验和点击意愿,要确保视频制作精良、内容丰富、观感舒适。

⑤情感共鸣:在视频内容中融入情感因素,能引起受众的共鸣和情感连接,增强受众的情感参与度。

二是要加强第三方引导。

加强第三方引导是指通过一些外部渠道和平台来引导用户点击观看视频,增加视频的曝光度和点击量。以下是加强第三方引导的一些策略和技巧。

①社交媒体分享:在社交媒体平台上分享视频链接,借助朋友圈、微博、微信群等社交渠道扩大视频的传播范围,吸引更多用户点击观看。

②优质平台合作:与知名的视频平台、内容平台或行业媒体合作,将视频内容发布在其平台上,借助其高流量和影响力来吸引更多用户观看。

③广告投放:可以通过在搜索引擎、社交媒体、视频平台等渠道投放广告,提升视频的曝光度和点击率。

④内容推荐:与相关网站、博客、论坛等合作,将视频内容推荐给目标受众,增加视频的曝光和点击量。

⑤粉丝引导:如果有自己的粉丝群体或粉丝社区,可以通过粉丝引导来推动视频的传播,引导粉丝点击观看。

总之，制定合适的营销内容和加强第三方引导是提高视频点击量和获得更好营销效果的重要策略。通过精心制作吸引人的视频内容，并借助外部渠道和平台来引导用户点击观看，可以提升视频的曝光度和点击率，从而实现更好的营销效果。

第二节 大数据与个性化营销

一、个性化营销与零库存

传统的营销模式，一般是先将产品生产出来，然后再进行销售。这种营销模式一旦在销售环节出问题，就会导致企业产品积压，形成库存压力，影响企业资金链。因此，企业一般都重视削减库存。

一般来说，企业要实现"零库存"，或接近于"零库存"，除了采用戴尔公司的"订单式生产"，还需要具备较强的市场预测能力。实际上，企业在实施"零库存"方案时，需要对多个环节的数据信息及时、合理地收集、分析和应用，然后才能预测出物料的准确需求量以及供求时间。其中，个性化营销对企业"零库存"起着重要的作用。

在互联网时代，消费者购买产品的行为习惯正日益受到个性化需求的影响，而互联网的信息分享特性也使得消费者的评价对他人的购买决定产生巨大影响。因此，企业在营销中不仅要考虑到大众市场，还要顾及个体消费者的感受。

个性化营销，简言之，就是企业为顾客量身定制服务，根据顾客的特殊需求提供个性化产品和服务。这种营销模式避免了中间环节,注重产品设计创新和服务管理,提高了经营效率,成为企业竞争的有力武器。在市场竞争日益激烈的当下,个性化营销变得越发重要。

在个性化营销中,企业通过收集顾客信息建立庞大数据库,了解市场动向和顾客需求,提供更好的个性化销售模式和服务方式。同时,顾客也能提出个性化需求,企业在生产过程中尽可能满足这些需求,增强与消费者的合作关系,提高市场竞争力。相比于大批量生产,个性化营销模式更注重多品种、中小批量生产,节约了中间环节和销售成本,提高了资源配置的效率。

随着消费者消费观念的转变,他们越来越倾向于感性消费,而不再受传统广告和促销活动的影响。因此,企业必须采取个性化营销以迎合这一趋势。个性化营销需要企业具备良好的客户数据管理和分析能力,以及与客户的有效互动能力。通过对高质量客户数据的分析,企业可以采取差异化的营销策略,为不同客户提供个性化服务。

然而,企业往往在分析客户数据时面临一些挑战。尽管企业拥有丰富的交易数据,但这些数据往往还处于静态状态,未被充分关联起来,从而影响了对客户数据的分析能力。因此,企业需要具备强大的大数据分析能力,通过对客户信息的理解和动态行为分析,识别客户的行为、价值和需求,为个性化营销提供支持,并帮助企业建立实时的业务和客户洞察力。

二、戴尔公司的个性化销售

在基于数据分析的基础上,企业可以与顾客进行高质量的互动,从而更好地判断和了解顾客的需求,为产品的个性化生产提供有益的参考。在这方面,我们来看全球著名的个性化营销企业戴尔公司的做法。戴尔公司的个性化营销就是按照客户的要求生产计算机,并直接向客户发货。这种营销方式也将戴尔公司推向了巅峰。

对戴尔公司的个性化营销模式进行剖析可以得出两个结论:一是直销,为用户提供最廉价的电脑;二是为客户提供"量体裁衣"的服务。凭借这两点,戴尔公司牢牢地捍卫了自己在计算机市场中的行业地位。戴尔公司能够做到这样的个性化营销,与其有较强的数据运用能力是分不开的。例如,戴尔公司对产品的形态和服务进行不断改进。福特公司是戴尔公司的一个重要客户,戴尔公司在接到福特公司的订单时,就能全面了解福特公司的什么工种的员工适合什么样的计算机;戴尔公司在此基础上进行软硬件的组装,并以很快的速度送到顾客的手中。

正是这些努力,确保了戴尔公司即便是在接近"零库存"的情况下,仍能拥有大量的顾客;同时,几乎没有库存,也大大减轻了戴尔公司的经营压力。在这个"客户至上"的时代,积极运用一切先进有效的新技术,包括大数据技术,以一种创新的方式来接近顾客、取悦顾客,这不仅可以成就一个戴尔,还可以成就一个又一个其他领域的"戴尔"。[①]

三、亚马逊的个性化营销

亚马逊(Amazon)创办于20世纪90年代,靠在线书籍销售业务起家。它一开始就是一个虚拟的网上书店,没有自己的实体店面,全靠在网上进行在线销售。发展至今,亚马逊成为美国最大的

---

① 何曼青. 戴尔:直接经济模式的典范(上)[J]. 网际商务,2002(2):92-95.

电子商务网站。其实，亚马逊除了是一家电子商务公司，还是一家大数据公司。例如，亚马逊为其平台上的用户提供了高质量的信息数据库和检索系统，用户可以在网上对图书信息进行查询。如果用户有购买需求，就可以将自己所需要的书放在虚拟的购书篮里，最后在购书篮里查看所要购买的商品，选择合适的服务方式，订单提交几天后，用户在家中就可以收到所选购的书，为用户的购书活动提供便利。

在此基础上，亚马逊还为用户提供了先进的个性化推荐系统，可以根据用户的不同兴趣偏好自动推荐与用户兴趣相符的书籍。在用户使用系统的过程中，亚马逊不仅会对读者在使用推荐软件过程中所购买的书进行分析，还会分析用户对书的评价，在这些分析结果的基础上，亚马逊将向读者推荐他们可能喜欢的新书，读者对于自己喜欢的书用鼠标点一下，就买到该书了。对于顾客购买过的东西，亚马逊也能进行自动分析，然后针对不同的顾客提出不同的建议。读者在亚马逊上的登录信息会被保存下来，在顾客下次登录时，就能更容易地买到自己想要的书。为了使个性化服务给用户留下更好的印象，亚马逊通过对购书顾客的数据统计，对于已经在亚马逊上购买过书的顾客，再次访问亚马逊时，最先看到的是该顾客的名字和欢迎词，一定程度上增加了顾客对亚马逊的亲近感。

亚马逊之所以能够做到个性化营销，关键在于亚马逊积极地使用大数据开展营销。实际上，在将大数据引入电商行业的公司中，亚马逊是第一家，并运用大数据改善了客户的体验。也正是这点，使人们改变了对亚马逊乃至电子商务的看法。在以亚马逊为代表的网购刚出现的时候，很多人认为，网上购物"不能取代"，或者"不能在大范围内"取代常规的零售，这是因为，网上购物只是通过网络进行，并不能让顾客体会到面对面的个性化服务。大数据的运用有效改变了这点,让客户真正地体验到了个性化服务。例如,亚马逊可以根据用户在亚马逊网站的浏览和点击,精确地判断出用户所感兴趣的商品,然后向顾客自动推荐同类商品。

可以这样说,大数据的运用帮助亚马逊把正确的商品摆在便于顾客看到的货架上。①

第三节

大数据与整合营销

一、整合营销的概念

整合营销传播理论起源于19世纪80年代后期,是一种营销传播计划概念,对于用来创造附加值的各种沟通方式需要进行充分的了解。整合营销是指企业将各种营销手段、渠道和资源有机结合,形成一个整体化的营销体系,以达到最优化的营销效果。这种营销方式不再将各种营销活动孤立地进行,而是通过协同合作和互相支持,实现全方位、多层次、多渠道的营销传播,从而更好地满足消费者需求,提高市场竞争力。

在整合营销的概念中,强调了多渠道的营销传播。随着互联网的快速发展,消费者接触到营销信息的途径变得多样化,从传统媒体到新媒体,从线下渠道到线上渠道,企业需要在各种渠道上展开营销活动,以覆盖更广泛的受众群体。因此,整合营销的核心是将

---

① 张弓,周萍. 亚马逊图书双向品牌营销模式研究[J]. 当代传播,2017(4):80-82.

各种传播渠道进行有机结合,形成一个无缝衔接、互相促进的营销网络。

整合营销强调了营销手段和资源的协同合作。传统的营销方式往往是各自为政,各个部门或团队之间缺乏沟通和协作,导致资源的浪费和效果的削弱。而在整合营销中,各个营销手段和资源相互配合,形成一个有机整体,以提高整体营销效果。例如,通过与销售团队的紧密合作,营销部门可以根据销售情况调整营销策略;通过与产品开发团队的协作,营销部门可以根据产品特点进行定位和推广。

整合营销的概念还强调了市场导向和客户导向。企业在制定营销策略时,应该紧密关注市场需求和客户反馈,根据市场和客户的变化及时调整营销方向和策略。因此,整合营销不仅要求企业内部各个部门之间的协作和配合,还需要与外部环境进行密切的互动和交流,以保持市场敏感度和灵活性。

二、整合营销传播面临的挑战与机遇

(一)整合营销传播面临的挑战

在新媒体环境下,随着传播主体和传播内容的不断增多,消费者的注意力处于高度分散的状态。我国一、二线城市中的公众每天面对着千条以上的广告信息,他们的注意力是很难集中的。要想让消费者对某一条广告信息进行主动记忆并进行购买行为是非常难的。

随着整合营销传播的发展,企业面临的风险在不断增大。这主要源于整合营销涉及的多样化渠道和复杂的营销环境,其中包含了一系列不可控因素。

第一，整合营销涉及的多渠道传播可能会增加企业的品牌风险。在多渠道传播中，企业的品牌信息可能被不同的渠道呈现出不一致的形象，导致消费者对品牌的认知产生混淆或不一致的感觉，进而影响品牌形象和信誉。例如，在社交媒体上发布的内容可能与电视广告或线下宣传不一致，给消费者造成困惑和疑虑，损害品牌声誉。

第二，整合营销中的数据安全和隐私问题也是一个不可忽视的风险。随着数字化营销的普及，企业需要收集和处理大量的客户数据，包括个人信息、消费习惯等。如果这些数据管理不当，可能会面临数据泄露、信息被盗用等风险，不仅损害了客户的信任，还可能触犯相关法律法规，给企业带来法律责任和经济损失。

第三，整合营销还可能面临来自竞争对手的挑战和不良口碑的传播。在竞争激烈的市场环境中，竞争对手可能会采取各种手段，包括负面宣传、恶意攻击等，影响企业的品牌声誉和市场地位。同时，消费者在互联网上对企业的不满情绪也可能通过口碑传播迅速扩散，给企业带来负面影响，降低品牌价值和市场份额。

第四，整合营销中的技术风险也不容忽视。随着技术的不断更新和发展，企业需要不断适应和应用新的营销技术和工具，如人工智能、大数据分析等。但这些新技术可能存在着不稳定性、安全性等问题，一旦出现技术故障或漏洞，可能会给企业的营销活动带来严重的影响，甚至导致经济损失。

（二）整合营销传播面临的机遇

新媒体的不断发展丰富了企业在整合营销传播过程中所使用的手段。整合营销传播过程中，企业的营销手段有公众传播、数据库营销、精准营销、口碑营销和形象营销等，这些营销手段之间在一定程度上存在着某种联系。企业可以对各营销手段之间的联系进行探索，并将不同的营销手段进行巧妙的整合，与之前单一的营销手段相比，这种整合营销手段所呈现的效果更好，能够更好地实现营销传播效果最大化的目标。新媒体将多种传播方式集于一体，随着网络技术和数字技术的快速发展，新媒体所传播的内容不仅可以通过文字的形式进行传播，也可以通过视频和声音的形式进行传播。因此，新媒体平台上的整合营销传播是更为复杂的，使用的手段也是更为多样的。

随着新媒体的不断发展，企业与消费者之间的互动得到了极大的提升，传统营销效果也得到了进一步的优化。新媒体营销强调个性化、体验感和参与性，这与现代营销的主要理念相契合，更贴近消费者的真实需求。这种趋势不仅增强了企业与消费者之间的关系，也为双方之间的有效沟通提供了便利，使企业的营销和推广更加便捷。

新媒体营销的关键是利用各种数字化平台和工具，以创新的方式传达品牌信息，并与消费者建立更加紧密的联系。通过社交媒体、移动应用程序、在线视频等渠道，企业可以直接与消费者进行互动，了解他们的喜好、偏好和反馈，从而调整营销策略，提供更加个性化的产品和服务。这种双向沟通的模式有助于企业更好地理解消费者，建立起长期稳定的客户关系。

随着大数据技术的不断成熟，企业可以更好地利用数据来实现精准营销。通过收集、分析和挖掘大量的消费者数据，企业可以深入了解消费者的行为模式、购买习惯、兴趣爱好等信息，从而为其量身定制个性化的营销方案。大数据技术为数据库营销和精准营销提供了可能，使得企业能够更加准确地把握市场趋势，更加精准地满足消费者的需求，进而实现营销传播效果的最大化。

新媒体与大数据的结合改变和重构了营销体系，推动了互动式整合营销传播的发展。以数据为核心将各种媒体、渠道和终端整合起来，促进了企业与消费者之间的互动，提高了营销的效率和效果。大数据分析可以对用户行为和心理进行监测和反馈，使得整合营销传播在数据技术的支持下更加精准和科学。新媒体营销通过运用大数据技术，让品牌建构和传播变得更加精准和有效，因此吸引了越来越多企业的关注和投入。

三、大数据整合营销服务平台的构建路径

（一）深入挖掘潜在市场

在数据挖掘的过程中，利用大数据技术，并在此基础上建立用户数据模型，对用户潜在的需求进行分析，这一举措不仅有助于节约成本，还能够更好地满足用户的需求，而且不易引起用户的反感。

大数据技术的应用使得企业能够处理和分析海量的数据，从而深入了解用户的行为模式、喜好偏好以及潜在需求。通过数据挖掘和分析，企业可以建立起精准的用户数据模型，对用户进行细致的分类和分析。这种用户数据模型能够准确把握用户的需求和行为特征，为企业提供了更有针对性的营销策略和服务方案。

与传统的营销手段相比，基于大数据技术建立的用户数据模型更加精准和高效。通过对用户行为数据的分析，企业可以发现用户的潜在需求和偏好，从而更加准确地进行产品定位和推广营销。与此同时，基于用户数据模型的营销策略也更加个性化和针对性，能够更好地满足用户的需求，提高用户的满意度和忠诚度。

除此之外，基于大数据技术建立的用户数据模型往往能够在不

引起用户反感的情况下实现个性化推荐和定制化服务。通过分析用户的历史行为和偏好，企业可以向用户推荐他们可能感兴趣的产品或服务，从而提高用户的购买意愿和消费体验。与传统的广告推送相比，基于用户数据模型的个性化推荐更加精准和有效，能够减少用户的信息干扰，提高广告点击率和转化率。

（二）对目标受众进行定位

在大数据技术广泛应用之前，营销过程中常常根据不同群体的特征进行定位和推广。然而，随着大数据技术的广泛应用，通过数据分析可以进一步深化对不同群体特征的理解，甚至能够分析出个人的特性和消费习惯。这种精准定位目标群体和个性受众的能力，使得企业可以更有效地实施个性化营销策略。第一，大数据技术的应用使得企业能够更加准确地识别和划分目标群体。通过对海量数据的分析，企业可以深入了解不同群体的特征、兴趣和行为习惯，从而精准地定位目标受众。与传统的基于人口统计学的定位相比，基于大数据的定位更加精准和全面，能够更好地满足不同用户群体的需求。第二，大数据技术的广泛应用使得企业可以更加深入地了解个人的特性和消费习惯。通过对个人数据的分析，企业可以了解到每个用户的行为轨迹、偏好倾向和购买习惯，从而为其提供个性化的服务和推荐。这种个性化的营销策略能够更好地吸引用户的注意力，提高用户的购买意愿和忠诚度。第三，大数据技术的应用使得企业能够更加准确地把握目标受众的兴趣点和需求，与其在兴趣上产生共鸣变得更为简单。通过对用户数据的深入分析，企业可以了解到用户的兴趣爱好和消费偏好，从而为其提供更加贴近用户需求的产品和服务。这种精准定位和个性化推荐能够大大提高营销效果，增强用户的满意度和忠诚度。

(三) 实时控制营销进展

营销活动一开始，人们便在互联网上留下各种信息。随着互联网应用的普及，个人观点和思想也通过网络传播，其中可能包含一些不利于企业品牌认同的观点。因此，企业在进行营销时不仅要关注积极的舆情，还要注意监控和管理敏感舆情，及时消除外界对品牌的不利影响，并通过积极引导和正面宣传来塑造企业形象。

在营销过程中，企业需要重视舆情监测和管理。通过运用大数据技术，企业可以实时监控网络上的动态信息，包括社交媒体、论坛、新闻网站等，以便及时发现和处理可能对企业形象产生负面影响的舆情。通过对舆情数据的分析和挖掘，企业可以更准确地了解公众对品牌的态度和看法，及时调整营销策略，避免舆情危机的发生。

除了关注敏感舆情，企业还需要进行积极的引导和控制。通过在互联网上发布正面信息、积极参与用户互动、回应用户关注和问题等方式，企业可以引导公众对品牌形成积极的认知和评价。

(四) 以利益原理为基础

企业进行营销活动的主要目的是追求经济利益，这是基本的商业原则。在利益原理的基础上组织营销活动可以更好地把握活动的目的，并确保活动达到预期的商业目标。在新媒体领域，营销活动的目的仍然是增加销售、提升品牌知名度和美誉度，从而获取更多的经济利益。

通过新媒体平台进行营销活动，企业可以更加灵活地与目标受众进行互动，传播品牌信息，推广产品和服务。新媒体的特点包括即时性、互动性和广泛性，使得企业能够更直接地与消费者进行沟通和互动，更快地了解市场需求和消费者反馈。

在新媒体领域，企业可以利用各种社交媒体平台、网络广告、内容营销、搜索引擎优化等方式进行营销活动。通过在社交媒体上发布有吸引力的内容，与用户进行互动，提升品牌的曝光度和用户参与度；通过网络广告和搜索引擎优化，提高品牌在搜索引擎上的排名，增加网站流量和转化率。

新媒体营销也注重用户体验和参与度，通过提供个性化的内容和服务，满足用户的需求和兴趣，吸引用户参与品牌活动，增强用户对品牌的认同感和忠诚度。通过新媒体营销，企业可以更加精准地定位目标受众，了解其需求和偏好，为其提供个性化的营销服务，从而提升营销活动的效果和经济利益。

第四节

大数据与 LBS 营销

一、LBS 概述

（一）LBS 的定义

LBS 是一种基于地理位置的服务，通过电信移动运营商的外部定位或者无线电通信网络，获取用户的地理位置信息，并在地理位置系统平台的帮助下为用户提供相应的增值服务。

这种服务可以根据用户所处的位置提供相关的信息和功能，以满足用户的个性化需求和提高用户体验。LBS 的应用范围非常广泛，涵盖了商业、社交、出行、娱乐等各个领域。

（二）LBS 的发展

LBS 的出现是早于其概念的，也就是说在 LBS 的概念被提出来以前，这种位置服务的方式就已经被使用了。LBS 起源于军用的全球定位系统，也就是常被提及的 GPS。当 GPS 技术被民用化之后，大量以定位功能作为核心的应用被不断地开发出来，不过 LBS 技术被广泛应用，还是在 20 世纪 90 年代后期。

我国早期的 LBS 应用，多存在于车载地图与导航中，不过随着互联网地图的出现，众多地图厂商、软件厂商大力开发 LBS 在线终端产品，并且在无线电技术和硬件设施逐渐完善的基础上，LBS 行业在国内迎来了高潮。

（三）LBS 的构成

实际上，LBS 并不是由计算机网络和移动通信网络所组成的，而是一种基于地理位置信息的服务模式。计算机网络和移动通信网络只是支撑 LBS 运行的基础设施之一。

LBS 的实现主要依赖于以下几个方面的技术和设施。

①地理信息系统（geographic information system，GIS）：GIS 是一种用于存储、管理、分析和展示地理空间数据的系统。它提供了地图数据、地理信息数据库以及地理空间分析和处理的功能，是 LBS 实现的基础。

②GPS：GPS 是一种用于确定地球上任何位置的卫星导航系统。通过接收来自多颗卫星的信号，GPS 接收器可以计算出接收器所处的准确位置坐标，为 LBS 提供了精准的地理位置信息。

③移动通信网络：移动通信网络是 LBS 服务的载体，包括了各种无线通信网络，如蜂窝网络（4G/5G）、Wi-Fi 网络和蓝牙网络

等。用户可以通过移动通信网络连接到LBS平台，获取地理位置信息并使用相关的服务。

④位置感知设备：位置感知设备是指能够获取用户位置信息的硬件设备，如智能手机、平板电脑、GPS导航仪等。这些设备通过接收卫星信号或连接无线网络获取用户的地理位置信息，并将其传输给LBS平台进行处理和服务提供。

（四）LBS的特点

LBS是一种利用移动通信网络和地理位置信息技术，为用户提供与其当前位置相关的个性化服务的服务模式。这一特点使它在商业、社交、导航等领域得到广泛应用。

1. 覆盖广

随着移动通信技术的发展，LBS已经成了人们日常生活中不可或缺的一部分。用户几乎可以在任何地方通过移动设备获取LBS服务，无论是在城市还是偏远地区，都能够享受到定位、导航、周边信息搜索等服务。这种广泛的覆盖使得用户在旅行、购物、出行等方面都能够受益于LBS技术的应用，极大地方便了人们的生活。

2. 定位准

LBS具有定位准确的特点。通过GPS等技术，LBS能够准确获取用户的地理位置信息，并为用户提供与其当前位置相关的服务和信息。无论是室内还是室外，LBS都能够实现准确定位，并且在城市密集区域和郊区等不同环境下也能够保持一定的定位精度。这种定位准确性为用户提供了更加便捷和高效的服务体验，使得用户能够更加轻松地获取所需信息和服务。

二、大数据对 LBS 应用的价值

"LBS + 大数据"营销是指利用基于地理位置的服务（LBS）结合大数据技术，为企业提供更精准、个性化的营销服务。通过收集用户的地理位置信息和行为数据，结合大数据分析技术，可以深入了解用户的偏好、行为习惯和消费需求，从而精准定位目标受众群体，提供个性化的营销内容和服务。这种营销方式不仅能够更好地满足用户的需求，提升用户体验，还能够有效提高营销效果和 ROI（投资回报率），为企业带来更多的商业机会和竞争优势。

大数据营销是移动互联网行业的衍生产物，同时也对移动互联网行业起到了促进作用。它借助多平台的 LBS（基于地理位置的服务）数据采集和大数据技术的分析与预测能力，为企业的广告提供了更精准、更有效的营销策略，进而提高了品牌企业的投资回报率。

通过大数据分析，企业可以深入了解消费者的行为习惯、地理位置、兴趣爱好等信息，从而实现对目标受众的精准定位。结合 LBS 技术，企业可以实时获取用户的地理位置信息，进一步了解用户所处的环境和实际情况，从而更准确地推送个性化的广告内容和服务。大数据营销还通过分析海量的数据，发现潜在的市场趋势和用户需求，帮助企业预测市场走向和用户行为，为广告主提供更准确的决策支持。同时，大数据技术还可以对广告效果进行实时监测和评估，及时调整广告策略，最大程度地提高广告投资的效益。

三、LBS 的市场分析与创新应用

LBS 技术从出现到现在，已经有了长足的发展。在 20 世纪 90

年代，交通、移动通信等行业，就已经开始运用 LBS 技术，并为社会公众提供空间信息服务。

随着 LBS 的应用越来越广，LBS 的应用也有了较大的创新，摒弃不足、发挥优势，才是 LBS 的发展方向。

（一）互联网市场分析

随着 LBS 的应用越来越广泛，移动互联网应用市场也逐渐将 LBS 当作重点。在 LBS 发展之初，各大企业以 Foursquare 为标杆，移动互联网公司开始推出各类 LBS 服务，如玩转四方、街旁、嘀咕、邻讯等。

当然，百度、腾讯、新浪、搜狐等传统的移动互联网公司也没有停止前进的脚步，它们也都将 LBS 应用在各类 App 中，从而完善各类 App 的基本配置功能。

但是，基于互联网签到模式的 LBS 也存在一些缺点，具体如下。

1. 用户签到率低

用户出于担心隐私暴露、缺乏动力，再加上操作麻烦等原因，让越来越多的用户不再继续使用签到服务。

2. 用户黏性低，活跃度差

随着市场上各类应用的服务同质化严重，企业之间也面临着越来越激烈的竞争，如果企业没有持续性的服务，那么很容易导致用户的流失和沉默。

3. 盈利模式不清晰

目前来说，页面广告、搜索排名和商家营销合作是 LBS 的主要盈利模式，但缺点也很明显，如规模偏小、盈利艰难等。

不少互联网公司正在将 LBS 与 O2O 相结合，以开发更多 LBS 盈利模式,如将 LBS 应用到其他行业服务中,如电子商务、消费服务、微信、微博、二维码等,从而实现从线上到线下的营销模式。

(二) 运营商市场分析

国内在 21 世纪初就已经开展了 LBS 定位的相关业务,其中以中国移动、中国联通和中国电信三大运营商为代表,它们开始建设 LBS 定位平台,通过运用 LBS 技术开发了众多 LBS 应用,如车辆导航、物流管理、安全定位等。

尽管各大运营商在 LBS 业务的支持下获得了很好的收入和庞大的用户规模,但是其中也存在一些问题。

第一,车辆导航服务:目前市场上出现了各类 GPS 导航仪,终端已经是非常普遍了,并且并不依赖于运营商而存在。

第二,物流管理与人员定位等服务:市场上应用 GPS 的集成方案有很多,但是这些方案只是对运营商的 GPS 或短信功能进行了运用,并没有进行其他更多的运用。

第三,个人位置信息服务:随着 LBS 的广泛应用,互联网公司在智能手机 App 的基础上开始提供类似的服务,并且利用自己或第三方位置信息库,与运营商之间开启了直接竞争。

除了以上的问题,运营商在决策流程、商业模式、运营方式等方面也显得比较被动,使得运营商在 LBS 市场上的竞争也受到了影响。

(三) LBS 的创新应用

网络运营商和互联网公司在开展 LBS 业务上具有不同的优势,相互之间可以进行互补合作。首先,网络运营商拥有庞大的网络规模和通信能力,能够提供稳定、可靠的基础设施支持,保障 LBS 服务的覆盖范围和服务质量。其次，网络运营商在获取用户位置信息方面具有一定优势，能够通过基站信号等技术手段实现精准定位，为 LBS 应用提供必要的位置数据支持。

与此同时，互联网公司的优势也是显而易见的。首先，互联网公司的组织机制更加灵活，能够更快地响应市场变化和用户需求，具有较强的创新能力和灵活性。其次，互联网公司在产品设计、用户体验和营销推广方面较为擅长，能够提供更具吸引力和个性化的 LBS 应用服务，满足用户多样化的需求。

因此，网络运营商和互联网公司可以进行互补合作，在 LBS 业务上发挥各自优势，实现资源共享和优势互补。网络运营商可以通过与互联网公司合作，引入创新的 LBS 应用服务，提升自身服务水平和竞争力；而互联网公司则可以借助网络运营商的基础设施和用户资源，拓展 LBS 市场，实现业务拓展和收入增长。这种合作模式有助于促进 LBS 产业的发展，推动行业创新和进步。

以下将具体分析 LBS 的创新应用。

1. 家庭应用

LBS 在家庭领域的应用旨在提升家庭成员的生活质量和安全保障。通过家庭定位服务，家长可以随时掌握子女的位置信息，确保其安全。例如，可以利用 LBS 追踪孩子的行踪，确保其放学回家的安全，或者在紧急情况下快速定位失踪者的位置。家庭成员之间还可以共享位置信息，便于约会、聚会等安排。

2. 行业应用

LBS 在行业领域的应用涉及诸多领域，如零售、物流、旅游等，旨在提升服务效率和用户体验。在零售行业，商家可以通过 LBS 精准推送优惠信息，吸引顾客到店消费。在物流行业，利用 LBS 可以实现货物实时追踪和配送路线优化，提高物流运作效率。而在旅游行业，LBS可为游客提供个性化的导航和景点推荐，增强旅游体验。

3. 公共安全应用

LBS在公共安全领域的应用主要体现在应急救援和灾害管理方面。政府部门可以利用LBS技术迅速定位事故发生地点和受灾区域，指导救援行动。同时，LBS还可以用于发布灾害预警信息，提醒民众采取应对措施，减少人员伤亡和财产损失。

4. 运营商内部应用

LBS在运营商内部的应用主要集中在网络优化和资源管理方面。运营商可以通过LBS技术实时监控网络负载和用户分布情况，及时调整网络资源配置，优化网络覆盖和容量规划，提升网络性能和用户体验。运营商还可以利用LBS分析用户行为和偏好，精准推送个性化服务和营销活动，提升用户黏性和收入。

四、LBS + 大数据的营销策略

过去的观点是，吸引到店铺来的才是顾客。如今，店铺已经不重要了。由于LBS应用的存在，用户随时可以通过手机或其他移动终端搜索周边的商品或服务，快速下订单或付款，完成购买。

（一）用户洞察

精准营销虽然被广泛提及，但实际能够真正做到的却并不多，其中垃圾信息泛滥成灾。这主要是因为过去的精准营销往往只是在名义上做到了，缺乏对用户特征数据和详细准确分析的支持，其精准度并不高。

只有当企业积累到足够多的用户数据时，才能够对用户的喜好和购买习惯进行准确分析，甚至做到"比用户更了解用户自己"的程度。许多企业将此作为大数据营销的前提和出发点。在了解了用户的主要特征和期待之后,企业生产出的产品就能更加贴近用户的喜好,从而提高产品的市场适应性和用户满意度。

除了产品定制方面,大数据的应用还能够帮助企业对重点客户进行筛选。例如,通过用户去过的地方和次数可以判断用户最近关心的内容与企业是否相关;或者通过用户在社交媒体上发布的内容和互动情况,找出有用的信息并将其与企业联系起来,从而帮助企业筛选出重点的目标用户。

(二)传播策略

通过大数据分析可以帮助企业找到品牌有效传播的方向。通过对海量数据的收集、整合和分析,企业可以更好地理解消费者的行为、偏好和需求,从而指导品牌传播的方向,提升传播效果和品牌影响力。具体来说,大数据分析可以实现以下几个方面的作用。

1. 深入了解受众特征

大数据分析可以帮助企业深入了解目标受众的特征,包括年龄、性别、地域、兴趣爱好等方面。通过对受众特征的分析,企业可以更精准地定位目标受众,从而在品牌传播过程中选择合适的传播渠道和内容,提高传播效果。

2. 发现消费者需求

大数据分析可以从消费者的购买行为、搜索记录、社交媒体互动等多个维度挖掘消费者的需求和偏好。通过分析消费者的需求,企业可以及时调整品牌传播策略,推出符合消费者需求的产品和服务,增强品牌吸引力和竞争力。

3. 实时监测品牌声誉

大数据分析可以实时监测社交媒体、新闻报道、用户评论等信息，了解消费者对品牌的态度和反馈。通过监测品牌声誉，企业可以及时发现和处理负面舆情，保护品牌形象，同时也可以借助正面舆情提升品牌知名度和美誉度。

4. 优化传播策略

大数据分析可以对不同传播渠道和内容进行效果评估和优化。通过分析传播数据，企业可以了解不同传播渠道的影响力和转化率，及时调整传播策略，优化品牌传播效果。

（三）商业智能

通过大数据技术，我们能够有效地访问和利用这些数据，应对越来越复杂的数据分析挑战，并帮助企业制定更为精准的商业决策。尤其是在分析用户行为、把握用户动态方面，大数据技术为企业牢牢拴住所有的老顾客提供了有力保障。

不论是生活类、团购类还是购物类的 LBS 应用，随着用户规模的不断增长，数据采集的时间也在不断延长，对用户需求的分析也变得越发精确。目前，大多数 LBS 应用仍处于智能化较低的发展阶段。然而，随着移动 LBS 应用功能的不断增加，对用户行为的分析将会变得更加精准，这也将促进各类 LBS 应用的快速成长。大数据技术的运用将为 LBS 应用提供更强大的数据支持，推动其在用户体验和服务质量方面实现更大的提升，进而促进整个行业的发展。

（四）市场预测

大数据的分析与预测在帮助企业家对新市场进行了解和对经济走向进行把握方面发挥着关键作用。通过对大数据的深入分析，企业家能够更好地了解新市场的发展趋势、潜在需求以及竞争态势，从而制定更为有效的市场进入策略和产品定位方案。大数据分析可以帮助企业家预测未来的经济走向，包括市场需求的变化、消费者行为的趋势以及行业发展的动向，为企业的战略规划和决策提供重要参考依据。

通过大数据的分析与预测，企业家可以更及时地发现市场机会和潜在风险，及时调整企业战略和运营策略，以更好地应对市场变化和竞争压力。同时，大数据分析还能够帮助企业优化资源配置，提高生产效率和服务质量，降低成本，从而增强企业的竞争力和盈利能力。

因此，大数据分析与预测不仅可以为企业的发展提供有力支持，也有助于企业在市场竞争中保持领先地位。

五、大数据+LBS营销的案例

（一）"今日头条"的大数据+LBS营销

"今日头条"App并不是单纯地依靠用户自己选择的内容来获取用户感兴趣的新闻分类，而是对用户使用中的行为进行一次次的分析和识别。用户每一次的阅读和选择都会形成一个独立的数据库，用户在使用过程中所浏览点击的新闻内容也会被分析。

另外，"今日头条"App内置的LBS功能会通过移动互联网自动定位用户所在的城市，推送用户关注本地的相关新闻。

举例而言，如果一个用户没有关注过体育新闻，但是却对"贝克汉姆"的新闻内容进行过点击和浏览，这就说明用户对体育并不感兴趣，而对"贝克汉姆"本人有着浓厚的兴趣。因此，用户便不会错过"贝克汉姆"接下来的相关消息。同理可证，不管我们对什么感兴趣，"今日头条"App都能通过我们的行为感知到我们的喜好,甚至比我们自己还要了解自己,这就是"今日头条"用大数据获取的信息优势。①

(二) 腾讯地图的大数据+LBS营销

腾讯地图推出了搜搜地图街景服务,这是搜搜地图服务增加的一项新功能,可显示所选城市街道的360度全景图像。同时,这也是中国第一家高清街景地图服务提供商,受到了媒体、行业及用户的广泛关注。

在制作搜搜街景地图时,腾讯并没有自己去采集数据,而是采用订单制,由第三方采集公司来完成。据悉,街景地图一年采集的数据量高达1PB,仅是整理硬盘,搜搜就专门配备了两个人。腾讯与这些公司之间签署独家协议,街景数据向搜搜独家供应。这些外部采集团队的规模约为"两三百人",从上午10点到下午4点,一辆采集车可以采集约20GB数据,这些车队一天总共可以采集几个TB的数据,一年加起来有1PB左右。

用户(个人或商户)还可以"邀拍",搜搜街景地图团队依据用户的呼声来拍摄更精细的街景。另外,从实景采光效果来看,搜搜街景的360°照片非常透彻明亮,显然是经过刻意筛选的。搜搜街景的高清景象可以帮助用户通过实景的方式更真实、快速地认识一个地点,其主要用途有以下几个方面。

第一,在线旅游:搜搜街景可以提供不同城市和地区的街景,用户只要坐在电脑前就可以真实地看到街道上的高清景象。

第二,认清道路,快速到达目的地:去陌生的地方前,用户可

---

① 郭潇雨. 基于LBS大数据的营销应用 [J]. 广西质量监督导报, 2019 (8):211,188.

以使用搜搜街景提前看一看路况,使自己少走弯路。

第三,了解家人、朋友的生活环境:使用搜搜街景,可以让家人、朋友彼此看到居住的城市、街道,甚至可以看到你家的窗户。虽然相距千里,让彼此的心更亲近。

第四,买房租房,先用搜搜街景:买房租房的用户一定都吃过东奔西跑的苦头。利用搜搜街景,可以先看看你的目标小区长什么样子、周边环境如何等,这样用户不但可以节省时间,结合搜搜地图丰富的查找功能,还可以坐在电脑前就轻松对比各个楼盘的周边环境。

第五,酒店提前预览:对于准备出远门的用户来说,可以通过搜搜街景提前预览酒店的外观和内饰。[①]

[①] 姜海洋,曾剑秋. 基于 LBS 的移动电子商务营销模式及趋势 [J]. 北京邮电大学学报(社会科学版),2015(2):34–39.

第六章

大数据背景下网络营销的管理

第一节 网络营销综述

　　互联网是由全球的计算机网络联为一体而形成的全球性公用计算机通信网络的总称。

　　网络营销将成为21世纪的重要经济贸易方式。这种新型的营销形式有两大特征：一是互动性；二是个性化。传统的营销是单向的、推动的模式。即企业先是制造产品，然后通过广告、促销等方法，让消费者被动接受；消费者一般没有能力改变企业的产品或服务。与传统的营销模式不同，网络营销由于有了互联网的参与，消费者能够及时、方便地选择自己喜欢的产品或服务，而企业也很容易了解消费者的要求并制作其需要的产品。这就是企业与消费者的互动性。所谓个性化，是指消费者通过互联网，给企业提供自己的性格、职业、习惯、年龄、学历、爱好等信息，企业则根据消费者的这些特征，为其定制独特的产品或提供符合个性化要求的服务。

一、网络营销内涵

网络营销,作为当今商业领域中不可或缺的一部分,已经成为企业推广和营销的重要手段之一。它借助互联网、移动通信等新兴技术,通过在线渠道向目标客户传播产品信息、推广品牌形象、促进销售等活动,具有强大的传播力和互动性。网络营销的内涵十分丰富,涵盖了多个方面,从传统的广告宣传到内容创作、社交媒体互动等,都是网络营销的重要内容。

网络营销包括了广告宣传和推广。通过网络渠道,企业可以发布各类广告,包括横幅广告、视频广告、原生广告等形式,将产品信息传播给潜在客户。这些广告可以在搜索引擎、社交媒体、网站页面等位置展示,吸引用户点击了解,从而提高品牌知名度和产品曝光率。

内容营销是网络营销的重要组成部分。内容营销强调的是通过内容的质量和吸引力来吸引用户的注意力,从而间接地推动产品销售。企业可以通过发布文章、视频、图片等形式的内容,提供有价值的信息、娱乐和教育,吸引用户关注和参与,从而增强用户对品牌的认知和好感度。

随着社交媒体的普及和用户数量的增长,企业可以通过在社交平台上建立品牌账号,与用户进行互动,发布产品信息、参与话题讨论、开展线上活动等,拉近与用户的距离,增强用户的黏性和忠诚度。

(一)网上市场调研

网上市场调研是通过利用互联网的交互式信息传播渠道,采用在线问卷、投票调查、网络观察等方式，实施市场调查和调研活动的过程。相比传统的调研方式，网上市场调研具有高效、快速、低成本的特点，能够快速获取大量用户数据和市场信息，并实现对不同人群的广泛覆盖。通过网络平台，调研者可以随时随地进行调研活动，与用户进行互动，及时获取反馈和意见，为企业决策提供重要支持。网络市场调研的实施不仅提高了调研效率，还增强了用户参与感和品牌忠诚度，成为现代市场营销中不可或缺的重要手段之一。

（二）网上消费者分析

互联网作为信息沟通工具，正成为兴趣、爱好趋同的群体聚集交流的地方，并且形成了一个个特征鲜明的网上虚拟社区，了解这些虚拟社区的群体特征和偏好是网上消费者行为分析的关键。

网上消费者分析通过对互联网用户的行为、偏好和需求进行系统性研究和分析，以了解其消费行为模式、购买动机和购物习惯，从而为企业制定精准的网络营销策略提供依据。这种分析涉及用户的浏览记录、搜索关键词、购买行为、社交互动等方面的数据，通过数据挖掘和统计分析等手段，揭示用户的消费心理和行为特征，为企业提供更有效的市场定位、产品推广和客户关系管理策略。

（三）网络营销策略的制定

不同企业在市场中的地位、规模、行业特点以及目标受众的不同，都会影响其采取的网络营销策略。对于规模较小的初创企业，可能需要更注重品牌曝光和用户获取，因此可以采用社交媒体营销、内容营销等策略来吸引目标受众。而对于规模较大的企业，可能更注重品牌建设和客户维护，因此可以采用更多的定向广告、电子邮件营销、客户关系管理等策略来提升品牌形象和留住现有客户。

（四）网络产品和服务策略

网络产品和服务策略是指企业在互联网环境下，为满足用户需求并实现商业目标而制定的具体方针和措施。在制定网络产品和服务策略时，企业需要考虑产品的定位、特点、功能、用户体验等因素，以及与竞争对手的差异化竞争优势。这些策略可能涉及产品功能的设计优化、用户界面的改进、服务的增值等方面，旨在提升产品的吸引力和竞争力，满足用户需求，促进销售增长。同时，企业需要根据市场反馈和用户反馈及时调整策略，不断优化产品和服务，保持竞争优势。

（五）网上价格营销策略

网络作为信息交流和传播的工具，从诞生之初就秉承着自由、平等和信息共享的原则。这些原则使得网上市场在价格策略上大多采取免费或者低价模式。因此，在制定网上价格营销策略时，企业必须考虑互联网对定价策略的影响，还要深入理解并融入互联网独特的免费理念。

（六）网上渠道选择与直销

如果问互联网对企业营销什么影响最大，答案应该是对企业营销渠道影响最大。企业建设自己的网上直销渠道必须进行一定的资金投入，同时还要改变传统的经营管理模式。

（七）网上促销与网络广告

互联网作为一种双向沟通渠道，其最大优势在于能够突破时空限制，实现即时、高效的交流。相比于传统的营销方式，网上促销活动和网络广告推广具有诸多优势。一是网上促销活动可以覆盖全球范围内的潜在客户，无论其所在地点。这种广泛的覆盖面大大扩展了企业的市场潜力。二是网上促销活动和广告推广成本相对较低，相比传统广告媒体如电视、广播等，投入少而产出高。三是通过网络平台，企业可以更加精准地定位目标客户群体，根据其兴趣、偏好和行为习惯进行针对性的营销。四是网络促销活动的效果可以更加直观地进行监测和评估，通过数据分析，企业可以及时调整营销策略，提升营销效果。因此，可以说，在互联网上开展促销活动和网络广告推广是最有效的营销手段之一。

（八）网络营销管理与控制

网络营销在互联网上展开，虽然带来了许多传统营销无法遇到的新机遇，但也面临着一系列新问题。其中包括网络产品质量保障、消费者隐私保护和信息安全等方面的问题。这些问题的存在需要网络营销者重视和有效控制，否则可能导致网络营销的适得其反。

首先，网络产品质量保证是网络营销中不可忽视的问题之一。在互联网上销售产品需要确保产品质量达标，否则不仅会影响用户体验，还可能导致消费者投诉和退款，损害品牌声誉。因此，企业需要建立完善的产品质量管理体系，加强对供应链的监控和管理，确保产品质量符合标准。

其次，消费者隐私保护是网络营销中的重要问题。在进行网络营销活动时，企业需要收集和使用消费者的个人信息，因此必须遵守相关的隐私保护法律法规，保护消费者的隐私权和个人信息安全。企业应该建立健全的隐私政策和数据保护措施，确保消费者的个人信息不被泄露或滥用。

再次,信息安全也是网络营销中不可忽视的问题。随着互联网的普及和网络犯罪的增多,企业面临着越来越严峻的网络安全挑战。因此,企业需要加强对网络系统和数据的安全防护,采取有效的措施防止黑客攻击、数据泄露和网络恶意软件的侵扰。

最后,网络营销已经不再局限于营销部门的业务,而需要各个相关部门的协作和配合。企业需要整合各部门资源,从供应链管理、生产制造到财务管理和人力资源管理等方面进行系统化的管理和控制,以适应网络经济时代数字化管理和数字化经营的需要。

二、网络营销平台

网络营销平台通常建立在 Web 平台基础之上,为企业提供在线推广、销售和客户服务的功能。企业通过这些平台可以展示产品信息、提供在线购买和支付服务、发布企业动态和新闻等内容,实现与用户的直接互动和交流。为了确保网络安全和电子支付的安全性,企业还需要配备相应的软件和技术支持,包括防火墙、入侵检测系统、在线支付平台等。这些平台为企业在互联网上展示形象、推广产品、吸引客户提供了重要的基础设施和支持。

网络站点的建设通常有两种方式:一是自行建立网站,企业通过自己的技术团队或第三方服务提供商开发和构建网站;二是外购整体网络服务,即委托专业机构或公司负责整体网站建设和运营。自行建站需要企业具备一定的技术和人力资源,能够灵活控制网站的设计和功能,但也需要投入较多的时间和成本。而外购整体网络服务则能够快速启动网站,并由专业团队负责设计、开发和维护,节省了企业的时间和精力,但相应地需要支付一定的费用。选择何种方式建站取决于企业的实际需求、预算和资源情况，但无论采取哪种方式，建立一个符合企业形象和市场需求的优质网站都是重要的。

开展网络营销最关键的问题是，网上交易资金的支付与结算。随着越来越多的商家计划对其企业进行扩展，从事网上营销、支付问题就显得越来越突出：如何配合世界范围内的网络营销活动的支付问题？如何处理每日通过网络产生的成千上万个交易的支付问题？答案只有一个——电子支付。电子支付是指网上交易的当事人，包括消费者、企业和金融机构，使用安全电子支付手段通过网络进行的货币支付或资金流转。与传统的支付方式相比，电子支付具有以下特征。

第一，实时性。电子支付能够实现即时转账和结算，资金可以在瞬间完成交易，从而提高了交易的效率和速度。

第二，便捷性。用户可以通过电子支付方式在任何时间、任何地点进行交易，只需通过互联网或移动设备即可完成支付，无须前往实体店铺或银行办理业务，极大地提高了支付的便利性和灵活性。

第三，安全性。电子支付系统采用了多种安全技术和加密手段，保障了交易过程中的信息安全和资金安全，防止了各类网络欺诈和金融犯罪的发生。

第四，多样性。电子支付方式丰富多样，包括网银支付、第三方支付平台、移动支付、数字钱包等多种形式，用户可以根据自己的需求和偏好选择合适的支付方式进行交易。

第五，全球化。电子支付突破了地域限制，可以实现跨境支付和跨国交易，促进了全球经济的互联互通，为国际贸易和跨境业务提供了便利。

第六，实时监控和管理。电子支付系统具有实时监控和管理功能,可以随时查询交易记录、余额信息和账单明细,帮助用户更好地管理个人财务。

大规模地推广电子支付,必须解决黑客入侵、密码破译等涉及资金安全的问题。此外,还有一个支付的条件问题,即消费者所选用的电子支付工具必须满足多个条件:要由消费者账户所在的银行发行,有相应的支付系统和商户所在银行的支持,被商户认可等。如果消费者的支付工具得不到商户的认可,或者说缺乏相应的系统支持,那么电子支付也还是难以实现的。

随着网络营销的发展,电子支付的形式也越来越多。电子支付的方式主要有以下两大类。

一类是电子货币类,包括电子现金(E-cash):一种基于数字化形式的货币,具有可即时交易和安全性高的特点。电子现金通常存储在用户的设备中,如智能卡、手机应用或硬件钱包中,可以在需要时用于在线或线下支付。

电子钱包(E-wallet):也称为数字钱包,是一种存储用户支付凭证和个人信息的软件应用程序。用户可以将资金存入电子钱包,随时随地使用该应用程序进行支付、转账或购物。

电子信用卡:是一种以数字形式存在的信用卡信息,用户可以通过互联网或移动应用程序进行支付,而无须使用实体信用卡。

电子货币具有与现金等值的货币属性,其特征主要体现在消费和购物活动中,虽然电子货币的流动无法用肉眼直接观察到,但其支付和收款过程与使用纸币支付和收款的过程相似。当进行电子货币支付后,资金以电子数据的形式流入收款人的收款设备,或被转移到其他指定的账户。与传统货币相比,电子货币具有数字化、便捷性和实时性等特点,能够实现快速的资金转移和支付,为用户提供了更加便利和安全的支付方式。

另一类是电子支票类。电子支票（E-check）：一种通过网络进行的支票交易，允许用户以电子形式发送和接收支票。电子支票通常与在线银行服务或第三方支付平台关联，以实现安全和便捷的交易。

电子汇款：是指通过电子方式向他人发送资金，通常通过银行或第三方支付平台进行处理。电子汇款可以实现快速的资金转移，减少了传统汇款方式的时间和成本。

电子划款：类似于电子汇款，是指通过电子手段将资金从一个账户转移到另一个账户。电子划款可以在几秒钟内完成，比传统的纸质支票或银行转账更为迅速和便捷。

电子支票作为一种电子支付工具，具有以下特征：首先，与传统支票相比，电子支票完全摆脱了纸质形式，以电子数据的形式存在，因此具有数字化和虚拟化的特点。其次，电子支票可以通过电子方式进行签发、存取和转账，实现了支付过程的自动化和高效化。再次，电子支票的交易过程可以实现实时监控和记录，提高了交易的安全性和可追溯性。最后，电子支票可以跨越地域和时间限制，实现了全天候、全球范围内的支付和结算，为商业活动提供了更加便利和灵活的支付方式。

随着电子信息技术的不断发展，电子货币已经成为一种更加便捷和安全的支付方式。它摆脱了传统货币的物理限制，通过计算机和通信网络系统进行交易，为用户提供了更加便利的支付体验。

三、网络营销价值

网络营销作为当今数字化时代的重要营销手段，具有重要的商业价值和战略意义。其核心在于利用互联网和数字技术，通过各种在线平台和渠道,将产品或服务推广给潜在客户,以达成营销目标。

(一) 网络营销拓展了市场范围和渠道

传统营销往往受限于地域和时间,而网络营销则打破了这种限制,使企业能够轻松地触及全球各地的潜在客户群体。通过各种在线平台和社交媒体,企业可以在全球范围内推广产品或服务,实现市场的全面覆盖和扩展。

(二) 网络营销提升了营销效率和成本效益

相较于传统的广告宣传方式,网络营销更加直观、便捷且成本较低。通过社交媒体、搜索引擎营销等手段,企业可以更加精准地定位目标客户群体,减少广告推广的浪费,提高营销效果,从而降低营销成本。

(三) 网络营销提升了客户互动和参与度

在网络营销中,客户不仅仅是被动接受产品或服务的接收者,更可以通过评论、分享、点赞等形式参与到营销活动中来。这种互动和参与性不仅增强了客户与企业之间的互动体验,还可以促进口碑传播和品牌影响力的扩大。

(四) 网络营销还提升了营销数据的收集和分析能力

通过网络营销平台,企业可以收集到大量的用户数据,包括用户的点击行为、购买偏好、兴趣爱好等信息。通过对这些数据进行深度分析,企业可以更加深入地了解客户需求,精准地制定营销策略,提高产品或服务的满意度和用户体验。

(五) 网络营销促进了品牌建设和市场竞争力的提升

通过网络营销，企业可以在全球范围内提升品牌知名度和美誉度，树立专业形象，建立品牌信任感，从而增强市场竞争力。网络营销还可以帮助企业与目标客户建立更加紧密的联系和关系，增强客户忠诚度，提升市场份额。

第二节 网络时代的消费者

一、网络市场与购买行为

网络市场作为新兴市场，正经历着由不成熟向成熟的发展。网络市场是一个特殊市场，有着不同于传统市场的特征，同时网络市场的消费者也表现出不同的消费者行为。

企业开展网络营销活动的空间是电子虚拟市场，有的称为网络虚拟市场，统一简称为网络市场。网络市场是由互联网企业、政府组织和网民组成的网络市场，网络市场的扩张速度和发展直接影响着电子商务的发展速度与前景。

在传统实物市场进行商务活动是依赖于商务环境的。网络营销作为电子商务的重要形式与内容之一，在网上市场进行商务活动同样离不开这些商务环境，而且提出了新的要求。具体内容如下论述：

（一）网络消费者的购买动机

传统商业活动中，消费者处境相对被动，他们对流通过程的影响主要体现在购买行为的末端，影响力相对有限。然而，在网络营销的背景下，消费者不仅是商品和服务的购买者，还成了社会消费的引导者，其行为模式呈现出个人消费与社会消费的复合特性。

随着电子商务的兴起，消费者的购物习惯发生了显著变化。一些人开始远离传统的商店购物，转而选择网上购物。了解网络消费者的购买动机，对于企业制定有效的促销策略相当重要。网络消费者的购买动机可以分为需求动机和心理动机两大类，其中需求动机直接关联到消费者的基本需求，而心理动机则与消费者的认知、情感和意志等心理过程有关。

网络的发展为人们提供了一个虚拟的社会环境，这个环境不仅聚集了丰富的信息资源，更重要的是聚集了人。在虚拟社会中，人们追求的是兴趣、聚集和交流这三种基本需求的满足。兴趣驱动着人们在网络中寻找和参与各种活动，而聚集则为具有相似经历和兴趣的人们提供了一个不受时间和空间限制的平台。交流则是聚集的自然延伸，通过信息的频繁交换，形成了商品信息交易的网络，促进了电子商务的发展。

网络营销策略的成功实施，需要充分考虑消费者的这些新需求。网站设计应从激发消费者兴趣出发，通过提供和谐的氛围和丰富的信息资源来吸引顾客，利用高效的检索和通信手段促进信息交流，最终实现销售目标的扩大。

网络购物者多为中青年，他们具备较高的分析判断能力，其购买动机往往是在对多个在线商场的商品进行比较后形成的。这类消费者的购买行为以理智为主导，注重商品的先进性、科学性和质量，同时也考虑其经济性。感情动机则是由消费者的情绪和感情引起的，它可以是低级的，如喜欢、满意、快乐或好奇，也可以是高级的，如道德感、美感和群体感。此外，惠顾动机是基于消费者对特定网站、广告或商品的信任和偏好，这种动机的形成往往与消费者的意志过程有关，它可能源于搜索引擎的便利、广告的吸引力或产品质量的可靠性。

由于电子商务的出现，消费观念、消费方式和消费者的地位正在发生着重要的变化，可以说是一场革命。首先，消费者主权时代的到来。互联网的发展使商品生产者、供给者与消费者之间的距离消失了，这种零距离，加之消费的信息极为丰富和极易传播，促进了消费者主权地位的提高。其次，基于信息的消费开始出现。在互联网上，消费者极易掌握丰富的信息，并且快速、低成本，类比和旁比极为方便，这使得消费行为有充分的信息依据，消费质量大大提高。最后，资源节俭型消费。工业化时期物质产品极大丰富或物欲横流的消费特征，必将过渡到后工业文明时期的按需供给——资源节俭型消费，或叫合理消费。在工业化社会，物质极度丰富的另一面是极易出现生产过剩和消费不足。而合理消费是符合可持续发展要求的。造成这一转变的主要原因是在互联网商用发展推动下，企业对市场和消费者的反应极为迅速，虚拟商店的无库存或低库存经营，以及中间环节的减少，消费者与生产者的直接交流与互动。这种消费观念、消费方式和消费者的地位的变化，使得当今的企业面临前所未有的激烈竞争，市场正由卖方垄断向买方垄断演变，消费者主导的营销时代已经来临。在买方市场，消费者将面对更为纷繁复杂的商品和品牌选择，这一变化使当代消费者心理与以往相比呈现出以下特点和趋势。

1. 个性消费的回归

在历史的长河中，工商业的服务模式经历了显著的演变。在早期，消费者的个性化需求得到了充分的重视，个性化消费是市场的主导。然而，随着工业化和生产标准化的兴起，消费者的独特需求在大规模生产和低成本产品的浪潮中逐渐被边缘化。在短缺经济或接近垄断的市场中，消费者的选择受限，个性化需求往往难以得到满足。

但随着市场经济的不断发展，产品的种类和数量都有了显著的增长。如今，消费者可以根据自己的个人喜好和心理需求，从众多商品和服务中进行选择。他们不仅拥有选择的权利，而且对个性化选择有着强烈的渴望。消费者的需求变得更加多样化，需求的变化也更加频繁。

理论上，每个消费者的心理特征都是独一无二的，这使得每个消费者都可以被视为一个独特的细分市场。消费者在作出购买决策时，心理上的认同感起着重要的作用。个性化消费不仅正在成为主流，而且在未来也将持续引领消费趋势。

为了适应这一趋势，企业需要更加关注消费者的个性需求，提供更加个性化的产品和服务。这不仅要求企业深入了解消费者的心理特征和行为习惯，还需要不断创新，以满足消费者日益增长的个性化需求。此外，随着数字化和互联网技术的发展，企业可以利用大数据和人工智能等技术手段，对消费者行为进行深入分析，从而更好地理解消费者的需求和偏好。通过个性化推荐、定制化服务和精准营销等手段，企业可以提高消费者的满意度和忠诚度，从而在激烈的市场竞争中获得优势。

2. 消费需求的差异性

除了消费者的个性化消费使网络消费需求呈现出差异性外，不同的网络消费者因所处的时代、环境不同也会产生不同的需求，不同的网络消费者在同一需求层次上的需求也会有所不同。例如，年轻一代更倾向于追求新潮、时尚的产品或服务，而老年人则可能更注重实用性和稳定性。随着科技的发展和社会的变迁，消费者的价值观、生活方式、文化背景等也在不断演变，进一步加深了网络消费者的差异性和多样性。因此，企业在进行网络营销时需要针对不同的消费群体制定差异化的营销策略，更加精准地满足不同群体的需求，提高营销效果和客户满意度。

3. *消费主动性增强*

随着信息技术的发展和互联网的普及，消费主动性在当今社会中不断增强。消费者通过互联网平台可以轻松获取各种商品信息，进行价格比较和产品评价，从而更加理性地作出购买决策。同时，社交媒体的兴起也使得消费者之间的信息传递更加便捷，他们可以通过分享购物体验、推荐产品等方式影响他人的消费行为。这种消费主动性的增强不仅提升了消费者的购物体验，也对企业的营销策略提出了更高的要求，需要更加注重产品质量、服务品质和品牌形象的塑造，以赢得消费者的信任和认可。

4. *对购买方便性的需求与购物乐趣的追求并存*

购买方便性主要体现在消费者期望购物过程简单、高效，可以通过在线购物平台随时随地完成购买，并享受到快速的配送服务。与此同时，消费者也渴望在购物过程中获得愉悦和乐趣，这包括浏览各种商品、发现新奇的产品、体验个性化的购物服务以及与品牌互动等。

现代消费者在购物时不仅追求购买的便利性和实用性，也注重购物过程中的愉悦感和情感体验，这对企业来说意味着需要在提供便捷服务的同时，不断创新和改进购物体验，以满足消费者多样化的需求和期待。

5. 价格仍然是影响消费心理的重要因素

尽管营销工作者倾向于通过各种差异化来减弱消费者对价格的敏感度，以避免恶性的价格竞争，但价格对人们的消费心理依然具有重要影响。例如，过去发生的微波炉降价战，尽管市场领导者格兰仕拥有技术、质量和服务等多方面的优势，但最终也被迫陷入价格竞争的泥淖，不得不为了争夺市场份额而降低价格。这表明，即使在当代发达的营销技术面前，价格的作用仍然不可忽视。只要价格降幅超过了消费者的心理接受范围，消费者往往会受到吸引而改变原有的购物决策。消费者也可以通过联合起来在网络上向企业讨价还价，从而使消费者具备了过去单独个体无法实现的议价能力，从一开始由企业决定的定价模式转变为消费者引导的定价模式。这表明，尽管营销工作者尝试通过其他手段来影响消费者的购买决策，但价格因素仍然是影响消费者行为的重要因素之一。

6. 网络消费仍然具有层次性

网络消费作为一种高级的消费形式，其消费内容可以分为不同层次，从低级到高级逐渐升级。在低级层次，消费者可能会购买日常生活所需的基本商品，如食品、衣物、家居用品等。随着消费者对生活品质的追求和对个性化需求的增加，消费内容逐渐向高级层次转变。在这一层次上，消费者可能会购买更多的奢侈品、高端电子产品、精致家居装饰等，以满足个人品位和身份认同的需求。另外，还有一些消费者可能会选择投资于教育、健康和生活方式改善等方面，这种消费属于更高级的消费形式，体现了消费者对自我提升和全面发展的追求。

7. 网络消费者的购买需求具有交叉性

在网络消费中，各个层次的消费并非相互排斥的，而是紧密联系的，需求之间存在着广泛的交叉现象。例如，消费者可能会在购买日常生活用品的同时，也对一些高级的奢侈品或精致的家居装饰产生兴趣。这种交叉消费的现象反映了消费者的多样化需求和个性化选择。

随着个人生活水平的提升和消费观念的变化，消费者在网络消费中也越来越注重健康、教育、娱乐等方面的需求。

8. 网络消费需求的超前性和可诱导性

消费者在网络环境中可能提前感知到某种需求，并被网络内容或广告所引导而产生购买行为。网络的信息丰富性和即时性使得消费者能够更早地获取到产品信息和服务，从而在需求尚未完全形成时就进行购买决策。网络平台上的推广和营销活动也会对消费者产生一定的影响，引导其对特定产品或服务的购买。

（二）影响网络消费者购买的主要因素

1. 网络产品的特性

由于网络市场与传统市场存在差异，网络消费者的消费需求特征也与传统消费者不同，这就要求企业在开展网络销售和网络营销活动时必须考虑让产品的特性与网络消费者的需求相匹配。网络消费者更注重便捷性、个性化和多样化的消费体验，因此适合在网上销售的产品要具有一定的特性。

首先，具有数字化属性的产品更适合在网络上销售。例如，电子产品、数字媒体、软件应用等。这些产品可以直接通过网络进行交付和使用，符合网络消费者对便捷性和即时性的需求。

其次，具有个性化定制需求的产品在网络销售中具有优势。网络消费者倾向于个性化定制的产品和服务，因此针对不同消费者需求进行定制化生产或服务的产品更容易受到网络消费者的青睐。

再次，具有虚拟属性或数字化信息的产品也适合在网络上销售，例如，在线课程、数字内容、虚拟商品等。这些产品可以通过网络直接传输和交付，无须实体物流，符合网络消费者对即时获取和无形产品的需求。

最后，具有良好的品牌声誉和信誉度的产品更容易在网络上销售。网络消费者更注重产品的品质和信任度，因此具有良好口碑和品牌认知度的产品更容易吸引网络消费者的购买。

2. 网络产品的价格

虽然从消费者的角度看，购买商品时价格并非唯一的决定因素，但它却是不容忽视的考量之一。消费者在作出购买决策时，通常会综合考虑产品的质量、品牌声誉、实用性、个人偏好以及价格等多个方面因素。尽管其他因素可能会在一定程度上影响购买行为，但价格往往是直接触及消费者购买意愿和行为的关键因素之一。

因此，企业在制定价格策略时，必须充分理解市场需求和消费者心理，确保所定价格既能体现产品的价值和品质，又能够与竞争对手相匹敌，从而吸引消费者并促进销售。

3. 网络购物的便捷性

网络购物的便捷性是当今消费者日常生活中的一大亮点。随着互联网技术的飞速发展和电子商务平台的兴起，消费者越来越倾向于通过在线商店购买所需商品，而不再局限于传统的实体店购物方式。这种转变带来了许多便利，使得购物不再受限于时间和地点，为人们的生活带来了极大的便捷性和灵活性。

（1）网络购物为消费者提供了 24×7 不间断的购物通道

无论是白天还是夜晚，无论是工作日还是节假日，消费者都可以随时打开电脑或手机，访问在线商店，浏览商品并下单购买。这种全天候的购物体验使消费者不再受到时间的束缚，能够根据自己的时间安排和需求自由选择购物时间，从而更加便利地满足自己的消费需求。

(2) 网络购物为消费者提供了无限的选择

通过互联网，消费者可以轻松访问全球各地的商家和品牌，从数以百万计的商品中挑选出自己心仪的产品。无论是日常用品、服装配饰、电子产品还是奢侈品，消费者都可以在网络购物平台上找到丰富多样的选择，满足不同消费者的个性化需求。

(3) 网络购物还为消费者提供了便捷的比较和评价渠道

消费者可以通过在线商店的搜索功能，快速比较不同商品的价格、品牌、型号和性能等信息，从而作出更加理性和明智的购买决策。消费者还可以查阅其他用户的商品评价和购买体验，了解真实的产品质量和服务水平，帮助他们作出更加准确的选择。

(4) 网络购物省去了消费者往返实体店的时间和精力成本

传统的实体店购物需要消费者花费时间和精力去往购物地点，并在店内逛街选购商品。而通过网络购物，消费者可以在家舒适地坐着，通过几次点击就能完成购买，无须耗费额外的时间和精力，节省了购物成本，提高了购物效率。

(5) 网络购物为消费者提供了安全、快捷的支付方式

大多数在线商店提供多种支付方式，包括信用卡支付、支付宝、微信支付等电子支付方式，消费者可以根据自己的喜好和习惯选择适合自己的支付方式进行结算。网络购物平台通常采取严格的安全措施，保障消费者的个人信息和交易安全，让消费者更加放心地进行购物。

4. 网络购物的安全可靠性

网络购物作为一种新兴的购物方式，为消费者提供了前所未有的便利性，但同时也带来了安全性和可靠性方面的挑战。与传统的现场购买相比，网络购物涉及的支付和配送过程存在时空分离，消

费者无法直接接触商品,这种分离感可能导致消费者感到缺乏控制,产生离心感。

为了缓解消费者的这种不安,提升网络购物的体验,必须在网购的各个环节采取严格的安全措施和控制措施。这包括但不限于保护消费者在购物过程中的信息传输安全,确保个人隐私不被泄露,以及建立消费者对网站的信任。例如,网上超市可以通过在购物过程中发送多封电子邮件,及时更新消费者关于订单状态的信息,从而让消费者感到更加主动和可控,增强他们对网购的信心。

由于网络购物通常涉及在线支付,因此确保支付过程的安全性是很重要的。目前,有多种技术手段,如加密技术和认证技术,可用于保障交易的安全进行。这些技术可以有效防止交易信息在传输过程中被截获或篡改,从而保护消费者的财务安全。

(三) 网络消费者的购买过程

网络消费者的购买过程,也就是网络消费者购买行为形成和实现的过程。与传统的消费者购买行为相类似,网络消费者的购买行为早在实际购买之前就已经开始了,并且延长到实际购买后的一段时间,有时甚至是一个较长的时期。从酝酿购买开始到购买后的一段时间,网络消费者的购买过程可以粗略地分为五个阶段:诱发需求、收集信息、比较选择、购买决策和购后评价。

1. 诱发需求

网络购买过程的起点通常是由一种诱发需求的刺激引发的。消费者的需求是在内外因素的共同作用下逐渐形成的。当消费者受到外界因素的刺激,如广告、促销活动或社交媒体上的推荐,引起对某种商品或服务的兴趣时,才可能产生购买欲望。这种刺激可以是来自消费者自身的需求或外部环境的影响,如朋友推荐、网上浏览、社交平台上的广告等。

消费者的需求可以是由各种因素引起的,包括实际需求、情感需求、社会需求和文化需求等。例如,某位消费者可能因为自己的手机老旧了而产生购买新手机的实际需求;另一位消费者可能因为看到了朋友圈里的一则推荐而产生购买某款化妆品的情感需求;有些消费者则可能因为社交媒体上某个明星代言了某个品牌的产品而产生了购买欲望。

消费者产生购买欲望后,接下来的行为就是根据这种欲望进行信息搜索和评估。他们可能会通过网络搜索、阅读产品评论、比较不同品牌的产品和价格等方式来获取相关信息,以便作出最终的购买决策。因此,诱发需求是网络购买过程中重要的一环,它直接影响着消费者的购买行为和决策结果。

2. 收集信息

在网络购买过程中,收集信息和了解行情是消费者必不可少的环节之一。一旦消费者产生了购买欲望,他们通常会积极地开始搜索相关信息,以便作出明智的购买决策。消费者可能会利用互联网上丰富的资源,包括搜索引擎、电子商务平台、商品评论网站等,收集产品信息。他们可能会搜索产品的特性、功能、品牌、价格等方面的信息,以便对产品有一个全面的了解。

在收集信息和了解行情的过程中,消费者可能会参考各种渠道和来源,包括网上评论、社交媒体、商品比价网站等。他们还可能会和朋友、家人或同事交流,获取他们的意见和建议。这些信息的收集和整合有助于消费者全面了解市场上的选择,从而作出更加明智和符合个人需求的购买决策。

在购买过程中,收集信息的渠道主要有两个:内部渠道和外部渠道。

内部渠道主要指的是消费者自身已有的资源和经验。这包括消费者的个人知识、经验、偏好以及以往的购买经历。通过回顾自己以往的购物经验和使用产品的体验，消费者可以更好地评估当前需要购买的产品是否符合自己的需求和期望。他们可能会考虑到自己的偏好、习惯、生活方式等因素，以及之前购买过的类似产品的表现和体验。

外部渠道则是指消费者从外部获取信息的途径。这包括使用互联网搜索引擎、浏览电子商务网站、阅读产品评论和评价、参与在线讨论、咨询朋友和家人的意见等。通过这些外部渠道，消费者可以获取到更广泛和多样化的信息，了解产品的特性、品质、价格、服务和售后政策等方面的情况。消费者还可以通过比较不同渠道提供的信息，作出更为全面和准确的购买决策。

内部渠道和外部渠道的结合使用可以帮助消费者更好地理解自己的需求，并获取到满足这些需求的最佳产品。通过有效地利用这两种渠道，消费者可以在购买过程中更加自信和理性地作出决策，从而实现对商品的准确选择和最终满意度的提高。

3. 比较选择

消费者需求的满足是有条件的，这个条件就是实际支付能力。没有实际支付能力的购买欲望只是一种空中楼阁，不可能导致实际的购买。为了使消费需求与自己的购买能力相匹配，比较选择是购买过程必不可少的环节。消费者会对来自各种渠道的信息进行比较、分析和研究，以了解不同商品的特点和性能，从而选择出最满意的产品。在进行比较选择时，消费者通常会考虑到产品的功能、可靠性、性能、外观样式、价格以及售后服务等因素。

第一，消费者会评估产品的功能和性能是否能够满足自己的需求。他们会比较不同产品的功能特点，以确定哪种产品更适合自己的使用场景和目的。

第二,可靠性是消费者考虑的重要因素之一。他们希望购买的产品具有稳定的性能和良好的品质,能够长期使用而不出现故障或损坏。

第三,外观样式也是消费者选择产品时重要的考虑因素之一。消费者会根据个人偏好和审美观念,比较不同产品的外观设计,选择自己喜欢的款式和造型。

第四,价格是消费者在购买过程中经常关注的关键因素之一。他们会比较不同产品的价格,并权衡价格与产品性能之间的关系,以确保自己获得物有所值的产品。

第五,消费者还会考虑产品的售后服务和品牌声誉。他们希望购买的产品能够享受到良好的售后服务支持,如售后保修、维修和退换货服务,同时也会考虑到产品所属品牌的口碑和信誉。

4. 购买决策

在网络购买过程中,一旦消费者完成了对商品的比较选择,便进入了购买决策的阶段。网络购买决策是指在购买动机的支配下,消费者从多个商品中选择一件满意商品的过程。这个阶段是网络消费者购买活动中最为关键和主要的部分,它直接反映了消费者的购买行为和意愿。

网络购买决策的过程通常包括几个方面:一是消费者会对自己的购买动机进行深入的思考和分析。他们会思考购买商品的原因和动机是什么,是否真正需要该商品,以及购买后能够带来的实际效益和满足感。二是消费者会综合考虑各个方面的因素,包括商品的质量、价格、品牌声誉、售后服务以及个人偏好等。他们会权衡不同商品之间的优劣势,以确定哪一款产品最符合自己的需求和期望。三是消费者可能会进行进一步的调查和研究,以获取更多的信息和反馈。他们可能会查阅商品的用户评价，咨询朋友或专家的意见，或者通过在线社区和论坛了解其他消费者的购买经验和建议。四是消费者会作出购买决策，并完成购买行为。他们可能会选择在网上下单购买商品，或者选择到线下实体店铺购买。在作出购买决策之前，消费者可能会考虑到交易的安全性、支付方式、配送方式以及退换货政策等方面的问题。

5. 购后评价

消费者在购买商品并使用之后，会基于实际体验对购买决策进行反思和评估，这一过程被称为购后评价。购后评价是消费者决策过程中的关键环节，它不仅影响着消费者自身的复购行为，也可能影响周围人的购买选择，因此对企业来说具有极其重要的意义。

当消费者对购买的产品感到满意时，他们倾向于重复购买，并可能通过口碑传播积极推荐给他人。这种正面的购后体验可以显著提升产品的市场声誉，增加新顾客的流入。相反，如果消费者对产品感到不满，他们不仅可能停止购买，还可能产生负面的口碑效应，影响其他潜在顾客的购买决策。

消费者的满意度通常取决于产品的价格、质量和服务是否达到或超过他们的预期。当这些因素与消费者的预期相匹配时，他们会感到心理上的满足；反之，则可能导致不满和厌烦。购后评价机制为消费者提供了一个表达不满和寻求改进的途径。

为了提升市场竞争力和市场份额，企业需要认真倾听并吸纳消费者的反馈。互联网提供了一个高效的平台，使得收集和分析消费者评价变得更加便捷。电子邮件等低成本、高效率的通信工具，为企业与消费者之间的沟通架起了桥梁。企业可以在销售流程中嵌入反馈环节，比如在订单完成后提供在线意见表，让消费者即时填写对产品、服务及整个购买过程的评价。

二、网络时代的品牌概念

从传统营销理论或实务转变到实时营销的最大含义就是品牌概念彻底改变。从前,品牌纯粹是为了区别产品。品牌掌握着消费者毫不质疑的忠诚度,但这些品牌主要是借大众传播媒体的广告所塑造的。消费者常在潜意识中吸收这些单向传播的信息。

(一) 消费者不愿被动接受

当今的消费者的消费理念比以往任何时候都更加丰富,更加地"喜新厌旧"。英国的研究人员指出,以向日葵制成的人造奶油,最贵和最便宜的品牌成本结构之间差异巨大。价位最高、有品牌的产品,其制造成本加上利润,比不打品牌广告、自定商标、价位最低的品牌高出六倍。消费者越来越精明,更期待零售商能供应品质优良的产品,而不在意产品的品牌。杂货店商品的制造商,可能不得不降低其内部成本。

这种对品牌的批判是老调重弹。不同的是,如今在服务顾客方面最优秀的公司,终于将大幅降低对品牌营销的依赖改为以探索并回馈顾客真正的需求,以赢得消费者为主要目的。这些需求之中,希望品牌数目少一些的愿望,尤其重要。

但是,竞争也随之加剧,并使营销承受巨大压力。公司诉诸营销使工厂维持全力生产,方法是开发新市场,创造需求,然后销售产品。这种压力实际多半落在广告上。广告公司这一品牌形象的制造者逐渐被视为最终的需求创造者。

许多人疯狂地设法进入互联网,因为他们希望会有一种神奇的机器能安抚他们的高技术焦虑,告诉他们必须知道的一切,以了解这个既庞大又令人困惑的世界。但是，这些人在互联网上发现的却是对技术更深的依赖：复杂的计算机协议、网络事物，以及时时变换的界面，这些都比他们的录像机更难控制。

（二）品牌就是服务

互动式工具的发展将成为企业下一步重大的投资方向。这些工具赋予消费者更多的选择权，同时塑造了与供应商之间更为紧密的品牌关系。

随着技术的不断进步和消费者行为的变化，传统的营销方式已经不再能满足企业与消费者之间的需求和期望。互动式工具，例如，社交媒体、移动应用和虚拟现实等，提供了更加个性化和互动性强的营销渠道，使消费者能够更加直接地参与到品牌的建设和传播过程中来。

通过互动式工具，消费者可以更加方便地获取产品信息、分享购买体验、提出建议和意见，甚至参与产品的设计和开发过程。这种直接参与的方式不仅能够增强消费者的参与感和忠诚度，还可以帮助企业更好地理解消费者的需求和偏好，从而更加精准地进行产品定位和营销策略的制定。

互动式工具可以帮助企业与消费者建立更为密切的品牌关系。通过与消费者的实时互动和反馈，企业可以更加及时地回应消费者的需求和反馈，提供更好的售后服务和用户体验，从而增强消费者对品牌的信任和认同，建立起稳固的品牌忠诚度。

三、网络营销就是服务

当今转向实时经营模式已经在企业内部引起了巨大的混乱，而这种转变与外部世界的呼应更加明显。

在企业内部，那些与时间竞赛的经理逐渐认识到，不按照传统的规则来经营将变得更加常态化。企业外部的环境也促使他们意识到，在观点、定位和实际操作方面，都将发生不协调和大规模的转变。只有理解并适应这些不连贯的变化，企业经理才能够引领公司在网络时代中稳步前进。

在科技进步和竞争加剧的推动下，企业不断压缩产品设计、制造和分销的时间。技术的发展加速了创新、提高了生产率并降低了成本，这种趋势在市场上得到了广泛的认可。技术不仅帮助成功者在市场上取得先机，还推动着时间的压缩工具的不断涌现，从联邦快递服务到自动取款机，再到掌上商品扫描器和网上分销中心，无所不包。

在技术不断发展的压力下，企业往往无法详细规划未来，也无法像以往那样轻松地运用民意调查和团体访谈等决策辅助工具。技术和市场的力量变化速度极快，但变化的信号往往微弱难以察觉，导致企业经理通常无法意识到这些变化或者它们即将带来的影响。如今，各地都有拒绝改变的公司很快从自己犯下的错误中吸取教训。随着我们从电气时代过渡到信息时代，技术进步正在为内容丰富的多媒体对话打开大门。带宽的扩充和传播媒体能力的提升要求各种不同的软件技术都必须不断改进，以适应转型至实时时代的传输科技的要求。

网络营销不仅是推销产品或服务，更是一种服务。它是为了满足消费者的需求和期望而设计的，旨在建立积极的品牌形象、促进销售和增强客户满意度。在这个数字化和信息化的时代，网络营销已经成为企业获取市场份额、提升品牌知名度和与消费者建立联系的关键手段。

第一,网络营销提供了更广泛的服务范围。通过互联网,企业可以将产品或服务推广到全球范围内的潜在客户群体,无论其身处何地。这种全球化的覆盖面使得企业可以实现无缝的市场扩展和品牌推广,为消费者提供更多元化的选择。

第二,网络营销提供了更加个性化的服务体验。通过分析大数据和消费者行为,企业可以更好地了解客户的喜好、偏好和需求,从而针对性地提供定制化的产品和服务。这种个性化服务不仅能够增强客户的满意度,还能够提升品牌忠诚度和口碑传播。

第三,网络营销还提供了更加便捷的服务方式。消费者可以通过网络随时随地获取所需的产品或服务信息,轻松地进行比较和选择,实现快速的购买决策和交易完成。这种便捷性大大提高了消费者的购物体验,增强了他们对企业的好感度和信任度。

第四,网络营销提供了更加及时的服务响应。通过网络平台,消费者可以与企业进行实时的沟通和互动,及时获取产品信息、解决问题和提出建议。这种即时性的服务响应能够有效地提升消费者的满意度和忠诚度,促进长期的合作关系。

因此,网络营销不仅仅是一种销售手段,更是一种为消费者提供服务的方式。它通过提供更广泛、个性化、便捷和及时的服务体验,实现了企业与消费者之间的有效连接,为企业赢得市场竞争优势,提升品牌的影响力和竞争力。

四、网络时代的服务

(一)客户服务新概念

新一代的营销经理认为,企业经营的核心在于提高消费者价值。

这种概念的提出对企业的客户服务提出了更高的要求,它要求企业不仅要对客户提出的种种合理要求百依百顺,更重要的是还要经常与客户保持密切联系,提供优质服务,分析用户的反馈信息,提高产品或商品的质量,改善公司的经营。而当互联网一旦与企业经营相结合,这些客户服务新概念便得到更便利、更完整的实施与体现。在互联网上开展的客户服务,可划分为售前服务、售中服务与售后服务三大类。互联网上的信息源,使得任何公司,无论规模大小,无论经营内容为何,都有可能建立以上这些面向客户的服务体系,获得客户的信赖。

1. 售前服务

售前服务是指在客户作出购买决定之前,为其提供的支持和服务。其主要内容包括通过互联网将产品或商品的相关信息发送给网上用户的各种服务。这些信息通常包括产品的特点、功能、规格、价格、使用方法、售后服务等方面的详细介绍。

①售前服务通过在线平台提供产品信息的展示和说明。企业可以在自己的官方网站或电子商务平台上发布产品的图片、视频、文字描述等,以直观地展示产品的外观和特点,帮助消费者更好地了解产品。

②售前服务包括提供在线咨询和客户支持。消费者可以通过网站上的在线客服系统、电话、电子邮件等渠道向企业提出问题和疑虑,及时获取产品的相关信息和解决购买过程中遇到的问题。

③售前服务可以通过在线社交媒体平台进行产品推广和宣传。企业可以利用社交媒体平台,如微博、微信、Facebook等,发布产品的相关信息和优惠活动,吸引用户关注并进行购买。

2. 售中服务

售中服务是指在客户进行购买过程中,为其提供支持和服务的阶段。其主要内容包括向客户提供咨询、导购以及在选购与订购过程中需要的各种便民服务。

售中服务通过提供咨询和导购，帮助客户更好地理解产品或服务的特点、功能和适用场景。企业可以通过在线聊天、电话咨询等方式，及时回答客户的疑问，提供专业的购买建议，引导客户作出满意的购买决策。

售中服务包括为客户提供各种便民服务。这包括提供产品的试用机会，如音像制品的试听、试看以及软件的试用。通过在互联网上提供直接试用产品的机会，客户可以在购买之前更好地了解产品的性能和功能，增加购买的信心。

售中服务可以提供快速、便捷的订购流程和支付方式。企业可以通过在线购物车、一键下单等功能，简化客户的购买流程，提高购买的便利性和效率。

3. 售后服务

售后服务涉及帮助客户解决产品使用过程中的问题、排除技术故障、提供必要的技术支持，以及收集客户对产品与服务的反馈信息，进而思考产品的改进或升级。对于以高技术产品为核心的公司而言，优质的售后服务直接影响企业的盈利能力和市场竞争力。

计算机公司作为技术密集型行业，是最早利用互联网进行售后服务并从中获益的典型。通过互联网，这些公司不仅能够为用户提供快速、高质量的技术支持服务，而且还能通过全面分析用户的反馈来不断提升产品的性能和服务质量。

为了更深入地了解客户需求和市场动态，一些公司的技术人员会主动参与到相关的在线讨论组和社区中，挖掘潜在的客户需求和反馈信息。这种做法有助于企业更直接地与客户沟通，更快地响应市场变化。

互联网技术支持的售后服务具有快速响应、高质量解答和低成本运营的特点。通过在线发布回答和解决方案，可以大幅降低服务人员的工作负担，因为一旦问题和答案被发布在网上，其他遇到类似问题的客户便可以直接查阅，无须服务人员重复解答。

（二）网络时代的信息服务

互联网的发展与成长的轨迹几乎与专业电子信息服务同步，但因互联网一直维持着非营利性能，任由网络与网络自由衔接，并无特定组织主导其发展方向或订立专属的规则与制度，因此，多年来互联网始终是默默地服务于研究机构及学术界，与商业化的电子信息服务一直保持着平行的轨迹前进。

在当今社会中，网络时代的信息服务改变了人们获取信息的方式，也为企业、组织和个人提供了更广泛、更便捷的信息交流平台。以下是网络时代信息服务的重要作用。

1. 全面性和便捷性

网络时代的信息服务极大地拓展了信息的覆盖范围，用户可以随时随地通过互联网获取各种类型的信息，包括新闻、娱乐、教育、科技等。这种全面性和便捷性使得用户可以更快速地了解和掌握所需信息。

2. 多样化和个性化

互联网为用户提供了丰富多样的信息资源，涵盖了各种不同领域和内容。而且，通过搜索引擎、社交媒体等工具，用户可以根据自己的兴趣爱好和需求获取个性化定制的信息服务，满足不同用户的不同需求。

3. 即时性和实时性

网络时代的信息服务具有即时更新和实时传递的特点，用户可以及时获取最新的信息和资讯，了解当下发生的事件和新闻。这种即时性和实时性使得信息服务更具有时效性和权威性，有助于用户及时作出决策和行动。

4. 互动性和参与性

网络时代的信息服务不再是单向传播，而是具有互动性和参与性的特点。用户可以通过各种互动平台参与讨论、发表观点、分享经验，与他人进行交流和互动，形成信息共享和知识传播的社区。

5. 开放性和共享性

互联网为信息的开放共享提供了便利的平台，任何人都可以通过网络发布和共享信息，促进了信息的自由流通和传播。这种开放性和共享性有助于扩大信息的传播范围，促进了知识的共享和交流。

6. 跨越时空的传播

网络时代的信息服务突破了时空的限制，使得信息可以跨越地域和时区传播，实现了全球范围内的信息互通。用户可以通过互联网与全球各地的人们进行交流和合作，促进了跨文化交流和理解。

第三节　网络营销策略

一、网络营销产品策略

网络营销的目标是为顾客提供满意的产品和服务，同时实现企业的利润。产品作为连接企业利益与消费者利益的桥梁，包括有形物体、服务、人员、地点、组织和构思。在网络营销中，产品是指能提供给市场以引起人们注意并获取、使用或消费，从而满足某种欲望或需要的一切东西。由于网络营销是在网上虚拟市场开展营销活动，在面对与传统市场有差异的网上虚拟市场时，必须注意网上消费者一些特有的需求特征，因此网络营销产品与传统营销产品有一定的差异性，主要是网络营销产品的层次比以前传统营销产品的层次大大拓展了。

在传统营销中，企业设计开发产品是以企业为起点出发的，虽然也要经过市场调查和分析来设计与开发，但在产品设计和开发过程中，消费者与企业基本上是分离的，顾客只是被动地接受和反应，无法直接参与产品概念形成、设计和开发环节。在网络整合营销理论中，强调营销的产品策略要转为以顾客为中心，顾客提出需求、企业辅助顾客来设计和开发产品满足顾客个性化的需求，因此有的人将这种策略称为生产—消费的连接。

在网络营销中，产品的整体概念可分为以下五个层次。

（一）核心利益层次

在网络营销中，产品的核心利益层次指的是产品所能带给消费者的最基本、最本质的利益和价值。这一层次的定位是产品的核心目标和基本功能，是消费者购买产品的最主要原因之一。核心利益通常与产品的功能、特性和解决问题的能力密切相关。例如，一款智能手机的核心利益可能是提供通信、娱乐和工作功能，以满足用户的基本沟通和信息获取需求。

网络营销中，关注核心利益层次意味着要将产品的主要功能和优势准确传达给目标受众。通过清晰地表达产品的核心价值，可以吸引潜在客户的注意力并建立起与其需求的连接。因此，在产品推广和营销活动中，强调产品的核心利益是重要的。

（二）有形产品层次

有形产品层次是指产品的外在形态和实际特征，是消费者在实际使用或购买产品时能够感知到的方面。这包括产品的外观、质量、包装、品牌等方面。有形产品层次在网络营销中是重要的层次，因为消费者通常会通过产品的外观和包装来评估其质量和价值。

在网络营销中，有形产品层次的呈现需要通过优质的产品展示、图片、视频等方式进行。通过精美的产品图片和详细的产品描述，可以增强消费者对产品的好奇心和购买欲望，从而提高产品的销售量和市场占有率。

（三）期望产品层次

期望产品层次指的是消费者对产品的期望和期待，包括对产品性能、服务质量、售后支持等方面的期望。这一层次反映了消费者对产品的期望值和心理预期，是消费者在购买决策中的重要考虑因素之一。

在网络营销中，通过提供高品质的产品和服务，及时解决客户的问题和投诉，可以增强消费者对产品的信任和忠诚度。因此，在产品设计和营销策略中，要充分考虑消费者的期望，努力超越其期待值，以赢得消费者的信赖和支持。

（四）延伸产品层次

延伸产品层次指的是通过产品的附加价值和增值服务来满足消费者的更高级需求。这包括产品的附加功能、增值服务、定制化选项等方面。延伸产品层次的存在可以帮助企业在竞争激烈的市场中脱颖而出，提升产品的竞争力和市场地位。

在网络营销中，延伸产品层次的呈现可以通过增值服务、定制化选项和特别优惠等方式进行。例如，为产品提供免费的配送服务、延长的保修期限、定制化的产品选项等，可以吸引更多的消费者并提升产品的附加价值。

（五）潜在产品层次

产品层次反映了产品为消费者带来的心理满足和个人价值认同。在网络营销中，潜在产品层次的呈现通常通过品牌营销和情感营销来实现。

品牌形象是潜在产品层次中的重要组成部分，消费者常常通过品牌来表达自己的个性和价值观。因此，建立积极的品牌形象是企业在网络营销中的关键之一。通过品牌故事、品牌文化和品牌定位等方式，可以塑造出与消费者价值观相契合的品牌形象，吸引他们的关注和认同。

情感认同是潜在产品层次中的另一个重要因素，消费者购买产品时往往会受到个人情感和情绪的影响。在网络营销中，通过情感营销和情感化的产品推广，可以激发消费者的情感共鸣，增强其与产品的情感联系，从而提升产品的吸引力和竞争力。

社会地位是潜在产品层次中的另一个关键因素，消费者购买产品往往会受到社会地位和身份认同的影响。在网络营销中，通过与高端品牌合作、明星代言和社交媒体营销等方式，可以提升产品的社会地位和品牌价值，吸引更多的高端消费者和意见领袖，从而拓展产品的市场份额和影响力。

二、网络营销价格策略

(一) 网络时代的消费者地位提升

在网络营销的背景下，产品定价同样受到市场供需关系的决定性影响。市场经济中的价格机制通过供需双方的相互作用来调节资源的分配。然而，如何实现资源配置的高效率，以及如何在改善一部分人的处境的同时不损害他人的利益，是经济学中的一个重要议题。

意大利经济学家帕累托提出的"帕累托最优状态"概念，为资源配置和产品分配的优化提供了理论基础。[①] 实现帕累托最优状态需要满足三个关键条件：生产的最优条件、交换的最优条件，以及生产与交换的最优条件。

生产的最优条件指的是在生产要素给定的情况下，实现产出最大化的条件。互联网和外联网的广泛应用，尤其是管理革命和产业联盟体系的形成，极大地提高了生产效率，降低了成本，帮助生产者更快地接近这一最优状态。

交换的最优条件则是指在不考虑供应弹性的前提下，通过交换使双方获得最大满足和最高效率的条件。互联网和外联网的引入，加速了生产工具和原材料市场的资源分配，同时促进了产品需求的多样化和市场容量的扩大，为实现交换的最优条件提供了便利。

生产与交换的最优条件则涉及社会生产结构与需求结构的一致

---

① 帕累托最优（Pareto Optimality），也称为帕累托效率（Pareto efficiency），是指资源分配的一种理想状态，假定固有的一群人和可分配的资源，从一种分配状态到另一种状态的变化中，在没有使任何人境况变坏的前提下，使得至少一个人变得更好，这就是帕累托改进或帕累托最优化。

性，确保生产的产品能够满足社会需求，避免滞销和积压。在工业经济时代，消费者由于信息不对称和市场的空间时间限制，往往处于被动地位。但互联网的出现改变了这一局面，降低了信息收集成本，使得市场资源配置更加高效，需求方在市场中的主导地位日益凸显。

在网络时代，价格作为资源配置的重要杠杆，其主动权越来越多地转移到需求方手中。供应方只有生产出能够满足需求方价值预期的产品，才能赢得市场和发展空间。而需求方则可以利用日益充分的市场信息，选择最符合自己价值标准的产品和服务。

（二）网络营销产品定价目标

企业的定价目标一般包括：生存定价、获取当前最高利润定价、获取当前最高收入定价、销售额增长最大量定价、最大市场占有率定价和最优异产品质量定价。企业的定价目标一般与企业的战略目标、市场定位和产品特性相关。一般企业在制定价格时，主要是依据产品的生产成本，这是从企业局部来考虑的。企业价格的制定更应该从市场整体来考虑，它取决于需求方的需求强弱程度和价值接受程度以及来自替代性产品的竞争压力程度。需求方接受价格的依据则是商品的使用价值和商品的稀缺程度以及可替代品的机会成本。

在网络营销中，产品定价直接影响着企业的盈利能力、市场地位以及消费者的购买决策。产品定价目标是企业在制定定价策略时所追求的目标和理念，其涵盖了多个方面，包括盈利最大化、市场份额增加、产品形象提升以及竞争优势巩固等。在网络营销中，产品定价目标的确立对于企业的发展具有重要的指导意义。下面对常见的几种产品定价目标进行分析和探讨。

1. 盈利最大化是企业最常见的产品定价目标

盈利最大化是企业在制定产品定价策略时最为常见的目标之一，因为企业的长期发展和可持续经营都离不开稳定的盈利。这一目标的核心理念在于通过确定最适当的价格来实现企业的利润最大化。

在网络营销中，企业需要进行市场调研和竞争分析，以了解市场的需求和竞争格局。这包括对目标市场的消费者行为、竞争对手的定价策略以及行业的整体市场趋势进行深入研究和分析。通过这些信息，企业可以更准确地确定产品的市场定价，以确保在不同市场环境下实现盈利最大化的目标。

除了确定适当的价格之外，企业可以通过采取不同的定价策略和促销活动来提高产品的销售量和市场份额，从而进一步实现盈利最大化的目标。例如，企业可以采取差异化定价策略，根据产品的不同特点和目标市场的需求来确定不同的价格水平；或者通过打折促销、满减活动等方式来吸引消费者，提高产品的销售量和市场份额。

2. 市场份额增加是企业的产品定价目标

市场份额增加是企业在制定产品定价目标时另一个重要的考量因素。市场份额增加的核心思想在于通过吸引更多的消费者购买产品，从而扩大产品的销售量和市场份额。

在网络营销中，企业可以通过采取低价策略、打折促销和捆绑销售等方式来降低产品价格，从而吸引更多的消费者。低价策略可以通过设置相对较低的价格来吸引价格敏感型消费者，促使他们选择购买自己的产品而不是竞争对手的产品。打折促销则可以通过临时性的价格优惠来刺激消费者的购买欲望，提高产品的销售量。

除了降低产品价格之外，企业还可以通过提供更优质的产品和服务来提升产品的竞争力，从而进一步增加市场份额。优质的产品和服务可以帮助企业赢得消费者的信任和忠诚度，提高产品的口碑和品牌知名度，从而吸引更多的消费者选择购买自己的产品。

总的来说，通过降低产品价格、提高产品竞争力等方式，企业可以吸引更多的消费者，扩大产品的销售量和市场份额，实现市场份额增加的目标。

3. 产品形象提升是企业在网络营销中的产品定价目标

在网络营销中，企业可以采取多种策略来实现产品形象的提升。

第一，可以采取高价策略，即将产品价格定位在相对较高的水平。高价定位通常会被认为是品质和价值的象征，有助于树立产品的高端形象。通过高价策略，企业可以向消费者传递产品优质、高端的印象，从而提升产品的品牌形象和市场地位。

第二，企业可以采取高端定位的策略，将产品定位在高端市场，并通过产品设计、包装、营销等方面的精细打磨，塑造产品的奢华、独特价值和品质感。高端定位有助于吸引高端消费群体，提升产品的品牌认知度和声誉，进而提高销售额和市场份额。

第三，精准营销也是提升产品形象的有效策略之一。通过分析目标客户群体的特征、需求和偏好，精准地定位产品定价和营销策略，以确保产品能够满足目标客户群体的需求，并赋予产品更多的个性化和定制化特色。精准营销有助于提高产品的市场适应性和竞争力，加强与目标客户的情感连接，从而提升产品的形象和市场地位。

4. 竞争优势巩固是企业在网络营销中的产品定价目标

在网络营销中，企业可以通过不断创新和提升产品的品质、服务和用户体验来巩固产品的竞争优势。通过引入新的技术、功能或特性，企业可以使产品更具吸引力和竞争力，从而增强消费者对产品的认可和购买意愿。同时，不断提升产品的品质和服务水平，可以提高消费者的满意度和忠诚度，从而巩固企业在市场上的地位。

除此之外，企业可以通过采取差异化定价、定制化服务和个性化营销等方式来提高产品的附加值和市场竞争力。差异化定价是指根据产品的独特特点和市场需求，灵活调整产品的价格，使其与竞争对手的产品有所区别，从而吸引更多的消费者选择自己的产品。定制化服务和个性化营销则是通过了解和满足不同消费者的个性化需求和偏好，为他们提供定制化的产品和服务，从而提高产品的市场吸引力和竞争优势。

综上所述，企业可以在网络营销中实现竞争优势的巩固，保持产品的持续盈利和市场地位，实现长期的商业成功。

三、网络营销渠道策略

与传统营销渠道相比，以互联网为支撑的网络营销渠道具有更广泛的覆盖面和更高效的传播速度。它可以通过企业网站、社交媒体、电子邮件营销、搜索引擎优化等方式，直接与消费者进行互动和沟通，实现信息的快速传递和产品的广泛推广。网络营销渠道就是借助网络将产品从生产者转移到消费者的中间环节。它一方面要为消费者提供产品信息，让消费者进行选择；另一方面在消费者选择产品后要能完成一手交钱一手交货的交易手续。当然交钱和交货不一定要同时进行。因此，一个完善的网络销售渠道应有三大功能：订货功能、结算功能和配送功能。

（一）订货功能

订货系统为消费者提供了便捷的购买渠道，同时也为企业提供了有效管理订单和库存的手段。一个完善的订货系统应该具备以下几个方面的功能。

1. 产品展示和信息呈现

订货系统首先需要能够清晰、直观地展示企业的产品信息,包括产品图片、描述、规格、价格等。通过清晰的展示,消费者可以准确了解产品特点,作出购买决策。

2. 购物车功能

购物车是订货系统中的重要组成部分,它允许消费者将感兴趣的产品加入购物车,方便随时查看已选商品,并进行数量、规格等方面的调整。

3. 订单管理

订货系统应该具备完善的订单管理功能,包括订单生成、编辑、取消、查询等。企业可以通过订单管理系统实时跟踪订单状态,及时处理订单。

4. 库存管理

为了避免断货或库存积压等问题,订货系统需要与库存管理系统相结合,及时更新库存信息,并在产品售罄或库存不足时及时通知消费者。

5. 个性化推荐

通过消费者的购买历史、浏览记录等数据,订货系统可以实现个性化推荐功能,向消费者推荐可能感兴趣的产品,提升购买体验和销售额。

6. 多种支付方式

为了满足不同消费者的支付习惯,订货系统应该支持多种支付方式,包括信用卡、支付宝、微信支付、银行转账等。

7. 安全性保障

在进行交易过程中,订货系统需要提供安全的支付环境和数据加密技术,保障消费者的个人信息和资金安全。

（二）结算功能

结算系统是网络销售渠道中的核心环节，它直接关系到订单支付和资金流转的安全和顺畅。一个完善的结算系统应该具备以下功能。

1. 多种支付方式支持

结算系统应该支持多种支付方式，包括在线支付、货到付款、银行转账等，以满足不同消费者的支付需求。

2. 安全支付环境

为了保障消费者的支付安全，结算系统需要采用安全的支付技术和数据加密手段，确保支付过程中的信息安全。

3. 订单支付管理

结算系统需要管理订单的支付状态，及时更新订单支付情况，并为消费者提供支付确认和支付成功的通知。

4. 资金结算和清算

结算系统负责处理订单支付的资金结算和清算工作，确保资金的及时到账和安全流转。

5. 发票管理

对于需要提供发票的订单，结算系统应该支持发票的生成、管理和寄送，为消费者提供完善的发票服务。

6. 退款处理

在订单取消、退货等情况下，结算系统需要及时处理退款事务，确保消费者的权益得到保障。

7. 支付对账和报表

结算系统需要生成支付对账单和报表，帮助企业对支付流水进行监控和管理，确保账务的准确性和完整性。

(三) 配送功能

配送系统要确保订单能够及时出库并准备好发货。这一过程需要高效的订单处理流程和合理的仓储管理，以确保订单能够在最短的时间内完成处理并准备发货。

1. 物流合作伙伴管理

配送系统需要与物流合作伙伴建立稳定的合作关系，确保能够覆盖到目标销售区域，并提供高效可靠的物流服务。企业需要对物流合作伙伴进行评估和选择，确保其具备良好的配送能力和服务水平。

2. 运输方式选择

配送系统需要根据订单的特点和目的地选择合适的运输方式，包括快递、物流、自有车队等，以确保订单能够按时送达，并最大程度地降低配送成本。

3. 配送路线规划

配送系统需要对订单进行合理的路线规划和调度安排，以最优化配送路线，提高配送效率和降低配送成本。通过合理的路线规划，可以减少配送时间和里程，提高配送效率。

4. 实时跟踪和通知

配送系统需要实时跟踪订单的配送状态，并及时向消费者发送配送通知和到货提醒，以提供良好的配送体验。消费者可以通过订单追踪功能随时了解订单的配送进度和预计送达时间，提高配送的可控性和透明度。

5. 异常处理和客服支持

配送系统需要建立完善的异常处理机制，及时处理配送过程中出现的问题和异常情况，保障订单能够顺利送达。同时，配送系统需要提供及时的客服支持，解决消费者在配送过程中遇到的问题和疑虑，提高配送的满意度和客户体验。

6. 配送性能分析和优化

配送系统需要对配送过程进行性能分析和优化，及时发现和解决配送过程中的瓶颈和问题，提高配送的效率和质量。通过持续的性能分析和优化，可以不断提升配送系统的运行水平和服务水平，满足消费者日益增长的配送需求和期望。

四、网络营销广告策略

（一）网络广告概述

网络广告是指在互联网上发布和传播的广告形式，利用互联网的特性和技术手段，向目标受众展示产品、服务或品牌信息，以实现营销和推广的目的。与传统广告相比，网络广告具有双向交流、定位精准、互动性强、实时监测等特点，能够更有效地吸引受众注意、提高广告效果，并实现营销成果的实时监测和优化。网络广告形式多样，包括搜索引擎广告、社交媒体广告、视频广告、展示广告等，为企业和品牌在互联网上开展营销活动提供了广阔的平台和机会。

尽管互联网的开放性使其成为商业宣传的良好媒介，但若以传统方式在网络上进行广告宣传将难以被接受，甚至可能遭到反感。这是因为互联网具有严格的行为规范，提供信息必须遵循其规则，即必须符合网络礼仪。因此，传统广告的思路不能简单地照搬到网络上，网络广告需要重新定位，需要一种全新版本的广告理论和广告技术。

传统广告理论建立在工业时代大规模、大批量、标准化生产的基础上。传统广告媒体如电视、广播、报纸、杂志等只能实现单向交流，广告信息强制性地在一定区域内发布，受众只能被动接受，无法及时准确地获取或反馈信息。相比之下，网络广告由于涵盖更多技术因素，具有许多显著特点。

1. 网络广告具有无比广泛的传播时空

网络广告作为一种新兴的营销方式，具有无比广泛的传播时空，其独特之处在于可以充分利用互联网的特性和技术手段，实现全天候、全方位、全球范围内的广告传播。一是网络广告的传播不受时间和地域的限制。互联网是一个全球性的信息网络，随时随地都可以访问，用户可以在任何时候、任何地点通过各种设备接收和浏览网络广告，不受时间和地域的束缚，使得广告的传播时空得以无限扩展。二是网络广告具有高度的定位精准性，可以根据用户的地理位置、兴趣爱好、行为特征等信息进行精准定向投放，实现针对性营销，提高广告的传播效果和投资回报。三是网络广告具有互动性强的特点，用户可以与广告进行实时互动和反馈，提出问题、留下评论、参与调查等，实现双向交流，增强用户参与感和体验度，提高广告的关注度和记忆度。四是网络广告还具有实时监测和优化的能力，可以通过网络分析工具实时监测广告的展示效果、点击率、转化率等指标，及时调整和优化广告内容、投放策略，提高广告的效果和效益。

2. 网络广告可实现广告主与目标受众的即时互动

网络广告作为一种现代的信息传播手段，其互动性和即时性赋予了它独特的市场推广优势。与传统广告相比，网络广告采用了一种推拉结合的策略，通过将商品信息进行分类整理并发布到网络上，既能够吸引消费者主动搜索查询，也能主动向目标受众推送相关信息。

在这种模式下，消费者不再是被动接受信息的一方，而是变成了信息交流的主导者。他们根据自己的个性化需求，自由地在互联网上搜索、浏览和选择感兴趣的广告内容。当消费者发现符合自己需求的广告信息时，可以便捷地获取更多详情，甚至直接通过网页向公司发出询问邮件或在线下单，这样的过程不仅提高了消费者的购物体验，也使得消费者的需求得到更快速、更直接的满足。

对于广告主而言，网络广告的即时交互特性要求他们必须对消费者的反馈作出快速响应。一旦收到消费者的信息，广告主应立即采取行动，根据顾客的具体要求和建议提供积极的反馈。这种快速响应不仅能够增强顾客的满意度，还能有效提升顾客忠诚度，从而在激烈的市场竞争中留住顾客。

此外，网络广告的"一对一"沟通模式，使得广告传播更加精准和个性化。广告主可以根据消费者的行为和偏好，定制个性化的广告内容，提高广告的目标性和有效性。这种精准营销策略有助于提高消费者的购买意愿，同时也为企业带来了更高的投资回报率。

3. 网络广告传播信息的非强迫性

网络广告作为一种营销方式，其与传统广告的最大不同之处在于传播信息的非强迫性。传统广告往往采用单向的、强制性的传播方式，通过电视、广播、报纸等媒体向受众推送广告信息，受众通常是被动接受的对象，难以选择或控制接收到的广告内容。相比之下，网络广告以其非强迫性的特点，为用户提供了更加自主、选择性的广告体验。

网络广告的展示通常是以用户的主动搜索或浏览行为为前提的。用户在使用搜索引擎、浏览网页或社交媒体时，可能会看到相关的广告内容，但这些广告并不会强行打断用户的浏览或观看过程，而是以一种自然、融入性的方式呈现，用户可以根据自己的兴趣和需求选择是否点击查看更多信息。

网络广告的定向投放和个性化推荐使得广告信息更加贴近用户的需求和偏好。通过收集和分析用户的浏览历史、搜索记录、社交互动等数据，广告平台可以精准地将相关广告展示给对此感兴趣的用户群体，从而提高广告的点击率和转化率。用户在接收到与自己相关性较高的广告时，更有可能产生兴趣和购买意愿，从而实现广告主的营销目标。

网络广告提供了互动和反馈的机制，用户可以通过点击广告、参与调查、留下评论等方式与广告内容进行互动，表达自己的看法和意见。这种双向交流的模式使得广告变得更加有趣和更有参与性，同时也为广告主提供了更多了解用户需求和偏好的机会，有助于优化广告内容和营销策略。

4. 网络广告具有较高的经济性

网络广告具有较高的经济性，这一特点源于其与传统广告形式相比的诸多优势。一是网络广告的成本相对较低。相比于传统的电视广播、平面媒体等广告形式，网络广告的制作成本较低，而且可以根据需求进行灵活调整和优化，从而更好地控制广告投放的成本。二是网络广告的精准定向投放可以提高广告的转化率，降低了广告成本，使得广告主可以更有效地利用有限的广告预算获得更高的回报。三是网络广告通常采用按点击量、展示量或转化量等方式计费，相比于传统广告的固定费用，更具灵活性和成本效益性。

5. 网络广告内容的直观性

网络广告内容的直观性是指其通过生动形象的图像、视频、文字等方式向受众传达信息的能力。相比于传统的文字描述或简单的图片，网络广告往往采用多媒体形式，如视频广告、动画广告等，以更直观、生动的方式展现产品或服务的特点和优势。这种直观性能够吸引受众的注意力，提升广告的影响力和传播效果。例如，视频广告可以通过生动的画面和声音展示产品的使用场景和效果，让受众更直观地了解产品的特点和功能，从而激发购买欲望。

网络广告的直观性体现在其具有交互性和个性化特点。通过交互式广告或个性化广告，广告主可以根据受众的兴趣、偏好和行为习惯，为其呈现更符合需求的广告内容，提高广告的点击率和转化率。这种直观性不仅能够吸引受众的注意力，还能够更好地促进消费者与广告内容的互动和参与，增强品牌形象和产品认知度。因此，网络广告内容的直观性是其在吸引受众、提升品牌影响力和促进销售方面的重要优势。

6. 网络广告效果的可测评性

网络广告效果的可测评性是指通过各种工具和指标对广告活动的影响和效果进行科学、系统的评估和分析的能力。相比传统广告形式，网络广告在这方面具有显著优势。通过网络广告平台提供的数据分析工具，广告主可以实时监测广告活动的各项指标，包括点击量、曝光量、转化率等，从而了解广告的实际效果和受众反馈情况。

这种可测评性使得广告主能够更准确地评估广告投放的效果，及时调整广告策略和内容，以提高广告的效益和回报率。例如，通过分析广告点击率和转化率，广告主可以了解哪些广告内容和形式更受受众欢迎，从而进行针对性优化，提升广告的点击率和转化率。

网络广告的可测评性还可以帮助广告主更好地控制广告投放成本，实现精准投放和有效管理广告预算。通过实时监测和分析广告效果，广告主可以及时调整广告投放策略和预算分配，优化广告投放效果，降低广告投放成本，提高广告投资的回报率。

（二）网络广告过程

广告策划是一项贯穿于广告活动始终的指导性活动，对企业广告宣传的效果具有决定性的作用。它不仅涉及广告活动的整体规划和设计，还需要考虑到目标受众、市场环境、竞争对手等诸多因素，以确保广告活动能够达到预期的宣传效果和商业目标。在广告策划过程中，需要进行市场调研、目标定位、广告创意、媒体选择、预算规划等一系列工作，以确保广告活动能够与企业整体营销战略相一致，并最大程度地吸引目标受众的注意和兴趣，从而实现品牌宣传、产品推广和销售增长等商业目标。

网络广告是指利用互联网平台进行产品或服务的推广和宣传活动。其过程包括广告主确定广告目标和受众群体，制定广告策略和计划，设计广告内容和创意，选择合适的广告形式和媒体渠道，投放广告并进行监测和评估。通过网络广告，广告主可以利用互联网的广泛覆盖和精准定位特点，将广告信息传播给目标受众群体，实现品牌宣传、产品推广和销售增长等营销目标。

网络广告过程一般包括以下几个步骤。

1. 网络广告目标受众分析

网络广告的成功与否很大程度上取决于对目标受众的深入了解。在这一步骤中，广告主需要通过市场调研和数据分析等手段，确定广告的目标受众群体。这包括他们的年龄、性别、地理位置、兴趣爱好、消费习惯等基本信息。通过对受众的细致分析，广告主能够更准确地制定后续的广告策略，以更好地吸引目标受众的注意力和兴趣。

2. 确定网络广告的沟通目标

在确定目标受众后，广告主需要明确网络广告的沟通目标，即希望通过广告传达给受众的信息和期望达到的效果。这可能包括增加品牌知名度、推广新产品或服务、提高销售量、促进用户互动等。通过明确沟通目标，广告主可以更有针对性地设计广告内容和选择合适的传播渠道，以实现预期的营销效果。

3. 网络广告信息设计

网络广告的信息设计是吸引目标受众注意力的关键。在这一步骤中，广告主需要根据目标受众的特点和沟通目标，设计吸引人眼球的广告内容和创意。这包括广告的文字、图片、视频等元素的选择和排版，以及广告的语言风格和情感表达。通过精心设计的广告信息，可以提升广告的吸引力和影响力，增加受众的点击和转化率。

4. 选择网络广告中介

选择合适的网络广告中介是确保广告有效传播的关键一环。网络广告中介包括广告平台、广告网络、社交媒体平台等，它们提供了广告投放的渠道和工具。在选择网络广告中介时，广告主需要考虑受众覆盖面、广告投放形式、费用成本、数据分析能力等因素，以及中介的信誉和口碑。通过与合适的网络广告中介合作，广告主可以将广告有效地展示给目标受众，提升广告的曝光度和点击率，从而实现营销目标。

通过以上四个步骤，企业可以系统地规划和实施网络广告活动，提升广告的传播效果和营销效益，从而促进品牌的发展和业务的增长。

（三）网络广告沟通

发布广告的过程实际是一个与目标受众信息沟通的过程。因此，有效沟通必须考虑三个基本因素，即信息源、信息和沟通对象。还必须能够将信息转化为接收者可以理解的形式，利用某种渠道传播，信息接收者能够理解并能促使其作出反应。

1. 传统广告沟通模式

传统广告沟通模式是指在传统媒体（如电视、广播、报纸、杂志等）上进行广告宣传的模式，其特点是信息传播的单向性和广告内容的统一性。传统广告沟通模式通常包括以下几个。

（1）广告创意策划

在传统广告沟通模式中，广告创意的策划是广告活动的第一步。广告主或广告代理公司通过市场调研和消费者洞察，确定广告的目标受众、沟通目标和广告信息，然后设计广告的创意和内容。

（2）制作广告素材

一旦确定了广告的创意和内容，就需要制作广告的素材，包括文字、图片、视频等。这些素材通常由专业的广告制作团队完成，以确保广告的质量和效果。

（3）在传统广告沟通模式中，广告的投放选择通常是由广告主或广告代理公司决定的。他们会根据广告的目标受众和传播效果，选择合适的广告媒体和投放时段，以确保广告能够有效地传播给目标受众。

（4）广告发布与传播

一旦广告素材制作完成，就可以将广告发布到选择的广告媒体上进行传播。在传统广告沟通模式中，广告的传播是单向的，即广告主通过广告媒体向受众传达广告信息，而受众通常是被动接受广告内容。

（5）广告效果评估

广告主会对广告的传播效果进行评估和分析。他们会通过市场调研、销售数据和消费者反馈等方式，了解广告对受众的影响和广告效果是否达到预期目标。

传统广告沟通模式的特点是信息传播的单向性和广告内容的统一性。广告主通过选择合适的广告媒体和投放时段，将广告传播给目标受众，以期达到营销目标。然而，由于传统广告沟通模式的局限性，如广告信息的单一、传播效果的难以评估等，近年来随着互联网和新媒体的兴起，传统广告沟通模式逐渐受到挑战，越来越多的企业开始转向数字化和在线广告传播模式。

2. 网络广告沟通模式

网络广告作为一种先进的信息传播方式，融合了个体沟通模式和大众沟通模式的双重特点，形成了独特的"推""拉"双向互动模式。

个体沟通模式，如直复营销理论所倡导的，通过面对面交流、电话、电传、电视直销、直接邮寄等方式，实现了广告主与顾客之间的直接双向交流。这种模式针对性强，能够实现即时反馈，使得广告活动更加精准有效。然而，它也存在一定的局限性，如沟通双方必须同时在线，且仍然依赖于传统的"推"式营销策略，信息的传播范围和深度受限。

网络广告的出现，打破了这些局限，实现了信息沟通模式的质的飞跃。网络既可以作为大众沟通的媒介，广泛传播信息，也可以作为个体沟通的媒介，实现点对点的精准交流。特别是网络的即时互动特性，使得广告主能够根据顾客的反馈，实时调整广告策略，提供更加个性化的服务。

在促成顾客采取行动的机制上，网络广告与传统广告有着本质的不同。传统广告主要依赖于"劝诱"机制，而网络广告则更多地依赖于信息的理性诉求。网络广告的目标受众通常是受教育程度和收入水平较高的群体，他们具有理性的消费决策能力，不会仅凭印象就作出购买决策。

此外，网络广告具有多媒体技术的优势，可以全方位、动态地展示产品，给顾客以身临其境的感觉。

3. 提高网站的访问率的方法

网站是发布广告和其他各类信息以及与顾客实现互动式交流的最佳场所，网站上的网页是实现企业与受众信息交流的界面。要使网络广告的信息传播有效，必须增加传受双方接触的次数，提高双方互动的程度。也就是说，必须想方设法吸引目标受众进入网站，浏览网页，详细阅读感兴趣的各类信息，并鼓励目标受众马上作出反应。可见要提高网络广告的沟通效果，必须提高网站的访问率。

（1）以最经济的方式建立成功的企业网站

在当今数字化时代，建立成功的企业网站是提高品牌曝光和吸引客户的关键。然而，要以最经济的方式建立这样一个网站需要综合考虑多个因素，包括成本、效益和功能等。

①明确网站目标和功能需求。

在建立网站之前，企业需要明确网站的目标和功能需求。这包括确定网站的主要用途（如展示产品、提供服务、在线销售等），以及所需的功能和特性（如响应式设计、用户友好的导航、安全性等）。通过明确网站的目标和功能需求，可以有效地控制建设成本，并确保网站能够实现预期的效益。

②选择合适的建站平台和工具。

在选择建站平台和工具时，企业应该根据自身的需求和预算来进行评估和选择。一些流行的建站平台，如 WordPress、Wix、Squarespace 等，提供了简单易用的界面和丰富的模板选择，适合中小型企业建立经济高效的网站。企业还可以考虑使用开源的建站工具和框架，如 Drupal、Joomla 等，以实现更高度的定制和控制，同时降低建站成本。

③优化网站内容和结构。

企业应该确保网站内容的质量和相关性,包括页面文本、图片、视频等,以及网站结构的清晰和易于导航性。通过优化网站内容和结构,可以提高用户体验,增加用户停留时间,从而提高网站的访问率和转化率。

④利用社交媒体和内容营销。

社交媒体和内容营销是提高网站访问率的有效途径。企业可以通过发布有价值的内容和与受众互动来吸引更多的访客,并将他们引导到企业网站。此外,通过在社交媒体平台上进行广告投放和推广活动,可以进一步提高网站的曝光和访问量,从而实现更高的 ROI。

⑤定期更新和维护网站。

定期更新和维护网站是保持网站活跃和吸引力的关键。企业应该定期更新网站内容,包括发布新的产品信息、行业资讯、企业动态等,以及优化网站性能和安全性。通过定期更新和维护网站,可以提高用户黏性,增加回访率,从而提高网站的访问率和转化率。

(2) 吸引顾客访问本企业网站

吸引顾客访问企业网站是提高品牌曝光、促进销售和增强客户互动的重要途径。

①搜索引擎优化(search engine optimization, SEO)。

通过优化网站内容和结构,以及提高网站的关键词排名,可以提高网站在搜索引擎结果中的可见性,吸引更多的有针对性的流量。企业可以通过优化页面标题、描述和统一资源定位系统(uniform resource lacator, URL),改善网站加载速度,提高页面质量和相关性等方式来进行 SEO 优化。

②内容营销。

内容营销是吸引顾客访问网站的重要手段。企业可以通过发布有价值的内容,如博客文章、案例分析、白皮书等,吸引目标受众的关注和访问。通过优化内容在搜索引擎和社交媒体上的曝光,可以进一步提高内容的传播效果和网站的访问量。

③社交媒体营销。

社交媒体是吸引顾客访问网站的重要渠道之一。企业可以通过在社交媒体平台上发布有趣和有吸引力的内容,与受众进行互动和交流,引导他们访问企业网站。此外,通过在社交媒体上进行广告投放和推广活动,可以进一步扩大品牌曝光和吸引流量。

④电子邮件营销。

电子邮件营销是与现有客户和潜在客户保持联系、促进客户互动的重要方式。企业可以通过定期发送电子邮件,包括产品促销、优惠活动、行业资讯等内容,引导客户访问企业网站,了解更多产品和服务信息,实现销售和转化。

⑤优惠活动和促销。

优惠活动和促销是吸引顾客访问网站的常用手段。企业可以通过举办限时促销、打折活动、赠品赠送等方式,吸引顾客访问网站并进行购买行为。

五、网络公共关系策略

(一) 网络公共关系概述

公共关系是组织与其各种利益相关者之间建立、维护和发展良好关系的过程和活动。这些利益相关者可能包括客户、员工、投资者、政府机构、媒体、供应商和社会公众等。公共关系的目标是通过有效的沟通和互动,塑造组织的形象和声誉,增强其可信度和可持续性，促进良好的社会和商业关系，以实现长期的发展和成功。在实践中，公共关系专业人士通过各种渠道和工具，如媒体关系、事件策划、社交媒体管理、危机管理等，与各种利益相关者进行沟通和互动，传播正面信息，解决问题和挑战，维护组织形象和声誉，推动组织目标的实现。

近年来，网络的飞速发展及其在商业领域的广泛应用，为企业带来了前所未有的机遇和空前严峻的挑战，也为企业公共关系活动开拓了新的领域，提出了新的要求。如何把握网络公共关系的优势、特点及活动规则，利用网络有效开展公共关系活动，是企业公共关系活动人员所面临的新的现实问题。

1. 网络公共关系的特点

网络公共关系策略与网络广告策略虽然都利用了互联网这一现代传播媒介，但它们在目标、沟通对象和意图上存在根本的区别。

网络广告的主要目标是推广产品或服务，促进销售增长。广告通常以商品或服务的特点、优势和吸引力为核心，旨在吸引目标市场上的潜在顾客。通过引起潜在顾客的兴趣和购买欲望，从而促进交易的发生，实现商业利益最大化。

相比之下，网络公共关系的目标是塑造和维护企业的良好形象和声誉。公共关系注重长期的形象管理和关系维护，其核心是建立积极的企业形象，增强公众对企业的信任和好感。通过与各类利益相关者的沟通和互动，公共关系努力传递积极的信息，解决问题和挑战，建立良好的企业形象，以增强企业的竞争力和可持续发展能力。

由此可见，在网络营销过程中，网络公共关系比网络广告具有更大更广更深层次的优势。网络公共关系的目标与基本任务和传统公共关系并无太大的差异，但网络的开放性和互动性特征，使得网络公共关系又具有一些新的特点。

(1) 互动性

网络公共关系通过互联网平台实现与各类利益相关者的互动和交流，包括客户、员工、投资者、媒体、社会公众等。这种双向的沟通方式有助于建立良好的关系，解决问题和挑战，提升企业形象和声誉。

(2) 实时性

互联网的即时传播特性使得网络公共关系可以迅速响应事件和情况变化，及时发布信息，回应各类关注和疑虑，保持公众对企业的信任和好感。

(3) 广泛性

互联网覆盖范围广泛，网络公共关系可以触达全球范围内的各类利益相关者，无论是地理位置、文化背景还是社会身份，都能实现信息的接触和参与。

(4) 透明度

在网络上，信息的传播更加透明和公开，企业的行为和表现无法逃脱公众的关注和监督。因此，网络公共关系需要更加诚实、透明地与公众沟通，保持良好的信誉和形象。

(5) 多样性

互联网平台上的内容形式多样，包括文字、图片、视频、音频等，网络公共关系可以灵活运用各种形式的内容来传递信息，吸引受众的注意力，提升沟通效果。

2. 网络公共关系主体的主动性

网络公共关系作为企业与公众沟通的重要手段，在互联网时代展现出其独特的价值和作用。网络的互动性赋予了企业在公共关系活动中更大的主动性和灵活性。网络公共关系的主体不仅包括了各种社会组织，也涵盖了企业自身在网络空间的形象和互动行为。

在传统的公共关系实践中,企业往往需要依赖新闻媒体来传播信息,这不仅涉及撰写新闻稿件,还需要吸引记者的注意,有时甚至需要通过制造事件来引起关注。然而,企业新闻能否得到报道,受到多种因素的影响,如新闻价值、媒体兴趣、版面安排、报道主题的契合度以及与媒体的关系等。这些因素往往不受企业控制,限制了企业在信息传播上的主动性和时效性。

网络公共关系活动则打破了这些局限。企业可以利用网络论坛、电子公告板、新闻组、电子邮件等多种网络工具,直接向目标受众发布新闻和信息。这种方式不受传统媒体篇幅、时间和空间的限制,也不需要经过媒体的审查和批准,极大地提高了企业在信息传播上的自主性和时效性。

通过网络公共关系活动,企业不仅可以更主动地影响目标受众,还可以与新闻记者建立更直接、更密切的联系。这种直接的互动有助于企业与新闻媒介建立长期的良好关系,提高企业在媒体报道中的可见度和正面形象。

3. 网络公共关系客体的权威性

网络公共关系客体即网络公众,是指与网络企业有实际或潜在的利害关系或相互影响的个人或群体。网络企业的公众构成了企业赖以生存的两大类网络社区:一类是围绕网络企业由利益驱动形成的垂直网络社区,包括投资者、供应商、分销商、顾客、雇员及目标市场中的其他成员等;另一类是围绕某一主题形成的横向网络社区,包括生产类似产品和提供相应服务的其他企业,以及同企业面临类似问题、分享相同价值观的个人、组织、社会团体、行业协会或联合会等。他们活动的主要场所是各类网络论坛、新闻组等。公众的权威性体现在公众虽然是公共关系的客体,是公共关系活动的对象,但公众不是消极的被影响、被作用的对象,公众的意见和行为是企业无形的财富,是关系企业生存和发展的决定性因素。在网络公共关系活动中,网络公众对网络企业的影响变得更直接、更迅速,因为传统公共关系活动的信息传播和反馈过程相对较长,公众从知晓到行动有一个时间差,企业公共关系人员可利用这个时间差调整、改进下一步的行动。而在网络上信息的传播与反馈速度快、范围广,有关企业的消息可以迅速传遍整个网络,引起公众的反应,导致企业公众环境的恶化。同样,公众的意见、态度、观点和行为也会迅速在网络上扩散,对企业产生重大影响,甚至会决定企业的成败。因此,网络公共关系人员必须充分认识到公众的权威性,事先控制信息传播的内容、方向、范围,监控公众的反应,及时采取有效措施化解对企业的不良影响。可见,寻找公众、确定公众、分析公众内在的联系及具体存在方式,才能增强公共关系活动的目的性、针对性。

4. 网络公共关系传播的效能性

网络作为公共关系的传播媒体,彻底改变了传统公共关系的信息传播方式。传统公共关系所采用的传播媒介,无论是报纸、杂志还是电视、广播,其传播方式都是大众传播,是"一对多"的沟通,企业与公众之间的双向沟通由于受到传播媒介的限制而使传播的效能大大降低。而网络上的传播方式是双向互动式的、"一对一"的沟通,这种个体沟通方式使受众可以在阅读信息的同时与主持者或其他读者展开讨论,还可以对信息内容进行控制,使企业在传播信息时可以根据每个受众不同的需要、不同的反应程度,提供个人化的信息服务。

显然,网络公共关系传播方式更具体、更深入,效能也更明显。

(1) 建立信任与声誉

网络公共关系通过与各利益相关者的互动和沟通,能够建立起企业的诚信形象和良好声誉。通过及时公开信息、解答疑问、回应关切，企业能够展现出诚信和责任感，提升公众对企业的信任度，从而增强企业的形象和声誉。

（2）塑造品牌形象

通过网络公共关系的传播，企业能够积极塑造自己的品牌形象，展示企业的文化、理念和核心价值观。通过发布优质内容、参与社交媒体互动、开展公益活动等方式，企业能够树立起积极向上、社会责任感强的品牌形象，吸引更多消费者的关注和认可。

（3）危机管理与应对

在网络公共关系中，企业可以及时有效地应对各类危机和负面事件，通过迅速公开信息、解释事件原因、采取积极措施等方式，有效控制危机的影响范围，降低公众对企业的负面评价，保护企业的声誉和利益。

（4）增强影响力与竞争力

通过网络公共关系的传播，企业能够增强自身的影响力和竞争力。通过在网络上积极参与话题讨论、发布专业知识、分享行业见解等方式，企业能够树立起专业权威形象，提升在行业内的地位和影响力，从而赢得更多商业机会和合作伙伴。

（5）优化营销效果

网络公共关系的传播不仅能够提升品牌形象和影响力，还能够优化营销效果。通过与消费者建立起良好的互动关系，了解他们的需求和偏好，根据市场反馈调整产品和服务，提升产品的竞争力和市场占有率，实现营销目标的最大化。

（二）网络公共关系的建立与维护

与各类公众建立并维持良好的关系是企业公共关系活动的基本

任务。在网络上,企业拥有许多由各种利益或利害关系维系的公众,与这些公众之间关系的建立与维护是网络公共关系活动的重要任务。

1. 新闻媒介关系

网络上的企业与新闻记者和编辑的关系会对企业网络公共关系的效果带来很大的限制与影响。企业和新闻媒介间存在着利益冲突,企业希望新闻报道能有助于其达到公共关系目标,而新闻记者和编辑希望新闻能够激起读者与听众的兴趣;公共关系人员掌握着第一手新闻,却时常试图影响新闻媒介报道经他们加工润色后的所谓新闻,而新闻记者和编辑为将公众的观点表达出来或为追求轰动效应,所采取的严格的、不适当的审定,又反过来阻挠公共关系人员向公众传递有价值的信息。为了实现各自的目标,双方时而密切合作,时而发生冲突,因此,为了建立良好的新闻媒介关系,求得更多的公正的新闻报道,企业必须正视双方的利益和冲突,采取有目的的行动,取得新闻记者和编辑的好感与信任。

要取得和保持与新闻媒介的良好关系,必须掌握以下几条原则。

(1) 坚信诚实是最好的策略

企业应坚信诚实是最好的策略。在与新闻媒介的互动中,始终保持诚信和透明度,提供真实、准确的信息,建立起与媒体的信任和良好关系。通过真诚和坦率的沟通,企业能够赢得媒体的尊重和认可,增强企业形象的公信力。

(2) 提供及时有效的信息服务

企业应提供及时有效的信息服务,及时回应媒体的咨询和采访请求,配合媒体的报道需求,确保信息的及时发布和传播,以满足公众的需求。及时提供准确的信息,有助于增强企业在媒体和公众中的声誉和形象。

（3）严禁要求新闻媒介取消某项新闻的发布

严禁要求新闻媒介取消某项新闻的发布。企业应尊重新闻媒介的报道自由和独立性，不干涉媒体的报道内容和方式，保持客观公正的态度。坚持尊重新闻自由原则，有助于维护企业形象的公信力和可信度。

（4）充分利用电子邮件

企业可以充分利用电子邮件等便捷的通信工具，与新闻媒介进行及时沟通和信息交流，提供新闻稿件、公司声明等信息，方便媒体及时获取资讯。通过电子邮件等方式，企业能够快速有效地与媒体进行沟通，提高信息传播的效率和准确性。

（5）积极参与新闻记者和编辑主持的网上交流

企业可以积极参与新闻记者和编辑主持的网上交流活动，通过社交媒体、专业论坛等平台与媒体进行互动，分享企业信息和行业见解，促进信息传播和交流。通过积极参与网上交流，企业能够加强与媒体的互动和沟通，提升企业形象的曝光度和认知度。

（6）在新闻组、邮件列表中及时发现新闻记者与编辑的要求

企业应在新闻组、邮件列表等平台及时发现新闻记者和编辑的需求，配合媒体的报道计划和采访安排，提供必要的支持和配合，确保新闻报道的准确性和完整性。通过及时响应媒体的需求，企业能够建立良好的合作关系，提升企业形象的正面曝光率。

（7）保持资料不断更新

企业应定期更新公司资料和新闻信息，确保信息的及时更新和准确性，以满足媒体和公众的需求，提高企业在媒体中的曝光度和影响力。定期更新资料能够展现企业的发展动态和实力，增强企业形象的专业性和可信度。

通过遵循以上原则，企业能够建立和保持与新闻媒介的良好关

系，实现信息传播的顺畅和有效，促进企业形象的良好塑造和提升。这些原则不仅有助于加强企业与媒体的合作与沟通，还能够提升企业在公众和市场中的认知度和美誉度，为企业的长期发展和成功奠定坚实基础。

2. 商业网络社区关系

社区最初指的是生活在同一地区、拥有共同历史与文化传统的人群组合，具有一定目的和组织规则。网络社区则是由于成员具有共同的兴趣和目的，通过互相交流而在网络上形成的互惠互利的群体。在网络的世界里，人们可以以更便捷的方式连接起来，分享彼此的知识、经验和情感，共同探讨感兴趣的话题，并建立紧密的关系。网络社区可以是基于特定主题或兴趣的讨论论坛、社交媒体群组、在线游戏团队等形式存在。

与传统社区相比，网络社区的形成更加灵活和便捷。在网络上，人们可以跨越地域限制，与世界各地的人们进行交流，共同探讨自己感兴趣的话题。同时，网络社区也为人们提供了更多元化的参与方式，可以通过文字、图片、视频等多种形式表达自己的观点和感受。

网络社区的形成不仅促进了信息的传播和共享，还为人们提供了交友、学习、娱乐等多种需求的满足渠道。在网络社区中，人们可以找到志同道合的朋友，共同探讨共同感兴趣的话题，增进彼此的了解和友谊。同时，网络社区也为人们提供了学习交流的平台，可以通过与他人的互动，拓展自己的知识面和视野。

组成网络社区的各个成员的活动场所是网络，因此，网络社区打破了地域的限制，其构成更为复杂。一般而言，网络社区可分为两种：一种是以共同兴趣为纽带维系的，称为横向网络社区；另一种是以利益关系为纽带维系的，称为垂直网络社区或商业网络社区。

商业网络社区是一种以企业站点为核心的在线交流平台，它通过互联网连接了企业与其利益相关者，形成了一个互利共赢的生态系统。这个系统通常包括企业站点本身、目标顾客、企业雇员、供应商、投资者、分销商、代理商以及目标市场中的其他关键成员。商业网络社区的构建和运作是以追求共同利益为驱动力的，企业的成功与社区成员的利益紧密相连，因此，社区成员对社区活动及其对个人利益的影响保持高度关注。

社区成员通过企业站点、网络论坛、电子邮件等渠道获取信息，这些信息不仅涉及企业的产品与服务，也包括行业动态、市场趋势、用户反馈等。为了建立和维护一个稳定而繁荣的商业网络社区，企业需要关注并满足社区成员的多样化利益需求。这要求企业提供的信息不仅要有价值，还要具有针对性，能够引起社区成员的兴趣和参与。

通过精心设计的内容和互动机制，商业网络社区可以成为企业与顾客、合作伙伴以及员工之间沟通的桥梁。企业可以利用这个平台收集反馈、推广品牌、增强顾客忠诚度、促进产品和服务的销售。

建立商业网络社区关系的公共关系策略如下。

（1）通过网站直接发布企业新闻

企业可以在自己的官方网站上建立新闻发布板块，定期发布企业动态、产品更新、行业资讯等内容，让用户及时了解企业最新动态。

（2）在网络社区成员经常光顾的网络论坛、电子公告板上张贴新闻

通过在热门论坛、电子公告板上发布企业新闻，吸引用户关注，增加曝光度，并引导用户前往官方网站获取更多信息。

（3）创建面向网络社区成员的单向邮件列表

建立邮件列表，向用户发送企业新闻、产品促销信息、专题活

动等内容，保持与用户的互动和联系，提升用户参与度。

（4）鼓励企业各类专家在网络上发布专题文章

邀请企业内部专家或行业领域专家撰写专题文章，在网络社区平台上发布，分享企业的专业知识和行业见解，提升企业在行业内的影响力和专业形象。

（5）利用网络服务商提供的网络会议服务

利用网络会议服务，举办在线研讨会、产品培训、行业分享会等活动，与用户进行实时互动和交流，增强用户体验和企业形象。

（6）为网络社区成员提供多种形式的服务

除了产品销售和售后服务外，还可以为用户提供在线咨询、问题解答、专题讨论等服务，增加用户黏性，提升用户满意度和忠诚度。

3. 公共论坛关系

网络论坛、新闻组和电子公告板等公共场所是网络上的重要资源，它们为人们提供了一个自由交流、讨论共同兴趣话题的平台。对于企业而言，利用这些公共场所可以获得诸多益处。企业可以通过这些平台找到与自身产品或服务相关的目标市场，从而精准定位和吸引潜在客户群体。通过与公共论坛成员建立良好关系，企业可以在网络上树立良好的品牌形象，提升企业声誉，从而增强市场竞争力。

公共论坛关系策略如下。

（1）熟悉公共论坛的讨论环境

在参与公共论坛之前，企业需要充分了解各个论坛的特点、用户群体、讨论话题以及讨论氛围。这可以通过深入研究和观察来实现，包括浏览论坛的帖子和回复、了解论坛的版规和管理方式等。对于不同的论坛，企业需要制定不同的参与策略，针对性地选择合适的话题和方式进行交流。

（2）遵守公共论坛的行为规范

参与公共论坛的企业必须严格遵守论坛的行为规范和管理规定，尊重论坛的规则和用户的权益。这包括遵守论坛的发帖规则、禁止广告、不得散布虚假信息等。企业在论坛中的言论和行为应当真实、客观、负责任，不得以任何方式损害其他用户的利益或侵犯其权利。

（3）积极参与讨论并提供有价值的信息

企业在公共论坛中应当积极参与讨论，回复其他用户的问题、分享经验和观点，并提供有价值的信息和建议。通过分享专业知识和经验，建立企业在论坛中的权威形象，树立良好的品牌形象，增强用户对企业的信任和好感。

（4）灵活应对负面言论和舆情风险

在公共论坛中，可能会出现一些负面言论或舆情风险，企业需要保持冷静，不慌不忙地应对。对于不实的谣言和负面信息，企业可以通过及时澄清和回应来消除误会，积极沟通和解决问题，避免负面影响扩大化。

（5）建立良好的社交关系和信任基础

企业在公共论坛中应当努力建立良好的社交关系和信任基础，与用户建立起积极的互动和沟通，增强用户对企业的认同感和忠诚度。通过与用户建立起良好的互动关系，企业可以更好地了解用户需求，提升产品和服务质量，实现持续发展和品牌增值。

第七章

大数据背景下的跨境电商营销模式创新

第一节 大数据背景下的跨境电商

一、跨境电子商务的概念

跨境电子商务作为一种新兴的贸易活动和模式,涵盖了多个领域的商务活动,其核心在于利用现代信息技术和电子商务平台,实现分属不同关境的交易主体之间的数字化交易、支付结算以及跨境物流配送。在跨境电子商务中,各种商品和服务可以通过电子平台进行全球范围内的营销和交易,消费者可以跨越地域限制,便捷地购买海外商品。同时,跨境电子商务也为企业提供了全球市场的机会,可以通过在线渠道拓展国际业务,实现全球化发展。这种新型贸易模式不仅促进了国际贸易的便利化和数字化,还推动了跨境资金流动、信息流动和人员流动的加速,为全球经济的互联互通提供了新的动力。

二、跨国电子商务的特点

（一）全球性

网络是一个没有边界的媒介，具有全球性和非中心化的特征。依附于网络发生的跨境电子商务也因此具有全球性和非中心化的特性。电子商务与传统交易方式相比的一个重要区别在于，电子商务是一种无边界交易，丧失了传统交易所具有的地理因素。互联网用户不需要考虑国界就可以把产品尤其是高附加值产品和服务提交到市场。网络全球性特征带来的积极影响是信息可实现最大程度的共享；消极影响是用户必须面临因文化、政治和法律的不同而产生的风险。任何人只要具备一定的技术手段，在任何时候、任何地方都可以让信息进入网络，通过相互联系进行交易。

（二）无形性

网络的发展使数字化产品和服务的传输盛行。而数字化传输是通过不同类型的媒介，如数据、声音和图像在全球化网络环境中集中而进行的，这些媒介在网络中是以计算机数据代码的形式出现的，因而是无形的。以一个 E-mail 信息的传输为例，这一信息首先要被服务器分解为数以百万计的数据包，然后按照 TCP/IP 协议通过不同的网络路径传输到一个目的地服务器再重新组织转发给接收人，整个过程都是在网络中快速完成的。电子商务是数字化传输活动的一种特殊形式，其无形性的特性使税务机关很难控制和检查销售商的交易活动，税务机关面对的交易记录都体现为数据代码的形式，使税务核查员无法准确地计算销售所得和利润所得，从而给征税带来困难。

数字化产品和服务具有无形性的特点,主要体现在其基于数字传输活动的性质上。与传统的实物产品不同,数字化产品和服务并不具备物质形态,而是以数据、信息或虚拟形式存在。这使得其无法被触摸、感知或实体化,而是通过电子设备和网络进行传输和交换。例如,数字化音乐、电子书籍、软件应用等都是以数字形式存在的产品,用户可以通过在线平台或下载方式获取并使用,但其本身并没有具体的物理形态。同样,数字化服务如在线教育、云计算服务、数字娱乐等也是通过网络传输提供给用户的,用户可以在虚拟环境中享受这些服务,但无法触及实体。这种无形性使得数字化产品和服务具有高度的灵活性和可复制性,能够以较低的成本实现大规模的传播和交付,同时也对传统实物产品和服务带来了全新的竞争挑战。

(三) 匿名性

跨境电子商务的非中心化和全球性特性导致了识别电子商务用户身份和地理位置的困难。在线交易的消费者通常不会公开其真实身份和所在地,但这并不影响交易的进行。网络的匿名性使得消费者可以选择隐藏个人信息,而仍然能够自由进行交易。然而,在虚拟社会中,这种隐匿身份的便利性也带来了自由与责任之间的不对称性。人们在网络上享有最大程度的自由,却只需要承担最低程度的责任,甚至有时会试图逃避责任。税务机关面临的挑战在于无法确定在线交易者的身份和地理位置,因此无法获知其交易情况和应纳税额,更别提进行审计核实。这些交易和纳税人在税务机关的监管视野中难以被发现,对税务机关来说是一个严重的问题。

(四) 即时性

对于网络而言,传输的速度和地理距离无关。传统的交易模式,例如,通过信函、电报、传真等进行的信息交流,存在着发送和接收之间的时间差异。然而,在电子商务中,信息的传输几乎是即时的,无论双方的实际时空距离有多远。在某些数字化产品（如音像制品、软件等）的交易中,甚至可以实现即时结算,订货、付款、交货等环节几乎可以在同一瞬间完成。

电子商务交易的即时性提高了人们交往和交易的效率,消除了传统交易中的中介环节,但也带来了法律方面的挑战。在税收领域,这种即时性往往会导致交易活动的不可预测性。电子商务主体的交易活动可以随时开始、随时终止、随时变动,这使得税务机关难以掌握交易双方的具体交易情况。

(五) 无纸化

电子商务主要采取无纸化操作的方式,这是以电子商务形式进行交易的主要特征。传统的商业交易通常需要大量的纸质文件,例如,订单、发票、合同等,这些文件需要打印、传递、存档,耗费时间和资源。然而,在电子商务中,这些过程全部可以通过电子手段完成,不再需要纸质文件的参与。通过电子商务平台,买卖双方可以在线完成订单的提交、支付、确认等操作,所有交易记录和相关文件都可以以电子形式保存在系统中,随时随地查阅和管理。这种无纸化操作不仅提高了交易的效率,减少了人力和物力成本,也更环保,减少了纸张的消耗和废弃物的产生。

(六) 快速演进

跨境电子商务作为互联网时代的新兴产物,正处于快速发展的成长阶段。尽管目前它还面临着许多不确定性,但可以预见的是,互联网将以其独特的速度和方式持续演进,不断推动电子商务活动的创新和发展。从电子数据交换(electronic data interchange,EDI)到电子商务零售业的兴起,再到数字化产品和服务的多样化,短短几十年间,电子交易已经深刻地改变了我们的生活和工作方式。

在这样的背景下,税法制定者面临着一个重要问题:如何将这个不断变化的网络交易纳入税法的规范之中。由于电子商务的全球性和虚拟性,传统的税法制度在很多方面难以适应其特点,这对税收领域的法规制定和执行提出了新的挑战。

各国为了维护社会的稳定和法律的权威,通常会保持法律的连续性和稳定性,税法也不例外。然而,网络交易的快速发展要求税法制定者必须灵活应对,不断更新和完善税法规定,以适应电子商务的新形势。这不仅需要税务机关密切关注网络技术的发展动态,还需要在制定税务政策和税法规范时,充分考虑网络经济的特点和需求。

跨国电子商务与传统贸易方式有着本质的不同,它具有跨越国界、交易便捷、支付方式多样等特点。而现有的传统税法制度往往是在传统贸易模式下形成的,这使得传统税法在应对电子商务贸易时显得力不从心。网络经济的兴起,不仅深刻影响了人类社会的各个方面,也给税收法律规范带来了前所未有的冲击和挑战。

三、跨境电子商务的基本分类

跨境电子商务处于交易活动的网络中枢,既是商品展示、浏览的媒介，也是商品达成交易的场所，起着衔接商品供应与消费桥梁的作用。同时，跨境电子商务也是跨境电子商务交易主体沟通与交流的平台，在跨境电子商务交易中，跨境电子商务是无法舍弃的重要元素。下面将按照交易主体、平台商品品类、平台运营主体和流动方向对跨境电子商务进行分类。

（一）按照交易主体类型划分

按照交易主体类型划分，跨境电子商务的主要模式可分为B2B、M2C、B2C、C2C、B2P2C这五种模式。要想通过跨境电子商务实现丰厚的盈利，就需要认清这些跨境电子商务模式的特点。

1. B2B模式

B2B是Business-to-Business的缩写，是指企业与企业之间通过专用网络或互联网进行数据信息的交换、传递，开展交易活动的商业模式。它将企业内部网通过B2B网站与客户紧密结合起来，通过网络的快速反应为客户提供更好的服务，从而促进企业的业务发展。

传统企业间的交易往往要耗费企业大量的资源和时间，无论是销售、分销还是采购都要占用资金成本。通过B2B的交易方式买卖双方能够在网上完成整个业务流程，从建立最初印象，到货比三家，再到讨价还价、签单和交货，最后到客户服务。B2B使企业之间的交易减少了事务性的工作流程和管理费用，降低了企业经营成本。网络的便利及延伸性使企业扩大了活动范围，企业跨地区跨国界发展更方便，成本更低廉。B2B不仅仅是建立一个网上的买卖者群体，它也为企业之间的战略合作提供了基础。任何一家企业，不论具备多强的技术实力或多好的经营战略，要想单独实现B2B是完全不可能的。单打独斗的时代已经过去，企业间建立合作联盟逐渐成为发展趋势。网络使得信息通行无阻,企业之间可以通过网络在市场、产品和经营等方面建立互补互惠的合作,形成水平或垂直形式的业务整合,以更大的规模、更强的实力、更经济的运作真正实现全球运筹管理的模式。

B2B跨境电子商务中具有代表性的是阿里巴巴(此处的阿里巴巴特指阿里巴巴集团旗下的1688全球购物网站)。

2. M2C模式

M2C是Manufacturers-to-Consumers的缩写,是指生产厂家直接对消费者提供自己生产的产品或服务的一种商业模式。

M2C模式的突出特点之一是减少了流通环节。在传统的供应链模式中,产品从生产商到最终消费者之间经过了多个中间环节,包括批发商、零售商等。而M2C模式直接将产品从制造商送达消费者手中,省去了中间商的环节,缩短了流通路径,加快了产品的销售速度。

M2C模式带来了销售成本降低。传统的销售模式中,中间商需要获得利润,而这一利润往往会被转嫁到产品的价格上,使得最终消费者需要支付更高的价格。而在M2C模式下,由于省去了中间商的环节,销售成本大幅降低,从而可以使产品价格更具竞争力,吸引更多消费者。

M2C模式能够保障产品品质和售后服务质量。由于产品直接由生产厂家提供给消费者,厂家可以更加直接地了解消费者的需求和反馈,及时调整产品的设计和质量控制,确保产品符合消费者的期望。同时,M2C模式下,消费者也可以直接向厂家反馈产品使用过程中的问题,厂家可以及时提供售后服务,保障消费者的权益,提高消费者的满意度。

3. B2C 模式

B2C 是 Business-to-Consumer 的缩写，即企业对消费者的电子商务模式，指的是企业通过互联网等电子商务平台，直接向最终消费者销售产品或提供服务的商业模式。在这种模式下，企业充当了供应商的角色，直接与消费者进行交易，而不需要经过中间商或批发商等传统渠道。

B2C 模式的兴起源于互联网的普及和电子商务技术的发展。随着互联网的普及，越来越多的消费者开始倾向于在网上购物，以获取更加便捷、快速的购物体验。同时，企业也意识到通过互联网销售产品可以降低成本、拓展市场、提升品牌知名度等，于是纷纷采取 B2C 模式来开展电子商务业务。

B2C 模式的特点如下。

①直接面向消费者：B2C 模式的核心在于企业直接面向最终消费者销售产品或提供服务，消除了传统零售模式中的中间商环节，使得消费者可以更直接地购买到产品或服务。

②个性化服务：B2C 模式下，企业可以根据消费者的个性化需求和购买行为，提供个性化的产品推荐、定制化服务等，从而提升消费者的购物体验和满意度。

③多样化产品：通过 B2C 模式，企业可以在电子商务平台上展示更多种类、更丰富的产品，满足消费者不同的需求和偏好，从而扩大销售规模。

④便捷快速：B2C 模式使得消费者可以随时随地通过互联网进行购物，无须受限于时间和地点，极大地提高了购物的便捷性和效率。

⑤品牌宣传和营销：通过 B2C 模式，企业可以直接与消费者进行交流和互动，提升品牌知名度，开展营销活动，增强品牌忠诚度。

⑥价格竞争力：B2C 模式下，由于省去了中间商环节，企业可以更灵活地制定价格策略，提高价格的竞争力，吸引更多消费者。

4. C2C 模式

C2C 是 Customer-to-Customer 的缩写，即个人与个人之间的电子商务。例如，一个消费者有一台计算机，通过网络把它出售给另外一个消费者，此种交易类型就称为 C2C 电子商务。在 C2C 领域发展最为壮大，且历史最悠久的就是淘宝了。作为 C2C 领域的老大，淘宝的市场份额超过 60%。C2C 跨境电子商务具有代表性的有阿里速卖通（成立之初为 C2C 模式，后向 B2C 转型）、美丽说、海蜜、易贝等。

5. B2P2C 模式

B2P2C 是 Business to Personal to Consumer 的缩写，即企业对个人对消费者是一种新型的电子商务模式，融合了 B2B（企业对企业）、B2C（企业对消费者）和 C2C（消费者对消费者）模式的特点。在 B2P2C 模式下，企业不仅直接向最终消费者销售产品或提供服务，还允许个人（P2P）作为中间平台参与其中，为消费者提供更多选择和个性化服务。

B2P2C 模式的特点如下。

①企业对个人（B2P）：在 B2P2C 模式中，企业与个人之间建立合作关系，将个人作为销售渠道，允许个人作为销售代理或经销商销售企业产品，从而扩大销售渠道，增加销售额。

②个人对消费者（P2C）：个人作为中间平台，与最终消费者建立联系，向消费者提供产品或服务的信息和销售支持，帮助消费者选择合适的产品或服务，提供个性化的购物体验。

③多样化的销售渠道：B2P2C 模式通过整合企业、个人和消费者三者的资源，打造多样化的销售渠道，包括线上平台、社交媒

体、个人微商、社区团购等，满足消费者多样化的购物需求。

④强调个性化服务：在 B2P2C 模式下，个人作为销售渠道，可以更加灵活地提供个性化的服务和定制化的产品，满足消费者个性化的需求，提高消费者满意度和忠诚度。

⑤共享经济特点：B2P2C 模式体现了共享经济的理念，通过共享资源和合作共赢的方式，实现企业、个人和消费者之间的互利共赢，促进产业链上下游的良性发展。

⑥提高销售效率和降低成本：借助个人的力量作为销售渠道，企业可以提高销售效率，降低营销成本，同时也能够更加灵活地应对市场变化，提高竞争力。

B2P2C 模式的出现，不仅拓展了企业的销售渠道，提升了个人的创业机会，也为消费者提供了更多的选择和个性化服务。随着数字化技术的不断发展和共享经济理念的普及，B2P2C 模式将在未来继续发挥重要作用，成为电子商务领域的一种重要发展趋势。

（二）按照平台经营商品品类划分

按照跨境电子商务网站经营商品的品类，可将电子商务分为垂直型电子商务与综合型电子商务两类。

1. 垂直型跨境电子商务

垂直型跨境电子商务是指针对特定商品品类或行业展开的跨境电子商务活动。它专注于某一特定领域或品类的产品，提供深度的产品选择和专业化的服务，以满足消费者在该领域的需求。垂直型跨境电子商务平台通常会选择一两个领域或品类进行深耕，致力于成为该领域的领先者，提供丰富的商品选择、高品质的产品和专业化的服务，以吸引目标消费者群体。

2. 综合型跨境电子商务

综合型跨境电子商务是指涵盖多个品类或行业的跨境电子商务活动。综合型跨境电子商务平台通常拥有广泛的商品种类和丰富的品牌资源，提供一站式购物服务，满足消费者在多个领域的需求。综合型跨境电子商务平台致力于打造多元化的商品选择和全方位的购物体验，为消费者提供更便捷、更丰富的购物选择。

（三）按照跨境电子商务网站开发与运营主体进行划分

将电子商务分为第三方平台电子商务（或称"平台型电子商务"）和自营型电子商务两类。

1. 平台型跨境电子商务

平台型跨境电子商务是指通过电子商务平台为跨境交易提供服务的一种商业模式。在这种模式下，电子商务平台充当着连接海外买家和国内卖家的桥梁和中介角色，为双方提供交易的基础设施和服务支持。平台型跨境电子商务平台通常提供商品展示、交易撮合、支付结算、物流配送、售后服务等一系列功能，为跨境交易提供便利和保障。

这种商业模式的特点是通过电子商务平台打通国际市场和本地商家，为消费者提供更广泛的商品选择和更便捷的购物体验。平台型跨境电子商务平台可以吸引海外消费者购买国内商品，同时也为国内商家拓展海外市场提供了机会。通过平台的集中管理和规范化操作，可以提高跨境交易的效率和透明度，降低交易成本和风险。

2. 自营型跨境电子商务

自营型跨境电子商务是一个与平台型电子商务相对应的概念，自营型电子商务不仅开发和运营电子商务网站，而且自己负责商品的采购、销售、客服与物流，同时对买家负责，其代表性企业有京东商城（其在发展初期为自营型电子商务，后来开始向综合型电子商务发展）、凡客诚品、1号店、海尔商城、亚马逊与当当网（亚马逊与当当网也在逐渐向综合型电子商务转型）等。

（四）按照商品流动方向划分

按照商品流动方向划分，可分为跨境进口电子商务、跨境出口电子商务两类。

1. 跨境进口电子商务

跨境进口电子商务是指电子商务企业或平台从国外市场引进商品或服务，通过跨境销售的方式将其引入本国市场进行销售的商业模式。在这种模式下，电商企业通过与海外供应商或制造商的合作，引进各类商品或服务，利用自身的销售渠道和网络平台，将这些商品或服务推向本国市场，满足国内消费者的需求。

这种商业模式的特点是可以让消费者在国内市场购买到国外的优质商品或服务，满足了消费者对多样化和特色化商品的需求。同时，跨境进口电子商务也为国内的电商企业提供了拓展业务和壮大规模的机会，通过引进国外商品，丰富了其产品线，提升了企业的竞争力和市场地位。

跨境进口电子商务的发展可以促进国内外贸易的互通互利，加强了国际的经济合作和交流。通过跨境进口，可以促进国内市场的开放和国际贸易的发展，为国内消费者提供更多元化的选择和更高品质的商品或服务。

2. 跨境出口电子商务

跨境出口电子商务指的是从事商品出口业务的跨境电子商务，具体指将本国商品通过电子商务渠道销售到国外市场，通过电子商务平台完成商品的展示、交易、支付，并通过线下的跨境物流送达、完成商品交易的电子商务企业,其代表性企业有亚马逊海外购、易贝、阿里速卖通、环球资源、大龙网、兰亭集势、敦煌网等。

四、大数据对跨境电商企业的影响

现阶段,跨境电商已成为全球贸易交易过程中的重要形式,尤其处于大数据技术环境下,跨境电商企业的发展与交易形式呈现出多样化的发展态势。早先跨境电商企业的交易主体以自己的产品进行宣传及销售,例如,传统跨境电商交易具有较大盲目性,无法为客户提供针对性与个性化的服务。大数据背景下,跨境电商能够对数据进行统计分析,为客户提供更加有针对性的、多样化的服务。主要体现在以下两个方面。

(一)大数据加强了跨境电商外部营销的精准性

大数据技术的应用提升了跨境电商外部营销的精准性,通过收集、整理和分析海量的数据,可以深入了解不同市场的消费者行为和偏好,从而精准定位目标客户群体。基于大数据分析的精准营销策略能够更准确地确定目标市场,制定个性化的营销方案,提高广告投放的效率和精准度。

通过大数据分析,跨境电商可以获取用户在不同平台和渠道上的行为数据,包括搜索记录、购买行为、浏览习惯等,进而进行精准定位和市场细分。例如,可以根据用户的地理位置、购买历史、兴趣爱好等因素,精准投放广告和推送个性化的营销内容,提升用户的购买体验和满意度。

大数据分析可以帮助跨境电商更好地理解国际市场的竞争格局和趋势,及时调整营销策略和产品定位,把握市场机遇,提升竞争力。通过对竞争对手的数据进行监测和分析，跨境电商可以及时了解竞争对手的动态和策略，从而灵活应对市场变化，保持市场优势。

（二）提升了管理效率

通过大数据技术，企业可以实时收集、存储和处理海量的数据，从而实现对企业各个环节的全面监控和管理。首先，大数据分析可以帮助企业更好地了解产品的供应链和生产流程，优化采购和生产计划，提高库存周转率和供应链效率。其次，大数据技术还可以对销售数据进行深入分析，识别市场趋势和消费者行为，指导企业的市场营销和推广策略，提升销售额和市场份额。

五、大数据背景下跨境电商的出路分析

（一）聚集优势功能，建立健全大数据平台

大数据背景下，政府相关部门应基于跨境电商企业优势功能，借助大数据技术健全电商平台，为跨境电商企业提供更加科学合理的服务。第一，政府部门要投入更多精力搭建跨境电商综合服务平台，保证各项数据能够互联互通，为更多中小型跨境电商企业提供一体化智能服务。例如，税务部门、海关部门、外汇部门要为跨境电商企业提供更多交易过程中的数据信息，共建数据共享平台，提高跨境电商进出口通关效率。第二，依托大数据，积极寻找多家备选境内外可供货供应商，分析物流状况，提前做好物流路线规划，以备不时之需，降低供应链断裂风险。第三，根据大数据资源整合功能，优化跨境电商上游供应链，有条件的情况下积极推进柔性生产线的转型。

（二）提高监管力度，升级跨境电商服务品质

通过加强监管力度，政府部门可以建立更加完善的监管体系和法律法规，规范跨境电商企业的经营行为，确保其遵守相关法律法规和质量标准。监管部门可以加强对跨境电商平台和商家的监督检查，及时发现和纠正存在的问题和违法行为，保障消费者的合法权益。监管部门还可以加强对跨境电商平台和商家的信用评估和监督，建立黑名单制度，对违法违规企业进行严厉处罚，推动市场秩序的规范化和健康发展。通过提高监管力度，可以有效净化市场环境，提升跨境电商服务的品质和信誉度，增强消费者对跨境电商的信任感，促进跨境电商行业的健康发展。

（三）开发多元产品，加强品牌建设

跨境电商企业要应对市场挑战和提升竞争力，关键在于开发多元化的产品，并加强品牌建设。通过开发多元产品，企业能够满足不同消费者群体的需求，降低单一产品销售风险，并拓展市场份额。同时，加强品牌建设可以提升企业的知名度和美誉度，建立起消费者对品牌的信任度和忠诚度，从而在激烈的市场竞争中脱颖而出，稳固企业在行业中的地位。

（四）增加对口人才的培养，完善跨境电商人才培养方式

跨境电商作为交易快速增长的行业，人才是其发展的重要保障。为此，应从以下几个方面提高跨境电商对口人才的培养，提高跨境电商的运营能力。首先，督促当地高校制订对口人才培养计划时，除了重点关注电商专业人才理论知识与实践能力方面的培养，还应提高学生国际贸易与国际交流的能力。其次，为保证跨境电商企业

的高效发展，政府应通过出台相关政策制度推动电商与英语复合型人才的培养。最后，跨境电商企业同样要发挥自身主观能动性，积极引入国际贸易、英语与电商专业能力较强的人才，并制订相应的人才培养计划，提高跨境电商专业人才工作的积极性与创造力，保证企业的可持续发展。

第二节

跨境电商 SEM 营销与 SNS 营销

一、跨境电商 SEM 营销

互联网时代，人们习惯通过搜索引擎获取所需信息。搜索引擎是国内外最常用的网络工具之一。强大的网民基础使搜索引擎成为电子商务企业开展网络营销的重要途径，对于跨境电子商务从业者来说，如何通过搜索引擎让潜在客户关注自己的产品或网站，是一个非常值得关注的问题。

搜索引擎营销（search engine marketing，SEM）是一种通过控制网站搜索结果的展现，以满足特定搜索者的信息检索需求，并通过此实现营销目标的策略。SEM 旨在通过在搜索引擎结果页面上投放广告或优化网站内容，使其在搜索引擎结果中获得更好的排名，从而吸引更多的目标受众点击，并转化为潜在客户或实际销售。SEM 通常包括两种主要形式：搜索引擎优化（SEO）和付费广告（pay-per-cal，PPC）。SEO 通过优化网站内容、结构和外部链接等方式，提高网站在自然搜索结果中的排名；而 PPC 则是指通过支付搜索引擎每次点击广告链接的费用，使广告在搜索结果页面上显示，通常以竞价排名的方式展现。SEM 是一种高效的网络营销方式,能够精准定位目标受众,提高品牌曝光和网站流量,进而实现营销目标的达成。

(一)搜索引擎的工作原理

人们之所以能够在谷歌(Google)、百度等搜索引擎中很快找到所需信息,是因为搜索引擎事先为我们收录了大量的网页信息,并且会定期更新。搜索引擎的工作原理可分为抓取、建库、分析搜索请求及计算排列顺序。

1. 抓取

搜索引擎能够把这么多的信息收录在自己的信息库中求助的是蜘蛛程序(Spider)。蜘蛛程序是用计算机语言编制的程序,用以在互联网中不分昼夜地访问各大网站,将访问到的网页信息以最快的速度带回。蜘蛛程序通常通过与浏览器集成的搜索工具栏等接口进行操作,它们能够识别和索引网页内容,包括文本、图片、链接等。通过这种方式,搜索引擎能够持续更新其索引,确保用户能够搜索到最新、最相关的信息。蜘蛛程序的高效运作是搜索引擎能够提供快速、准确搜索结果的关键所在。通常情况下,搜索引擎不会将整个网页信息都取回。对网页信息量大的网站,搜索引擎只会取每个网页有价值的信息,如标题、描述、关键词等。那么什么样的网站更容易被蜘蛛程序抓取呢?第一,结构合理的网站更容易被抓取;第二,有可读信息的网站容易被抓取;第三,有规范化 URL 的网站容易被抓取。

2. 建库

蜘蛛程序是搜索引擎用来自动浏览互联网并收集信息的自动化工具。这些程序按照一定的算法循环抓取互联网上的网页,然后将获取的信息存储在数据仓库中。为了提高检索效率和准确性,收集到的信息会通过一系列的预处理步骤进行组织和管理。

3. 分析搜索请求

分析搜索请求是搜索引擎营销中的重要环节，它涉及对用户搜索行为的理解和解读。通过分析搜索请求，营销人员可以了解用户的搜索意图、需求和偏好，从而优化广告投放和网站内容，提高广告的点击率和转化率。这种分析通常包括对搜索关键词的研究和分析，以及对搜索行为的趋势和模式的观察。通过深入分析搜索请求，营销人员可以更好地了解目标受众的需求，有针对性地制定营销策略，提升搜索引擎营销的效果和ROI。

4. 计算排列顺序

计算排列顺序是指确定一组元素的所有可能的排列方式，并按照一定的顺序进行排列。在数学中，排列是指从一组元素中取出一定数量的元素，按照一定的顺序进行排列的方式。通常使用的排列计算方法包括全排列和部分排列。全排列是指从一组元素中取出所有的元素，按照所有可能的顺序进行排列；而部分排列则是从一组元素中取出一定数量的元素，按照所有可能的顺序进行排列。计算排列顺序可以应用于各种问题，如组合问题、密码学、算法设计等领域，是数学和计算机科学中的基础概念之一。

（二）搜索引擎营销的常见方式

1. 关键词竞价排名

关键词竞价排名是一种按效果付费的网络推广方式，其营销方式由百度率先推出，之后包括谷歌、雅虎在内的著名搜索引擎网站全部使用了竞价排名的营销模式。竞价排名的基本特点是按单击付费，广告出现在搜索结果中（一般是靠前的位置）。如果没有被用户单击，则不收取广告费。在同一关键词的广告中，支付每次单击价格最高的广告排列在第1位，其他位置同样按照广告主设定的广告单击价格来决定广告的排名位置。

首先，对于跨境电子商务企业来说，做关键词竞价排名之前应先了解目标市场，通过对消费人群、竞争对手、产品属性的分析确定关键词清单。谷歌的谷歌 AdWords 关键词规划师（Google AdWords Keywords Planner）工具可以帮助跨境电子商务企业找到好的关键词，Google AdWords 账户可以制作 25 个广告系列，每个广告系列中包含若干广告组，广告组来源于对关键词的分类。例如，将词性结构类似且语义相近的关键词集中在一起，形成一个广告组，基于组内的关键词，制作对应的广告语并确定着陆页等信息。下面以设置广告系列为例说明操作步骤。

第一步，需要注册一个谷歌账号，然后登录网站（AdWords），在输入企业的电子邮箱和要推广的网址后，进入广告设置界面（Google AdWords）。

第二步，设置广告系列决定支出费用。决定支出费用设定了企业愿意支出的每日平均金额。企业可以随时更改，仅当有人单击企业广告时才需要支付费用。

第三步，选择目标受众群体。首先，需要确定广告推广区域，也就是说，只有设定推广区域的地区才能看到推广广告，这保证了广告主的最大利益。

其次，需要选择投放网络，即将企业的广告显示在站内搜索结果、新文章或其他内容旁边的网站，其中搜索网络指将谷歌用作搜索引擎的谷歌搜索网站和非谷歌网站。也可以选择展示广告网络，包括展示广告的谷歌展示广告网络网站和非谷歌展示广告网络合作网站。

最后，需要设定关键字。关键字清单的确定方法有寻找核心词关键字和拓展关键字。在设定核心词关键字时，需要先根据企业需求初步选择关键字，然后通过关键字设置工具查看关键字的热度，以决定选择哪些关键字。一般情况下，搜索热度越高，也就意味着该关键字往往需要更高的出价。另外，企业还可以通过谷歌关键字的相关搜索功能获取更多用户热搜的词。

以核心词关键字为基础，可以通过拓展词的形式丰富关键字，而且拓展的关键字能帮助企业避免与其他企业的竞争。拓展词可以借助词组组合的方法，如：在关键字"洗衣机维修"前后加相关词形成新词"上海洗衣机维修"；在"英语培训"后面拓展形成新词"英语培训队"等。另外，也可根据产品的不同功能、属性、特征进行扩展，如"男鞋""羊皮皮鞋""便宜皮鞋""黑色皮鞋"等。谷歌一般需要企业添加15~20个关键字。

第四步，设置出价。AdWords会自动为用户设置出价，帮助企业在预算范围内争取更多的单击，但若企业希望以人工方式设置出价，可以勾选以人工方式设置出价。

第五步，撰写广告。首先需要填写广告着陆页，即用户单击关键字广告后跳转到的目标网页。广告需要添加两个标题和一个广告内容描述。要求广告内容描述至少包含一个关键字，包含具体价格或促销优惠，最好使用清晰明确的号召性语句。

设定好关键字广告后，选择费用结算方式就可以参加竞价投放了。通过一段时间的竞价投放，广告主需要对推广结果进行分析，确认投放的关键字效果如何，对效果不佳的关键字需要持续优化。

根据谷歌的算法，广告排名值 = 竞价 × 质量评分。因此，若网站本身质量评分不高，即便出价很高，排名也不一定靠前。网站质量评分与关键词相关性及单击率、广告相关性及单击率、着陆页相关性及加载速度、账户使用时间等因素有关。用户可以在竞价投放后，通过安装Google Analytics跟踪代码，得到关于登录页面、图片广告、视频广告的每周浏览统计信息，以便衡量广告的投资回报率，确定更有效果的关键字广告。

需要注意的是，广告主实际支付的广告费用并不等于广告主的竞价，广告主实际支付额＝后一名广告出价×质量评分/自身质量评分＋0.01美元。

跨境电子商务企业在账户设计时需要注意以下几点：广告系列需要按受众群进行区分，如男士、女士、儿童等，这样可以让企业主容易监控到哪类广告组最容易带来流量和成交量，在广告系列中还可以按年龄来进行投放；广告系列需要落实到具体的产品层而不单停留在用户层。例如，一个外贸男女服装和鞋子的BC网站，在设置AdWord账户时采用哪种结构更加合理呢。

第一种账户结构，把所有产品放入一个广告系列，这将导致无法追踪每个产品线的具体表现，很多广告组将无法得到展现，长尾关键词（kids clothes, women's shoes）和主关键词（hats, dress, socks）并列，长尾关键词不能得到足够的展示机会。

第二种账户结构中，广告系列实现了按受众区分（men, women, kids），这使广告组监控变得容易实现，另外，还可以设置按年龄投放等功能。但这种广告系列没有落实到产品层，仅仅停留在用户层，这将导致对产品的优化和追踪分析不能起作用。

第三种账户结构中，广告系列落实到了产品层和用户层，能够在最短时间内排查到推广哪里出了问题，哪里的投资回报率高值得继续投入。这种结构是最优的推广账户设计。

2. 搜索引擎优化

SEO是一种利用搜索引擎的搜索规则来提高目前网站在有关搜索引擎内自然排名的方式。具体包括网站内部优化、网站外部优化、图片优化及代码优化等。

(1) 网站内部优化

在进行网站内部优化时,首先需要确保网站的结构清晰合理,包括导航栏的设置、网页的链接结构等,以便搜索引擎能够更好地理解网站的内容和页面之间的关联性。同时,应当确保网站的运行稳定和快速,减少页面加载时间,提升用户体验。

另外,网站的内容也是影响搜索引擎排名的重要因素。优质、原创、丰富的内容能够吸引更多的用户访问,并提升网站在搜索结果中的排名。因此,网站内部优化还包括对内容的优化,包括关键字的合理使用、内容的更新和扩充、页面的标题和描述的优化等。

网站的代码也需要进行优化,以确保搜索引擎能够顺利地抓取和索引网站的内容。优化代码可以包括减少代码量、优化图片大小、使用合适的标签和属性等方式,以提升网站的加载速度和搜索引擎的抓取效率。

(2) 网站外部优化

外部优化是指通过建立高品质的外部链接来提升网站在搜索引擎中的排名和可见性。高品质的外部链接可以有效地增加网站的权威性和信任度,从而提升搜索引擎对网站的排名。

建立高品质的外部链接是外部优化的主要工作之一。这可以通过多种方式实现,包括购买链接、交换链接和自建链接等。需要注意的是,要确保这些链接的质量和相关性,以避免被搜索引擎视为垃圾链接而对网站产生负面影响。

具体来说,建立高品质的外部链接应该考虑以下几个方面。

①加入搜索引擎分类目录网站:将网站加入相关的搜索引擎分类目录网站,可以增加网站的曝光度和链接质量。

②选择高 PageRank(PR) 值的网站目录:选择来自高 PR 值的网站目录,并确保这些网站与网站的主题相关,这样的外部链接更

有助于提升网站的排名。

③建立友情链接：与数据量大、知名度高、频繁更新的网站建立友情链接，这样可以增加网站的权威性和可信度。

④交换相关主题网站的友情链接：和与网站内容相关且很少导出链接的相关主题网站交换友情链接，这样可以提高链接的相关性和质量。

（3）图片优化

网站所有的图片都可以有一个很直接的文件名和一个 Alt 属性，这两者都可以好好地加以利用。例如，图片文件名体现出关键字，当图片因某种原因无法加载时，Alt 属性允许添加一个替代文字。添加的替代文字可以跟页面主题相关。

（4）代码优化

代码优化是提高网页性能和用户体验的重要手段。在进行代码优化时，可以从多个方面入手，包括减少超文本传输协议（hypertext transfer protocol，HTTP）请求、压缩和合并层叠样式表（cascading style sheets，CSS）和 Java Script 文件、使用合适的图片格式和大小、减少重定向和服务器响应时间、优化缓存策略等。此外，还可以通过精简 HTML、CSS 和 Java Script 代码，减少不必要的注释和空格，使用内联样式和脚本等方式来提升页面加载速度和性能。综合利用这些优化方法，可以有效地减少页面加载时间，提高用户访问体验，同时也有助于提高网站在搜索引擎中的排名。

3. 网站联盟广告

通过网站联盟广告，企业可以借助自动匹配技术将其广告覆盖到各类网站，包括门户网站、个人网站、博客和论坛等。这种广告形式利用先进的算法和技术，根据用户的兴趣和行为，将广告内容精准地展示在各种网络平台上，实现了更广泛的曝光和覆盖。通过网站联盟广告,企业可以实现更精准的目标受众定位,将广告展示给潜在客户,提高品牌知名度和曝光度。同时,这种广告形式还能够提供详细的数据分析和报告,帮助企业了解广告效果和用户反馈,进而调整和优化广告策略,实现更高的投资回报率。因此,网站联盟广告是企业在网络营销中不可或缺的重要手段,能够有效地扩大品牌影响力,提升营销效果。

二、跨境电商 SNS 营销

SNS 全称 social networking services,即社会性网络服务。传统营销是销售导向的,现代营销则倾向于关系导向,强调与消费者的互动,国际知名的 SNS 社交平台有脸书、推特、缤趣(Facebook、Twitter、Pinterest)等。

(一)Facebook

Facebook 是全球最大的社交网站,借助 Facebook 开展海外营销受到越来越多跨境电子商务从业者的关注。

1. 通过 Facebook 做企业推广的方法

Facebook 官方主页的个人资料是 Facebook 用户的个人数字简介。对于营销者来说,个人资料是展开营销的基础。每个月,用户花费在 Facebook 上的时间超过 70 亿分钟,平均每位用户拥有 130 位朋友,为了能够让你的朋友时刻对你产生兴趣,个人资料必须实时更新以体现自己的风格。①

创建个人账户后,可以创建地方性商家或地点、公司组织或机

---

① 刘嘉熹. 基于大数据的跨境电子商务运营策略研究[J]. 产业与科技论坛,2020(2):38-39.

构、品牌或产品、艺人乐队或公众人物、娱乐、理念提倡或社区小组多种类型的主页。跨境电子商务企业可以选择创建自己需要的主页。除创建公司组织、品牌或产品主页外，企业甚至可以创建娱乐或理念提倡类的主页，创造更多与顾客接触的机会。以创建公司组织类主页为例。

企业可以添加公司简介、主页照片，加入常用功能以及首选主页受众（包括潜在受众所在地区、年龄、性别、兴趣爱好和语言）。公司主页添加完成后还可以通过设置按钮随时对主页信息进行更新。

主页中的信息主要包括三个部分：企业简介、照片和相关主页。企业简介部分要尽量填写完整，并且添加与企业相关的关键字，将企业的网站、博客、在线商城或 Twitter 页面信息也添加进来。通过必要信息的设置，最终公司的主页就建设完成了。

2. Facebook 粉丝量的增加

增加 Facebook 粉丝量是一个长期的过程，主要通过发布更新、大号引流、Facebook 的发起活动功能、群组（Facebook Groups）以及选择付费广告等实现。

（1）发布更新

发布更新是增加 Facebook 粉丝量的基本策略之一。通过定期发布有吸引力的内容更新，企业和个人可以吸引更多的用户关注自己的 Facebook 页面。这些更新可以是与行业相关的新闻、产品或服务的介绍、促销活动的公告等，以吸引用户的注意并促使他们与页面互动。

（2）大号引流

大号引流是指通过与其他在 Facebook 上有影响力的个人或品牌合作，从他们的页面引导用户转移到自己的页面。这种合作可以是互相宣传、合作活动、跨品牌合作等形式，通过与大号的合作，可以快速地吸引大量新粉丝。

(3) Facebook 的发起活动功能

通过在 Facebook 上发起各种类型的活动，如抽奖、比赛、问卷调查等，可以吸引用户的参与和关注，从而增加粉丝量。这些活动不仅能够增加页面的曝光度，还能够提高用户参与度和互动性，促进粉丝的增长。

(4) Facebook Groups

Facebook Groups 是一个可以聚集共同兴趣和话题的社群空间，加入相关的 Groups 可以让企业或个人与潜在粉丝更直接地互动和交流，从而增加粉丝量。

(5) 选择付费广告

选择付费广告也是增加 Facebook 粉丝量的一种常用手段。通过在 Facebook 上投放广告，可以有针对性地将页面推荐给潜在用户，吸引他们成为粉丝。付费广告可以选择不同的定位和目标受众，从而提高广告的转化率和粉丝量。

（二）Twitter

Twitter 是全球最大的微博网站，拥有超过 5 亿注册用户。虽然用户发布的消息不能超过 140 个字符，却并不妨碍各大企业利用 Twitter 进行产品促销和品牌营销。网站的非注册用户可以阅读公开的推文，注册用户则可以通过 Twitter 网站、短信或者其他应用软件发布消息。跨境电子商务企业可以利用 Twitter 进行产品推广。

利用 Twitter 做外贸，可以快速为外贸网店导入大量流量，那么跨境电子商务企业如何通过 Twitter 推广吸引更多粉丝关注呢。

1. Twitter 账号的设置

在创建 Twitter 账号时，应确保选择一个简洁易记的用户名，并完善个人或企业的资料信息，包括简介、头像、封面图片等。这些信息能够帮助用户更快地了解你的账号,并决定是否关注你。

2. 利用 Twitter 的搜索功能确定关键词

通过在 Twitter 上搜索与自己行业、产品或服务相关的关键词,可以找到潜在的粉丝群体,并了解他们的需求和兴趣。在发布内容时,应针对这些关键词进行优化,以提高被目标用户发现的概率。

3. 在 Twitter 上发起活动

可以通过举办抽奖、比赛、问卷调查等活动,吸引用户的参与和关注。这些活动不仅能够增加账号的曝光度,还能够提高用户参与度和互动性,从而促进粉丝的增长。

4. 借助名人效应吸引粉丝

与知名人士、行业专家或意见领袖合作,可以通过他们的影响力吸引更多的粉丝关注你的账号。可以邀请他们在 Twitter 上转发你的内容、提及你的账号或参与你的活动,从而扩大你的影响力和曝光度。

5. 与客户积极互动

回复用户的提问、评论和私信,与他们建立真诚的沟通和互动,可以增加用户对你的信任和好感,从而促使他们关注你的账号,并成为你的粉丝。

(三) Pinterest

Pinterest 是一个基于兴趣爱好的图片分享型社交网站,兼具 SEO 的猎奇属性和 SNS 的交互属性,以瀑布流的方式推送,无须用户翻页。Pinterest 中每张照片的描述和标题均带有关键字。如同一个图片搜索引擎,用户通过关键字搜索就可以找到需要的图片。

1. 设置账户信息

设置账户信息包括邮箱、语言、个人简介、所在地、网站以及相关信息的设置。

对于企业来说，需要详细填写，在设置中关联企业自己的 Facebook 和 Twitter 账号。

2. 设计 Board 布局

Pinterest 作为一个以图像分享和发现为主要功能的社交媒体平台，允许用户创建公开 Board 和私人 Board。公开 Board 是用户可以与其他人共享的画板，用户可以在其中分享自己喜欢的图片、灵感、想法等内容，并与其他用户进行互动和交流。私人 Board 则是用户可以自行设置为私密的画板，只有用户自己能够查看和编辑其中的内容，可以用于保存私人收藏、计划、项目等内容，保护用户的个人隐私和安全。通过允许用户创建公开 Board 和私人 Board，Pinterest 为用户提供了更加灵活和多样化的分享和收藏方式，满足了用户不同的需求和偏好。

3. 申请 Rich Pin

Rich Pin 相对于普通 Pin 来说，展示的信息更丰富，而且 Rich Pin 呈现的文字信息比一般 Pin 要多。目前，Pinterest 有 6 种 Rich Pins：APPPins、地点 Pins、文章 Pins、产品 Pins、食谱 Pins 以及电影 Pins。不同种类的 Rich Pins 可以让用户查找到相关的 Pins。对于企业账户来说，申请 Rich Pin 是免费的，当企业网站有内容更新时，Rich Pin 会自动更新。

4. 通过付费广告的形式推广企业产品

Pinterest 推出了推广图钉广告，这是一种基于用户兴趣和行为定向的广告形式。通过 Pinterest 的广告平台，广告主可以根据用户的关键词搜索、本地地址、语言偏好、设备类型以及性别等多个维度来确定广告的呈现。这种精准的定向能力使得广告可以更精准地展示给目标受众，提高广告的曝光率和点击率。例如，一个时尚品牌可以选择在 Pinterest 上发布广告，针对喜欢时尚潮流的用户，根据他们的搜索兴趣和地理位置等因素进行定向,从而有效地吸引潜在顾客的注意力。通过这种定向广告的方式,广告主可以更有效地推广产品和服务,提升品牌曝光度,并促进销售增长。

5. 关注别人以获取一定比例的关注

在 Pinterest 上,企业可以通过关注其他用户来获取一定比例的关注回报。类似于其他社交网络营销平台,关注其他用户是建立社交关系、增加曝光度和吸引目标受众的一种有效方式。通常情况下,企业可以查找竞争对手或同行账号的关注者,并尝试与他们建立联系。如果这些用户关注了多个与企业相关的同行企业或产品,那么他们很有可能成为企业的潜在目标用户。

通过关注与企业相关的用户,企业可以向他们展示自己的产品、服务和品牌,吸引他们的注意力并引导他们进入企业的 Pinterest 主页。在与这些用户建立社交互动的过程中,企业可以通过发布有吸引力的内容、参与评论和分享等方式,逐渐建立起与他们的信任和关系。这样,企业就有机会将这些用户转化为忠实的粉丝和潜在的客户,进而提升品牌知名度、增加网站流量,甚至促进销售增长。因此,关注其他用户是 Pinterest 营销中一个重要的策略,可以帮助企业扩大影响力和吸引更多目标受众的关注。

第三节 跨境电商 EDM 营销与视觉营销

一、跨境电商 EDM 营销

跨境电商的电子邮件营销(electronic direct mail,EDM)营销是通过电子邮件向潜在客户和现有客户发送定制化的营销信息，旨在促进销售、提高品牌知名度和客户忠诚度。这种营销策略可以帮助跨境电商企业与客户建立更紧密的联系，提供个性化的产品推荐、优惠信息和促销活动，从而吸引客户的注意力并促使其进行购买行为。

跨境电商企业通过 EDM 营销可以实现以下目标：首先，通过定期发送电子邮件，向客户提供有价值的信息和优惠，保持品牌与客户之间的互动和联系，提高客户的满意度和忠诚度。其次，利用 EDM 营销可以进行目标客户细分和个性化营销，根据客户的购买历史、兴趣爱好和行为习惯，精准地推送相关产品和服务，提高销售转化率。此外，通过优化邮件内容和布局，提高邮件的打开率和点击率，增加用户与邮件的互动，进一步提升营销效果和 ROI（投资回报率）。

关键的 EDM 营销策略包括建立高质量的邮件列表，确保邮件内容的相关性和吸引力，优化邮件发送频率和时机，测试和优化邮件主题、内容和呈现形式，以及监测和分析邮件营销的效果并及时调整策略。通过精心设计和执行 EDM 营销策略，跨境电商企业可以有效地吸引和留住客户，实现业务增长和竞争优势。

（一）设计 EDM 邮件

1. 邮件主题的设计

对企业发送的电子邮件，大家往往在收到邮件后只会一闪而过。而一个好的主题往往是收件人乐意打开邮件的关键。通常情况下，邮件主题要控制在 18 个字以内。邮件主题设计可以采用以下五种类型。

（1）公告类型

公告类型的邮件主题通常用于向收件人宣布重要消息、新产品上市、特别优惠等内容。这类主题通常需要简洁明了、具有吸引力，直接告诉收件人邮件内容的关键信息，激发其打开邮件的兴趣。例如，"新品发布：即刻抢购！""特惠通知：限时促销来袭！"等。

（2）列表类型

列表类型的邮件主题常用于向收件人提供产品或服务清单、推荐列表、行业资讯等。这类主题需要清晰明了、具有吸引力，突出列举的内容或特点，引导收件人点击查看更多详细信息。例如，"热门商品推荐：最新潮流一网打尽！""行业报告：2024年度行业趋势解读"。

（3）指令类型

指令类型的邮件主题通常用于向收件人发出明确的行动要求，例如，参加活动、填写问卷、订阅服务等。这类主题需要直接明了，具有紧迫性和诱导性，激发收件人立即行动。例如，"参与调查：分享您的意见，赢取大奖！""立即预订：限量抢购，先到先得！"

（4）幽默类型

幽默类型的邮件主题通过幽默、有趣的语言或表达方式来吸引收件人的注意力，增加邮件的趣味性和吸引力。这类主题需要根据受众群体的喜好和品味选择合适的幽默元素，不过度，不失轻松。例如，"你的专属福利来啦！别错过！""有趣小游戏：打开来解锁新姿势！"

（5）问题类型

问题类型的邮件主题通常通过引发收件人的疑问或好奇心来吸引其打开邮件。这类主题需要富有创意、引人入胜，让收件人想要了解更多信息。例如，"你知道吗？这些秘密优惠等着你！""你的假期计划已准备好了吗？"

2. 邮件内容写作技巧

内容和版面尽量简洁，突出主题，尽量使用图片以避免文字在各个主流邮箱中显示时存在差异，整页图片控制在 8 张以内，每张图片最大不超过 15kb。图片地址不写本地路径，图片名称不能包含 a 字符，否则图片会被过滤成广告。邮件中的链接数量不能超过 10 个，链接需要显示绝对地址，链接长度不能超过 225 个字符。

3. 邮件发送问题

发送前需要分类管理好自己的客户，不同类型的客户往往需要发送不同类型的电子邮件，尽量避免邮件统一群发。发送邮件的合适时间主要集中在 7~9 点和 11~13 点两个时间段，因为这两个时间段分别处于打开计算机的工作时间和上班族休息时间，这两个时间段更能够增加邮件被打开的可能性。

（二）电子邮件的数据监测

邮件发送后，判断邮件发送质量的主要指标有以下几点。

1. 打开率

打开率指收件人打开邮件的比例，反映了邮件主题和预览文本的吸引力。高打开率表示邮件主题和内容能引起受众的兴趣和注意。

2. 点击率

点击率指收件人点击邮件中链接的比例，包括文本链接、按钮等。点击率反映了邮件内容的吸引力和受众的互动程度，是衡量邮件转化效果的重要指标。

3. 送达率

送达率指成功发送并被接收的邮件数量与总发送数量的比例，反映了邮件发送的有效性和可靠性。高送达率意味着邮件能够成功到达目标受众的收件箱。

4. 退信率

退信率指由于邮箱不存在、收件箱已满等原因而无法送达的邮件比例。退信率高可能是由于邮件列表质量差、发送频率过高等原因，需要及时处理和改进。

除了以上主要指标外，还可以监测邮件的转化率、反订阅率、邮件阅读时间等数据，以全面评估邮件营销活动的效果和受众反馈，为后续优化和改进提供参考依据。

二、跨境电商视觉营销

（一）视觉营销的重要性

视觉营销是一种利用视觉元素和视觉体验来吸引、留住和影响目标受众的营销策略。通过精心设计的图片、视频、网站界面等视觉元素，以及色彩、排版、图像和动画等视觉效果，视觉营销能够直观地传达品牌形象、产品特点和营销信息，引起受众的兴趣和共鸣，从而促进销售和品牌认知度的提升。在数字化时代，视觉营销尤为重要，因为人们对视觉信息的接受和反应速度更快，而且视觉内容更容易被记忆和分享。

因为人类是视觉动物，对视觉信息的接受和处理速度远远快于其他类型的信息。通过精心设计的视觉元素，可以直观地传达品牌的理念、产品的特点和优势，吸引消费者的眼球，引发情感共鸣，从而提升品牌认知度和影响力。在网络时代，随着越来越多的消费者将购物体验转移到线上，视觉营销的重要性更是日益突出。通过优质的网站设计、精美的商品图片和吸引人的广告视频，企业可以在激烈的市场竞争中脱颖而出,吸引更多的目标客户,促进销售增长,实现商业目标。

(二)店铺视觉设计必备技能

随着电子商务的发展壮大,在网店众多、货品繁杂的情况下,买家的选择余地较大,这给卖家带来了较大压力,借助视觉营销吸引访客、提高订单转化率显得尤为重要。通常情况下,卖家的视觉营销可以从以下几个方面着手。

1. 文案策划

文案是指公司或企业以文字来表现已经制定的创意策略的方案。在网上购物,打动买家的除了图片就是文案了。好的文案具有较强的说服力和较大的诱惑力,能够大大提高店铺的订单转换率。

卖家需要撰写具有吸引力和说服力的文案,以激发潜在客户的兴趣并促使其进行购买。文案应该清晰明了地描述产品的特点、优势和用途,同时突出产品的独特之处,引起客户的好奇心和购买欲望。

2. 产品拍摄

产品的拍摄质量直接影响到顾客对商品的印象和购买意愿。卖家应该使用高品质的摄影设备和灯光,拍摄清晰、精美的产品图片。图片要展示产品的各个角度和细节,让客户可以清楚地了解产品的外观和质感。

产品照片在拍摄前需要做好产品的客户定位,整个拍摄过程可分为前期准备、中期执行和后期处理三个步骤(如图 7-1 所示)。

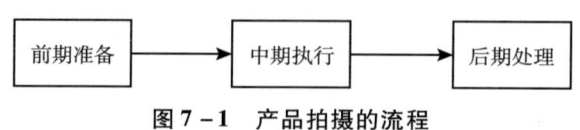

图 7-1 产品拍摄的流程

3. 图片处理

在拍摄完成后，卖家需要对图片进行后期处理，以确保其质量和美观度。这包括调整色彩、亮度和对比度，去除不必要的背景和瑕疵，以及添加特效和水印等。通过精心处理的图片，可以提升产品的视觉吸引力和专业感。

4. 详情页设计

产品详情页是客户了解商品详细信息的主要渠道。卖家应该设计清晰、直观的详情页布局，将产品的规格、功能、价格、售后服务等信息清晰地展示出来。详情页的设计应简洁明了，方便客户快速获取所需信息，并且要与整体店铺风格保持一致。

5. 店铺装修

店铺的整体装修风格直接影响到客户对品牌的印象和信任度。卖家应该根据目标客户群体和产品定位，精心设计店铺的布局、颜色搭配和视觉元素。店铺的装修应该简洁、专业、有吸引力，体现出品牌的特色和价值观，让客户产生良好的购物体验和品牌认同感。

（三）banner 设计技巧

根据买家产品或配图内容，横幅广告（banner）设计时高度在 300×400 像素~300×500 像素比较合适，尺寸一般为 950×500 像素。如果产品拍摄清晰度较高，可以尝试使用大尺寸的横幅广告，这样更能突出产品，吸引买家；如果产品拍摄得不是很清晰，建议使用小尺寸的横幅广告，突出文案，从而吸引买家关注。切忌将小图片放大，这样会使图片模糊，让买家产生负面感受。

第八章

大数据背景下营销管理的实践

第一节 大数据背景下营销管理的多维路径

一、大数据时代的营销管理创新

（一）以消费者为核心

企业管理者需要更新传统的营销管理观念，增强企业员工的创新观念，加大力度研究科技和信息化时代新理念，掌握大数据的特点，明确现代客群的消费理念和消费特点，以此为基础，研发产品、提升质量、带动销量，还要保证设置的营销管理模式符合当今市场的特征。简而言之，就是建立互联网思维，即在"互联网+"、大数据、云计算等科技不断发展的背景下，对市场、用户、产品、企业价值链乃至对整个商业生态进行重新审视。

营销管理工作要注意维系好老客户和老群体，还要结合大数据时代的需求特点，改革企业的营销管理。以企业实际情况为基础，利用大数据技术，创新营销管理模式和营销管理策略，同时要保证这些策略和方法适合企业的实际情况。

总之，利用大数据技术，将市场营销的各个环节打通，从产品研发、生产，到宣传、销售，再到客户服务、客户细分、需求细分形成一个有效的流通"O"循环。

（二）有机结合网络营销和传统营销

传统营销手段如广告、促销活动和直销等在传播范围和效果上具有一定优势，而网络营销则通过互联网平台实现信息的快速传播和精准定位，具有覆盖范围广、成本低廉、互动性强的特点。通过有机结合两者，企业可以充分利用传统媒体的影响力和网络平台的便利性，实现营销效果的最大化。例如，可以通过传统广告宣传引导客户关注企业的社交媒体账号或官方网站，进而进行线上互动和销售；或者利用网络平台的数据分析和用户行为追踪，为传统渠道的广告投放提供精准的目标人群定位。综合利用传统和网络营销手段，不仅可以提升品牌曝光度和客户黏性，还能够有效降低营销成本，实现更高效的营销效果。

（三）完善企业市场营销管理体系

企业利用大数据技术手段，构建系统化市场营销管理体系，增强内部协调能力、及时作出市场反应、快速迎合消费者需求，最终获得更高的市场份额和品牌知名度，使企业能够在市场环境的变化和行业竞争中不断领先。

完善企业市场营销管理体系是提升企业竞争力和实现持续发展的重要举措。这一体系应该包括市场分析、目标市场确定、市场定位、产品策划、价格制定、渠道管理、推广策略、销售管理等多个环节。首先，通过深入的市场分析，了解行业发展趋势、竞争对手情况以及消费者需求，为企业制定正确的发展战略提供数据支持。其次，明确目标市场，并通过细分市场和定位市场，确定目标客户群体，以便有针对性地开展营销活动。在产品策划方面，应根据市场需求和竞争情况，不断优化产品功能、品质和服务，提高产品竞争力。价格制定则需根据产品成本、市场需求和竞争格局，制定合理的价格策略，既能吸引客户又能保障企业利润。渠道管理方面，要建立健全的销售渠道体系，包括线上线下渠道的整合和管理，确保产品能够迅速、高效地传达到目标客户手中。推广策略方面，则需要结合产品特点和目标客户，选择合适的推广方式，如广告、促销、公关活动等，提升品牌知名度和美誉度。最后，销售管理是营销管理体系的重要组成部分，需要建立科学的销售目标和考核机制，培训和激励销售团队，确保销售业绩的稳步增长。

（四）增强营销创新意识

大数据时代下的企业领导者、管理者和员工要全面树立"市场第一、消费者至上"的营销理念，一切为了营销，一切服务于营销，建立起以市场为导向的科学规范的营销网络。要以市场为导向，根据市场营销来确定企业职能部门和人员配置，围绕市场营销抓好原材料采购、生产组织、售后服务等环节职能定位，形成多角度、立体交叉、符合企业实际的营销网络，并持续发展创新营销模式和管理手段，提高产品在市场上的占有率。

（五）强化营销组织创新

在大数据时代，通过利用大数据技术，营销组织可以更加深入地了解客户，从而精准定位市场需求和趋势，提高营销活动的针对性和效果。大数据分析可以帮助企业实时监测市场动态，抓住商机，及时调整营销策略，提高市场反应速度和灵活性。大数据还可以为营销组织提供全面的竞争情报，帮助企业了解竞争对手的行为和策略，制定更具竞争优势的营销方案。强化营销组织创新意味着引入新的技术和工具，优化组织结构和流程，培养创新文化和团队，以及持续推动营销模式和策略的创新和升级。通过不断创新，营销组织可以更好地适应市场变化，提高竞争力，实现长期的可持续发展。

（六）实施营销精准化建设

在大数据时代，精确化的营销方案成为企业从事营销活动的大势所趋，让一切变得可能。企业要积极通过对市场、客户数据信息的分析处理，来确定哪些是潜在购买客户，哪些是重点营销区域。通过大数据分析，企业可以深入了解客户的行为模式、偏好和需求，从而精准地定位目标客户群体，提供个性化的营销服务和产品推荐。同时，大数据还可以帮助企业发现市场的新趋势和机会，及时调整营销策略，抓住市场先机。

（七）推进营销组合化建设

加强企业营销组合化建设，推动企业可持续发展。企业要以消费者需求和偏好为基础，制定有针对性的营销组合策略，在签订合同、履约付款、安装调试、售后服务等环节，不断提高营销质量。企业要以大数据为基础，根据市场反馈机制，特别是售后服务过程中与客户的沟通交流信息，制定与市场相适应的产品改进方案和价格调整机制。要创新销售渠道，构建线上线下营销一体化平台，让客户深入了解产品信息，赢得客户的认可和赞誉。此外，还要创新营销服务模式，提高营销服务的效率和质量，构建产品的售前、售中和售后服务，健全和完善营销服务体系，提升企业产品品牌形象，实现合作双赢的发展目标。

大数据时代要以互联网思维运营企业，结合企业和产品的实际，大力推动企业营销模式创新。要树立市场营销理念，强化营销组织创新，实施精准化和营销组合化建设，不断加大营销模式的创新力度，加强企业产品品牌建设，促进和扩大产品营销，提升产品市场占有率，推动企业实现可持续发展。

综上所述，在大数据时代，需要实现市场营销管理的创新，利用各种营销管理模式，把握当今消费者的消费心理，这样才可以增强企业营销管理效果，实现可持续发展。

二、小微企业与大数据营销管理

小微企业是我国数量最多的企业群体，但小微企业规模普遍较小，因而内部管理相对比较薄弱，而大数据技术的应用，可以极大地提升小微企业营销管理能力，需要引起小微企业重视。这里基于大数据背景，就小微企业营销管理创新问题，重点就如何推动营销管理创新提出一些有针对性的策略。

营销管理是企业管理的重要组成部分，特别是对于小微企业来说，大力加强营销管理更具有重要价值。大数据技术的应用，对于小微企业更有效地开展营销管理具有十分重要的支撑作用。但目前一些小微企业还没有认识到大数据技术的作用，因而将大数据技术与营销管理进行有效融合的意识和能力不强，制约了小微企业营销管理工作的深度和广度，这须引起小微企业的重视，努力运用大数据技术提升营销管理水平。

(一) 大数据技术对小微企业营销管理的作用

大数据的开放性和整合功能使其在营销管理中具有广泛的应用前景,特别对于小微企业而言,将大数据技术与营销管理有效结合可以产生积极的推动作用。首先,通过大数据收集和分析市场营销相关信息,可以更精准地了解客户和市场需求,从而提升市场营销的针对性和有效性。其次,将大数据技术与营销管理结合,可以提升整体营销管理水平,通过有效对接各个领域和环节,形成强大的工作合力,从而提高市场营销活动的系统性和全面性。这样的融合不仅有助于降低营销管理成本,还能提升管理效能,为小微企业的发展提供有力支持。

(二) 大数据时代小微企业营销管理的策略

1. 打造营销管理平台

小微企业在大数据时代要做好营销管理工作,必须重视打造营销管理平台,特别是运用大数据技术构建更加系统化、多元化和有效的平台。这样的平台可以为企业提供更全面、精准的营销管理支持,从而更好地应对市场挑战和机遇。通过运用大数据技术,企业可以收集、分析和利用海量的数据,深入了解客户需求、市场趋势和竞争对手动态,为制定营销策略提供科学依据。

2. 完善营销管理机制

将大数据技术应用于小微企业营销管理中,除了建设营销管理平台外,还需要在完善营销管理机制方面取得突破,以使营销管理更加全面。

第一,小微企业需要建立健全的数据收集和分析机制。通过大数据技术,企业可以收集和分析各种市场数据、客户行为数据以及竞争对手信息等，从而深入了解市场需求、客户喜好和竞争格局，为决策提供科学依据。

第二，企业应建立灵活高效的营销策略制定机制。利用大数据技术，企业可以根据数据分析结果灵活调整营销策略，实时响应市场变化，提高营销效率和精准度。

第三，小微企业还应加强内部协同和沟通机制的建设。通过大数据技术，企业可以实现各部门之间的数据共享和信息流通，促进团队协作和决策效率的提升，从而推动营销管理工作的全面发展。

第四，企业还应注重建设健全的绩效评估和监控机制。利用大数据技术，企业可以实时监测营销活动的执行情况和效果，及时发现问题并采取措施加以调整，从而保障营销管理工作的顺利实施和持续改进。

3. 拓展营销管理领域

由于大数据技术可以广泛应用于营销管理当中，且应用大数据技术还能使营销管理具有拓展性，因而应当不断拓展营销管理领域。这就需要小微企业做好"融合"这篇文章。例如，可以将大数据技术应用于市场营销风险管理当中，运用大数据技术进行数据收集和分析，找出可能存在的金融风险点，进而制定更具科学性和针对性的营销风险管理方案。又如，在开展市场营销的过程中，融合大数据技术，加强对客户和消费者感知与需求的调查和分析，同时可以广泛征求客户和消费者的意见，并通过数据化处理，对企业市场营销活动进行有针对性的改进，进而实现市场营销管理工作的系统性。总之，小微企业应当切实发挥大数据的多元化功能，不断拓展营销管理领域，努力使营销管理能够为小微企业战略发展提供强有力的服务。

综上所述，在大数据技术快速发展的新时代，对小微企业来说，可以将大数据技术与营销管理进行有效结合,既有利于提升市场营销水平,也有利于促进营销管理步入创新发展轨道。这就需要小微企业在开展营销管理的过程中,一定要从自身实际情况入手,积极探索将大数据技术应用于营销管理工作中的有效路径,重点要在打造营销管理平台、完善营销管理机制、拓展营销管理领域等诸多方面取得突破,推动小微企业营销管理步入良性发展轨道。

三、科学营销:大数据的营销范式

随着社会的进步和发展,企业生存环境不断地发生变化,交易营销与关系营销逐渐无法有效地指导所有营销活动。一方面,顾客的个性化需求日益增强,不再满足于大众化产品与服务。因此,企业面临的不再是顾客群体同质化的需求,而是众多顾客的个性化需求,需要根据不同顾客的需求采取定制化策略。另一方面,信息技术的飞速发展使追踪和收集顾客的个性化需求信息成为可能。21世纪以来,尤其是近几年,网络信息技术的进步提供了一个可以运用数据进行描述和分析的新世界。与传统的数据相比,大数据具有大量、多样、价值密度低和高速的特点,需要庞大而先进的信息技术对其进行处理。大数据的使用可以有效降低成本,提升利润和效率,当前已经被广泛应用于医疗、金融、零售和制造等领域,正改变着政府、企业或其他组织的决策流程及组织结构。

在大数据时代背景下,企业不再依赖于经验管理,而是根据大数据的精准计算,预测合作伙伴或顾客的行为从而作出决策。

无论是以经济计算为导向的交易营销,还是以社会互动为导向的关系营销,都无法再继续指导大数据时代背景下企业的营销活动。越来越多的研究表明,大数据时代背景下的营销思想与体系与以往存在显著差异。同时，人们在日常生活中产生的数据信息正在迅速增长，并将继续改变企业原有的营销方式和决策。库恩认为，当某学科的现有理论无法解释现实中出现的新问题，且这种现象不断积累至临界点后，范式革命就会发生。在此背景下，新的以数据为核心的科学营销应运而生。

（一）科学营销的提出与理解

在当今产品和服务日益多样化的社会中，消费者的需求层次不断提升，个性化需求的趋势愈发明显。这种需求的独特性和多样性意味着每个消费者都有其独有的特征和偏好，这要求企业必须深入了解每一位顾客以提供定制化的服务和产品。

为了满足这种个性化需求，企业需要收集和分析尽可能多的顾客数据。然而，尽管个性化营销的概念已经出现，但企业在实际操作中面临着有效收集顾客数据的挑战，这不仅困难重重，而且成本高昂。

科技进步和信息技术的发展为这一问题提供了解决方案。电子商务的兴起，特别是平台如淘宝和支付工具如支付宝的普及，使得企业能够更容易地获取顾客的基本信息和交易记录。同时，大数据和云计算技术的发展让企业能够高效、低成本地存储和处理大量数据，利用先进的数据模型和软件分析顾客特征，从而设计出满足个性化需求的营销策略。

随着环境的变化，企业的营销目标已经从仅满足顾客的基本经济和社会需求转变为满足其个性化需求。这一转变促使企业的营销决策从依赖经验和历史数据，转向依赖科学的数据分析，形成了一种新的营销范式。在这个范式下，科学营销被定义为利用信息技术手段高效收集和处理顾客数据，深入分析顾客需求，并据此制定个性化的营销活动,以提升顾客满意度和忠诚度。这标志着企业营销思想体系和行动方式的重大变革,为企业在竞争激烈的市场中提供了新的机遇。

因此可以从以下三个方面理解科学营销。

第一,科学营销的目的是满足每位顾客的个性化需求。通过深入分析和理解顾客的行为模式、偏好和需求,科学营销可以为每个顾客提供定制化的产品和服务。借助先进的数据分析技术和人工智能算法,企业能够更好地洞察市场、预测顾客行为,以及实时调整营销策略。这种个性化的营销方式不仅可以提升顾客满意度和忠诚度,还能够提高销售效率和企业竞争力。因此,科学营销不再局限于传统的群发式广告,而是致力于通过个性化的定制化服务,与每位顾客建立更加紧密和持久的关系,从而实现双赢的局面。

第二,科学营销的核心理念在于将营销活动和决策基于科学的数据分析,而不是依赖于企业或管理者的惯性或经验。通过对大数据的深入挖掘和分析,科学营销能够准确地识别顾客的需求、偏好和行为模式,从而为企业提供精准的市场洞察和决策支持。与传统的基于经验和直觉的营销方法相比,科学营销更加客观、准确和可靠,能够更好地预测市场趋势、优化营销策略。

第三,科学营销得以展开和成功的前提是企业有机会拥有顾客的数据信息,在此基础上进一步分析每位顾客的特征。尽管大数据时代已经来临,但并非所有企业都能获得顾客的相关数据信息。当前只有拥有线上平台的企业能够掌握顾客的数据信息,这也是科学营销处于初始阶段的主要原因。

值得注意的是,科学营销强调依赖科学的方法和思想,而不是依赖经验,与科学管理有一定的相似之处,但它们在目标、理论基础和研究对象等方面存在着显著的差异。科学管理的目标是提高组织的生产效率和员工的工作效率,以达到企业的绩效提升;而科学营销的目的则是满足顾客的需求,增强顾客的满意度,从而促进企业的发展和绩效提升。此外,科学管理基于古典经济学的理论基础,将员工视为没有思想的工作机器,通过标准化的工作流程和奖励机制提高效率;相反,科学营销建立在嵌入理论的基础上,认识到每个顾客的独特性,通过定制化的营销服务满足顾客需求,提升顾客满意度。科学管理关注的是企业内部员工,而科学营销关注的是企业外部的顾客,二者从不同角度寻求提升企业绩效的方法。因此,虽然科学管理和科学营销都追求科学的方法代替经验,但它们在理论和实践层面存在着明显的差异。

(二) 营销范式的比较

在某一学科中,范式革命的产生应该满足两个方面的要求:一方面,从理论角度出发,新的范式应该提出一套新的理论体系;另一方面,从实践角度出发,新的范式能够解释和指导现实中该领域所面临的现象与行为。因此,可以从这两个方面确认科学营销是否可以成为营销领域的范式革命。

理论层面,不同于交易营销与关系营销,科学营销旨在满足每位顾客的个性化需求,它将每位顾客看作独特的个体,针对每种需求提供不同的营销方案。交易营销遵循古典经济学的思想,将顾客看作混乱无序的原子化状态,强调通过建立硬性的契约或制度安排来管理交易,以达到成本最小化或利益最大化的目的。而关系营销以社会交换理论为理论基础,将顾客看作有序的群体,强调利用信任、承诺等柔性的规范管理交易。格兰诺维特(Granovetter)提出嵌入理论,认为交易营销与关系营销两种方式实际上都夸大了自身的好处,并存在相应的缺陷,而处于二者之间的嵌入机制则能很好地管理市场交易过程。① 重复的市场交易使交易主体在经济关系与社会关系之间的联系中形成了一种新的交换逻辑,顾客的经济行为是嵌入在其社会结构之中的。基于格兰诺维特的嵌入理论,每位顾客的选择和决策都是经济因素与社会因素共同决定的结果。因此,顾客既不能像在交易营销中一样被看作经济人,也不能像在关系营销中一样被看作社会人,而应当是嵌入关系,只不过每位顾客的嵌入程度不同,这就产生了需求差异。因此,科学营销范式为营销活动提供了新的思想体系。②

实践层面,随着顾客的个性化需求日益增强,定制化产品或服务及营销活动逐渐发展并成熟,尤其是电子商务等行业,信息技术的发展为分析顾客的独特特征和个性化需求以及预测顾客的行为提供了充分的数据信息,如淘宝、京东等电子商务平台根据顾客的搜索、浏览及购买记录,分析顾客的兴趣爱好,据此提供相应的推荐和推送服务。而聚焦于经济绩效的交易营销以及聚焦于互动过程的关系营销都无法解释这一现象。因此,需要新的科学营销来解释和指导当前大数据时代背景下的营销活动。

另外,在操作层面,科学营销提倡利用强大的数据管理系统收集每位顾客的数据信息,并利用云计算等先进的信息技术处理和分析得到的数据,从而更准确和科学地预测顾客的行为及需求。这就要求企业加强对顾客数据信息的关注,包括从初始交易到后期的重复交易的整个过程中所产生的数据信息。

新的理论范式并不一定要完全推翻旧的理论范式,三种营销范

---

① 尹振宇. 格兰诺维特嵌入性思想述评 [J]. 重庆与世界(学术版),2013(9):28-30.
② 赖炜. 格兰诺维特的"嵌入性"理论及其在社交媒体研究中的应用 [J]. 新媒体研究,2018(14):11-13.

式之间存在一定的联系和相似之处。三种营销范式所指导的营销活动的核心都是满足顾客的需求。其中，交易营销通过提供搭配的营销组合以满足顾客的经济需求，关系营销通过在交易过程中提供高水平的合作和互动氛围以满足顾客的社会需求，而科学营销通过量身定制的营销活动以满足顾客的个性化需求。尽管三种营销范式的关注点各不相同，但最终目的都是提升顾客满意度和忠诚度，提升企业绩效（长期或短期），增强企业竞争优势。

　　三种营销范式在理论基础、思想体系、实践操作等方面均存在差异。交易营销中，交易主体是追求利益最大化的经济人，通过市场调研等方法获取顾客对产品或服务的需求，并通过提供最具经济性的营销组合提升顾客对当前交易的经济满意度，吸引新顾客。关系营销中，交易主体在交易过程中不仅完成经济交换，也进行社会交换，如彼此间的信任和承诺等，而社会因素的交换有助于双方产生长期合作的预期。因此，关系营销关注顾客在交易的互动过程中的感受，通过提供互动营销活动，满足顾客的社会需求，提升其社会满意度，以期能够进行长期合作。科学营销建立在嵌入理论的基础上，顾客的购买等经济行为是嵌入在其社会结构之中的。因此，顾客既有经济需求，也有社会需求，每个人的嵌入程度不同，会形成独特的需求，企业通过提供定制化营销方案和活动满足每位顾客的个性化需求，从而提升他们的经济满意度和社会满意度，促成现有顾客长期合作的期望的同时，吸引新顾客。

（三）科学营销的积极影响

　　科学营销作为一种新兴的营销范式，它与传统的交易营销和关系营销有着本质的区别。科学营销引入了新的理论和思想体系，对企业的组织结构、日常营销任务和活动产生了深远的影响。

在交易营销中,企业主要关注短期的、即时的交易,组织结构的设计往往围绕营销功能展开。而关系营销则强调与顾客建立和维持长期稳定的关系,因此企业需要建立专门的顾客关系管理部门或团队,以持续关注与顾客的互动。科学营销则进一步关注每位顾客的个性化需求,这要求企业不仅要收集顾客在交易过程中产生的所有数据,还需要建立起庞大的数据收集和分析系统,以及相应的管理人员团队来负责日常的管理和运作。

科学营销的实施,促使管理者基于科学的数据分析结果作出营销决策,而非单纯依赖经验或惯例。在交易营销和关系营销中,尽管企业通过市场调研等方式试图了解顾客需求,但决策过程仍然依赖于管理者的主观判断。相比之下,科学营销利用信息系统全面收集顾客数据,并通过云计算等技术进行分析,从而以客观的数据驱动营销策略的制定,实现精准营销。

科学营销是时代发展的必然产物,它顺应了大数据时代的到来。在理论层面,科学营销的提出与学科的进步相契合,为营销学领域带来了新的理论创新。在实践应用中,科学营销与智能化、区块链等技术的发展紧密相连,推动了这些技术在营销领域的应用。

科学营销的时效性强,在快速变化的互联网时代,能够及时响应顾客需求的变化。通过细分顾客群体,科学营销能够实施"一对一"的个性化、差异化营销策略,并根据实时反馈快速调整策略。科学营销还能对顾客的多种数据信息进行关联性分析,从大量数据中发现有价值的关联和联系,为营销人员提供深入的洞见,帮助他们更精准地制定营销策略。

(四)科学营销的局限与未来研究方向

科学营销,作为一种新兴的营销范式,通过精准定位顾客的个性化需求，显著提升了顾客满意度和忠诚度，为企业在激烈的市场竞争中赢得了优势。然而，这种营销策略的实施依赖于对大量顾客数据的收集与分析，这不仅要求企业具备先进的信息技术，也对顾客隐私保护提出了更高要求。

目前，只有少数企业掌握了实施科学营销的技术和资源，因此科学营销还处于早期发展阶段。如果管理不当，可能会引发顾客隐私数据泄露的风险。顾客数据的挖掘和利用虽然对企业有益，但不当使用，如"大数据杀熟"现象，或数据泄露事件，都可能损害顾客利益。顾客对隐私泄露和数据滥用的担忧，降低了他们与企业合作的意愿，甚至可能导致对企业的不信任和负面口碑的传播。

为了保护顾客隐私并减少数据泄露风险，企业需要采取有效措施。这包括提高数据收集和处理过程的透明度，让顾客清楚自己数据的用途和去向；同时，赋予顾客更多的自主权，让他们能够控制自己的数据信息，决定哪些数据可以分享，哪些需要保密。

在营销范式的演变过程中，企业始终以满足顾客需求为核心目标。随着信息技术的发展，传统的交易营销和关系营销已逐渐无法满足市场对个性化服务的需求。科学营销的兴起，正是为了适应这一变化，通过信息技术手段来收集、分析和预测顾客需求，提供定制化的营销服务。

尽管科学营销是一种创新的营销范式，它与传统营销在核心目标上仍有共通之处，即通过更好地满足顾客需求来创造顾客价值。然而，科学营销仍面临一些挑战，如缺乏成熟的实施准则和管理制度，以及可能出现的"大数据杀熟"和隐私保护问题。这些问题需要管理者和营销学者共同努力，不断探索和完善科学营销的实践路径。

四、微信大数据营销客户关系管理

随着信息化时代的发展,网络日渐成为人们沟通和交流的重要媒介,加之手机等设备的普及,给微信等新型即时沟通联系软件带来了巨大的发展空间。微信营销伴随着微信的产生和普及实现了网络经济对传统营销行为及模式的创新。如何运用新型的技术手段来加强与客户的联系,大力挖掘客户资源,对企业的营销可以提供有效的咨询和决策依据,因此通过研究微信的大数据营销下的客户关系管理将会对企业或者第三方有效运用微信平台进行大数据营销有着非常重要的意义。

随着实名制社区和电子商务的普遍化,传统的客户关系管理已经逐渐不再具有营销优势,运用微信的大数据来进行客户关系管理已经成为企业营销的重要渠道,通过微信用户之间的人际关系链条,形成巨大的人脉网,并最终实现交易和融合已经成为未来的营销发展趋势之一。

(一)微信客户关系管理系统

1. 微信客户关系管理功能

目前来看,微信的客户关系管理有许多开放式的对外数据接口,最广泛的就是给客户发送信息,在不同的企业,客户关系管理的功能设置是不同的,但是通常都具有以下两种基本功能。

(1)客户信息查询功能

通过这一功能,企业可以方便地查询客户的基本信息、交易记录、购买偏好等数据,从而更好地了解客户的需求和行为,为企业的营销和服务提供决策支持。例如:企业可以通过微信平台查询客户的个人资料，包括姓名、性别、年龄、地区等信息，以便针对性地进行营销活动和推广策略；同时，还可以查询客户的购买历史和偏好，了解客户的消费习惯和偏好，为产品定制和促销活动提供参考依据。通过客户信息查询功能，企业可以更加全面地了解客户，为提升客户满意度和忠诚度提供有力支持。

(2) 交流互动功能

微信作为一个即时通讯工具，为企业与客户之间的沟通和互动提供了便利的平台。通过微信，企业可以与客户进行实时的交流和互动，包括发送消息、进行语音通话、分享图片和视频等。这种即时的沟通方式能够有效地拉近企业与客户之间的距离，建立起更加紧密的关系。例如，企业可以通过微信向客户发送最新的产品信息和促销活动，提醒客户订单状态和物流信息，回答客户的咨询和投诉等。通过及时的交流和互动，企业可以更好地满足客户的需求，增强客户的满意度和忠诚度，提升品牌影响力和竞争力。

2. 微信客户关系管理常见模式

(1) "一对一" 的客户关系管理模式

该模式下企业将会收集到大量的客户数据，并且可以尽可能地将产品和服务根据客户的需要及时调整、尽可能地满足每个客户的实际需求。一般来说，企业在面临较大的业务量的客户群体时多采用 "一对一" 的模型。

(2) 客户分类的客户关系管理模式

在传统的客户关系管理模式中，多按照客户的不同情况进行分类，针对不同特点的客户群体进行有针对性的分类管理，并向其提供有所侧重的产品和服务，一般来说对于业务量较少的客户，宜采用此种模式。

(3) 个性化的客户关系管理模式

此种模式多是在对所有的客户提供基本同质的产品和服务的同

时，结合不同客户的个性化需求和目标来进行适度调整，更好地实现企业与客户之间的服务体验。一般来说，对于比例较大的非核心的客户企业要注意服务范围和服务及时性的保障，对于数量较少但是对公司收益影响较大的客户企业则要注意服务密度和深度的保障。

3. 建立微信客户关系管理的基本步骤

(1) 建立客户信息数据库

企业需要建立客户信息数据库，将客户的基本信息、交易记录、购买偏好等数据整合存储起来。这可以通过微信公众号后台或专门的客户关系管理系统来实现。在建立数据库时，需要确保数据的准确性和完整性，以便后续的分析和利用。

(2) 分析数据库信息、了解用户需求

企业对客户信息数据库进行分析，了解客户的需求和行为特征。通过数据分析工具和技术，可以挖掘出客户的消费习惯、偏好趋势、购买动机等信息，为企业提供客户画像和行为分析报告。这样的分析结果能够帮助企业更好地了解客户，为后续的客户关系管理提供决策支持。

(3) 客户关系维护

在了解客户需求的基础上，企业通过微信平台与客户进行定期的沟通和互动，保持良好的客户关系。这包括发送问候消息、定期推送产品信息和促销活动、回复客户咨询和投诉等。通过及时的沟通和互动，可以增强客户对企业的信任和满意度，提升客户忠诚度。

(4) 客户关怀管理

除了日常的沟通和互动，企业还要进行客户关怀管理，定期向客户发送关怀邮件或短信，关注客户的生日、节日等重要时刻，表达企业的关心和祝福。这种关怀活动能够增强客户的归属感和认同感，提升客户满意度和忠诚度。

（5）客户增值管理

企业通过微信平台提供客户增值服务，为客户提供更加个性化和专业化的服务体验。这可以包括提供定制化产品、专属优惠活动、VIP 会员权益等。通过不断提升客户的体验和价值，企业可以实现客户的增值管理，为企业带来更多的销售机会和利润增长。

（二）通过微信进行客户关系管理优势及重点分析

1. 通过微信进行客户关系管理优势明显

（1）微信用户之间具有强连带关系

目前来看，微信支持 QQ、手机号等方式直接登录，并支持 QQ 好友及手机通讯录之间的匹配，将用户在不同平台的数据进行精准匹配，加上扫一扫、摇一摇、二维码等功能的普及，微信已经日渐成为一个生态系统，微信客户数据之间具有巨大的价值和深度。

（2）微信迎合了消费者的生活方式及消费方式的转变

面对人们通过网络进行选购和交易的巨大转变，微信平台作为一款普及性较高的 App，随着微信红包、微信支付等金融功能的投入使用，极大地满足了消费者的消费需求。通过微信客户的信息数据的分析便可以把握消费者的生活方式、消费模式、消费习惯的变化，从而实现精准营销。例如，以前人们买早餐可能还要找很久的零钱，现在只要拿出微信扫一扫便实现了支付，极大地方便了人们的生活的同时，也奠定了微信的超高普及度。

2. 建立微信客户关系管理重点工作

（1）建立完善的人脉资源数据库是建立微信客户关系管理的重要基础

在微信客户关系管理中，建立一个完善的人脉资源数据库是关键的第一步。这个数据库应包括潜在客户、现有客户、合作伙伴、行业领域专家等各类人脉资源的信息。建立数据库的过程可以通过多种途径进行，比如，微信公众号、企业微信、网站注册、线下活动等。在收集客户信息的过程中，要注重信息的准确性、完整性和及时性，确保数据库的质量和可靠性。

在建立人脉资源数据库时，需要注意以下几点。

①确定数据收集的范围和目标：明确收集哪些类型的客户信息以及收集的目的和用途，确保数据收集的有效性和针对性。

②选择合适的数据收集渠道：根据目标客户群体的特点和行为习惯，选择合适的数据收集渠道，如微信公众号、企业微信、官方网站、线下活动等。

③统一数据格式和标准：建立统一的数据格式和标准，确保不同渠道收集到的客户信息可以进行有效整合和分析。

④加强数据安全和隐私保护：严格遵守相关法律法规，加强对客户信息的保护和管理，确保数据安全和客户隐私不受侵犯。

（2）用资源库进行合理分析是微信客户关系管理进行客户分类锁定的关键

一旦建立了完善的人脉资源数据库，接下来的关键工作是利用资源库进行合理分析。通过对数据库中的客户信息、行为数据、交易记录等进行综合分析，可以识别出不同客户群体的特征和需求，进行客户分类和定位。基于这些分析结果，企业可以有针对性地开展精准营销活动，提高营销效率和客户满意度。

在进行资源库分析时，需要注意以下几点。

①数据清洗和整理：对收集到的客户信息进行清洗和整理，去除重复数据和错误数据，确保数据的准确性和完整性。

②客户分类和定位：根据客户的特征和行为数据，将客户分为不同的分类群体，如潜在客户、活跃客户、沉睡客户等，进行客户

定位和优先级排序。

③客户需求分析：分析客户的购买行为、偏好和需求，了解客户的购买动机和决策过程，为个性化营销提供参考和支持。

④营销策略制定：基于客户分析结果，制定个性化的营销策略和方案，包括产品定制、促销活动、营销内容等，以满足客户的个性化需求，提升客户的购买体验和满意度。

通过建立完善的人脉资源数据库和利用资源库进行合理分析，企业可以更好地了解客户、把握市场动态，实现精准营销和客户关系管理的目标，提升企业的竞争力和市场影响力。

（三）通过微信大数据营销进行客户关系管理的建议

通过微信大数据营销进行客户关系管理的建议是一个关键的战略方向，它可以帮助企业更好地了解客户、把握市场动态，从而提升客户满意度和企业的市场竞争力。

1. 组建优秀的微信运营团队

微信大数据营销需要一个优秀的运营团队来进行执行和管理。这个团队应该由具有丰富经验和专业知识的人员组成，包括市场营销专家、数据分析师、内容编辑、技术支持人员等。他们需要具备良好的沟通能力、创新思维和团队合作精神，能够协作完成各项任务，并根据市场变化和客户需求及时调整营销策略。

2. 适当通过线下活动扩大企业影响力

尽管微信是一个线上平台，但线下活动仍然是拓展企业影响力和提升客户关系的重要手段。通过举办各类线下活动，如产品发布会、行业论坛、客户答谢会等，可以加深客户对企业品牌的认知和印象，增强客户的信任和忠诚度。线下活动也可以提供更多与客户面对面交流的机会，让企业更好地了解客户的需求和反馈，从而调整营销策略和服务方向。通过结合线上和线下的营销手段,企业可以实现客户关系的全方位管理,提升市场竞争力。

3. 迎合客户心理合理激励

在进行微信大数据营销时,企业应该注重迎合客户的心理需求,通过合理激励来提升客户的参与度和忠诚度。这种激励可以是各种形式的优惠促销活动、抽奖活动、积分兑换活动等,既能吸引客户参与,又能增加客户在微信平台上的互动和活跃度。企业还可以根据客户的行为数据和偏好信息,个性化地定制激励方案,针对不同客户群体提供不同的优惠和福利,从而提升客户的满意度和忠诚度。通过适时、适度地给予客户激励,企业可以更好地促进客户参与和消费行为,实现营销目标并增强客户关系。

第二节 大数据背景下营销管理在行业中的实践应用

一、大数据与电子商务营销管理

通常来说,电子商务就是使用信息技术、电子技术打造网络商务平台,在信息化手段的支持下,从网络中赚取利益。面对互联网开放的环境,信息手段能够很好地拉近企业内部、供应商、客户、合作伙伴之间的关系,打造信息共享平台。企业和企业之间的业务交流以电子化的模式出现,在计算机技术、互联网技术的作用下,今后的电子商务内容与模式将得到进一步拓展。交易双方能够利用互联网在不接触的情况下完成交易。当前国内各种第三方支付平台的愈发成熟,让我国的电子商务变得愈发稳健,出现了诸多经典电商平台。这些电商平台拥有集成性高、协调性出众、安全性良好、便捷性显著、普适性优秀的特征。

当前国内电商普及度非常高,很多人甚至连柴米油盐也选择通过电商购买。电商已经涵盖到了社会各个领域以及每一个行业。它能够让人们足不出户地完成各种商业活动、商业目标,为人们的日常工作与日常生活提供巨大便利。杀毒软件、防火墙、信息加密这些手段的出现很好地保障了信息和用户资金的安全,提高了商务交易的安全性。在电子商务营销中,用户与经营者都是受益群体,电商提高了商务活动质量和效率。大数据时代下优化电商营销管理的方法如下。

(一)数据管理思路

在数据管理过程中,电子商务营销企业需要进行深入的研究与分析,以确保数据资源和结果的合理利用。首先,企业应全面掌握受众喜好和消费者需求,通过对数据的分析,为企业管理层提供发展建议。这包括对市场趋势、竞争对手和消费者行为的深入了解,以便制定相应的营销策略和方案。其次,企业应根据自身条件和能力合理划分营销阶段和营销过程,并选择合适的营销手段和方法。这需要企业在考虑营销效果的同时,也要考虑成本和资源的有效利用,以达到最佳的营销效果。再次,企业需要重视建立具有自身特色的运营机制,并进行现代信息技术的研究和分析,建立数据库,以便准确、快速地收集和分析数据。同时,企业还需要做好数据信息的备份、分析和使用,确保数据的安全性和可靠性。最后,企业还应意识到合作的重要性和价值,可以设立信息共享平台,让所有参与其中的企业都能够共享数据资源和利益,从而提高企业的沟通能力和交流能力。通过共同合作和交流,各个企业可以相互学习和提高，进而提升整个行业的竞争力和发展水平。

（二）技术管理思路

在大数据背景下，为了社会的发展与进步，人们对数据分析技术及数据整合技术的要求在不断增加，与之对应的是社会的技术缺口变得越发显著。正因如此，企业才需要投入更多资源重视数据收集技术、收集工具的开发与研究。从多种角度出发，调查市场营销中遇到的各种问题，处理好营销管理中的数据情况，主动引入各种现代化的技术与分析软件，依据企业的发展方向、发展情况，从诸多数据资源中筛选出最具有价值的数据信息，做好对这一部分数据的分析和处理，将其应用在企业管理、企业营销当中。要不断提高企业运营效率、管理能力。在大数据背景下，社会对技术人员素质水平的要求也变得越发严格。企业需要在知识考核、岗位培训中提升人才的培养质量、培养强度，将大数据营销手段作为前提要素，不断提高人才队伍素质能力、素质水平。

（三）营销管理思路

从电商本身的特点和营销管理价值可以看出，营销策略手段和消费者需求之间的联系是非常密切的。也就是说，消费者的消费对电商营销模式的选择影响十分突出。为了更好地应对激烈的市场环境，并在市场竞争中保持不败地位，就需要企业深入其中做好市场情况调查，巧用大数据技术挖掘与分析客户数据差异，以便及时调整营销目标，升级营销策略。此外，大数据除了能够预测消费者个人喜好、消费能力以外，还可以让人们掌握今后的消费趋势、消费追求。因此要把消费者需要作为出发点，做好产品宣传工作，保障营销效果、营销质量。当然，也要合理应用大数据技术，做好数据资源的判断、分析与调查，这样才能够最大化营销管理价值与大数据技术价值。

大数据时代下，电子商务营销管理模式的优化能够让企业获得更大的市场空间、更多的市场资源，帮助企业取得更好的盈利效果、销售结果。要达成这一目标，就需要重视数据采集、数据整理、数据分析的过程，推动营销管理体系、管理模式的转变。要提高电子商务营销管理的重视程度，做好大数据利用、分析与采集工作，突出数据优势、数据价值，帮助企业获得更多的经济效益，确保企业能够获得可持续发展的资源与契机。

二、大数据电力营销管理

伴随着我国经济和科学技术的不断发展，电力企业迎来了巨大的机遇，同时也承受着不小的挑战，如何落实电力企业营销工作显得尤为重要，其中有关电力企业营销管理是重中之重。尤其是在大数据的时代背景下，电力企业营销工作人员需要紧紧围绕大数据时代背景的特点，科学合理地进行电力企业营销管理，在不断提升管理水平的基础上，保障电力营销的有效开展。

（一）电力营销分析

电力营销分析是指对电力市场的各种因素进行深入研究和分析，以制定有效的营销策略和方案。这种分析涵盖了市场需求、竞争对手、消费者行为、供给情况等多个方面。通过对市场趋势、消费者需求以及竞争格局的分析，电力企业可以更好地把握市场动态，合理配置资源，提高市场竞争力。

(二) 大数据对电力营销管理的积极意义

1. 有助于推动电力企业精细化业务的开展

通过对海量数据的收集、分析和挖掘，电力企业可以更加深入地了解用户的用电行为、用电习惯以及用电需求，从而精准地为用户提供个性化的服务和产品。例如，电力企业可以通过大数据分析用户的用电模式和用电特点，为不同类型的用户提供量身定制的节能方案和优惠政策，提高用户满意度和忠诚度，促进业务的持续发展。

2. 有助于及时掌握市场需求

电力市场的需求是在时刻变化的，而大数据技术可以帮助电力企业实时监测用户的用电行为、市场的变化趋势以及竞争对手的动态，从而及时调整营销策略和产品结构，满足市场需求的变化，保持市场竞争力。例如，通过大数据分析用户的用电量、用电时间和用电习惯，电力企业可以预测用户未来的用电需求，提前调整电力供应计划，确保市场供需平衡。

3. 有助于在一定程度上避免电力企业营销管理方法的滞后性

传统的营销管理方法往往依赖于经验和人工判断，容易受到主观因素和局限性的影响，而大数据技术可以客观地分析海量的数据，发现潜在的规律和趋势，为决策者提供科学的依据和参考，降低决策的风险和错误率。例如，通过大数据分析用户的用电偏好和行为模式，电力企业可以更加准确地把握市场需求和趋势，及时调整产品结构和营销策略，提高市场竞争力和应变能力。

(三) 大数据背景下的电力营销管理

1. 创新电力营销管理模式

电力市场改革后，电力企业需要创新完善电力营销管理模式，以适应市场的变化和需求。具体而言，企业应加强市场调研和分析，深入了解用户需求和行业趋势，制定灵活多样的营销策略，提升产品和服务的竞争力。建立健全的客户关系管理体系，实现个性化定制服务，提高客户满意度和忠诚度。加强品牌建设和宣传推广，树立良好的企业形象，增强市场竞争力。在市场监管方面，积极响应政府政策，遵守市场规则，加强与监管部门和相关机构的沟通与合作。同时，注重内部管理和人才培养，建立科学的绩效评估和监控体系，提升组织运营效率和管理水平。

2. 利用好大数据开发新产品、新市场

在传统的营销方式下，电力行业领域以业务为导向是难以满足发展需求的。这就需要电力企业能够在大数据的背景下，将收集到的信息进行分析总结，制定出更加具有针对性的营销策略，推动电力企业的向前发展。除此以外，电力企业还应该利用好大数据来分析用户的消费行为，进而开发出新的产品、新的市场。电力企业在开发新产品的同时，也要强调对消费人群特点的把握和精准定位，细分用户，为他们提供有针对性的个性化服务，开展个性化的营销。

可以说开展个性化营销是电力企业以及其他企业发展的必然趋势，也是电力企业发展的必然走向。

3. 建立健全电力营销管理体系

建立健全电力营销管理体系需要充分考虑到电力市场改革，不断加强电力营销管理，建立健全管理体系。健全的电力营销管理体系主要包括人员管理、部门管理、用户管理等方面。首先，电力企业需要建立完善的市场调研机制，通过对市场需求、竞争对手、政策法规等方面的深入研究，全面了解行业动态和市场情况，为制定有效的营销策略提供数据支持。其次，建立客户关系管理系统，以客户为中心,通过建立客户数据库、定制化服务、建立客户反馈机制等方式,提升客户满意度和忠诚度。再次,电力企业还需要建立高效的销售渠道和营销网络,通过与经销商、代理商等渠道合作,拓展市场份额,提高产品销售效率。然后,加强品牌建设和宣传推广也是很关键的,通过品牌形象塑造、广告宣传、公关活动等手段,提升企业知名度和美誉度,树立良好的企业形象。最后,建立科学的绩效评估和监控体系,及时跟踪和分析销售数据、客户反馈等信息,评估营销活动的效果和成效,及时调整策略,保持市场竞争力。综上所述,建立健全的电力营销管理体系是电力企业实现持续发展和提升竞争力的重要保障。

4. 大数据开展多元化服务

在"互联网+"的时代背景下,各行各业的发展越来越多地与互联网相结合,电力企业的发展也一样。可以说,电力企业的可持续发展与进步必须结合互联网信息技术。在具体的工作开展中,要最大限度地发挥数据资源优势,实现业务的延伸和拓展、电力企业的多元化发展。值得注意的是,电力企业在开展多样化的服务时,电力企业的相关管理人员还要根据用户的实际使用情况和需求,提出科学化的意见和建议,以进行合理的生产。此外,电力企业需要结合自身发展优势和运营情况开展不定期的检查与维护工作,排除用电设备运行中的不安全因素,使配电网能够更加安全有序地运行。

5. 科学使用电力促销策略

在电力企业的市场推广中合理运用促销策略可以推动电力事业的发展,而不恰当的使用则可能对企业造成不利影响。随着电力市场改革的不断深入,电力企业必须采取以市场为导向的促销策略,融入创新的营销管理理念和方法,以此激发市场活力,提升电力需求,吸引更多客户选择电力作为能源,从而实现企业的快速发展。

例如,供电企业可以通过引入市场化机制,实施差异化的促销策略,利用技术创新提高电力服务的技术含量,实现电力销售的自动化和智能化。通过提供针对性强、个性化的服务,不仅可以提升购电服务的质量,还能增加电力服务的多样性,满足不同客户的需求,使电力企业在改革后的市场中获得更强的竞争力。

在电力企业发展的现代化进程中,电力营销管理的作用日益凸显,它关系到企业的持续健康发展。在大数据时代的背景下,电力营销管理人员需要紧密跟随时代的发展趋势,充分利用大数据技术,通过更高效、精准的方式开展电力营销管理。这不仅能更好地满足用户的个性化需求,还能推动电力企业的持续发展和行业的进步。

三、大数据时代背景下度假酒店营销管理模式创新策略

在大数据时代以前,酒店的管理系统通常是使用客户关系管理系统来进行各项经营数据的分析,这种形式的业务分析只能反映酒店各项业务的运转情况,很难就此了解酒店管理中存在的问题以及酒店的发展进度。而借助大数据的优势,则能够通过长期的数据与经验积累,帮助酒店管理者及时调整经营管理策略,提高盈利水平。

Tableau 是一款智能化的酒店管理软件,主系统能够实现监测信息与分析信息的功能,具有高度的动态性,且操作简单,非常容易上手。在酒店管理中,操作人员只须将公司的业务系统信息输入系统中,通过系统的自主分析,就能形成可视化的图形。基于大数据构建的管理系统,能够帮助酒店充分挖掘客户的需求与习惯,找出酒店管理中存在的问题,通过为客户提供优质的服务,提高酒店的行业信誉。该系统包含了几个基本模块:客户预订模块、客户入住

模块、客户结算模块,这几个模块的搭建,真正改变了传统酒店经营管理模式。①

(一) 客户预订模块

酒店预订是客户选择酒店的第一个环节,将酒店的信息发布到相应的网站,使客户掌握酒店的最前端信息,是酒店管理的良好开端。随着网络购物的快速发展,酒店网络预订也成为常态,各种酒店预订层出不穷,怎样在形式多样的酒店中脱颖而出,这就要求酒店管理者必须掌握客户的需求、分析酒店预订的优劣势、提高酒店服务质量。利用大数据对客户的订房习惯进行分析发现,从订单预订到入住,多数提前4~6天预订,而当前入住或者提前1~2天的数量较少。通过数据分析,管理者可以考虑不断扩大自己的信息推送量,及时更新预订数量与客房信息,增加优惠活动,提高竞争力。

(二) 客户入住模块

酒店通常通过举办会员入住活动来吸引客户成为会员,这一举措可以根据客户的消费额度吸纳会员,并且高等级的会员往往会选择通过网络预订的方式入住,这表明他们对酒店的品牌和服务较为认可。在此背景下,酒店应加强经济客房的配比,提高客房的性价比和舒适度,以满足大众消费者的需求。尤其在经济优惠方面,酒店可以推荐性价比较高的客房,让客户既享受到价格优惠,又能感受到舒适的居住体验,从而提升入住率。这种策略不仅可以吸引更多的客户选择入住,还能增加会员的忠诚度,为酒店业务的持续发

---

① 杨慧慧,邓薇,陈冲. 大数据在酒店管理系统中的应用 [J]. 科技广场,2015 (12): 41-46.

展提供有力支持。

(三) 客户结算模块

酒店结算是酒店盈利的根本，怎样让客户快捷、方便地完成结算业务，对提高酒店的竞争力非常关键。通过大数据分析，发现即刻入住的客户使用信用卡与存储卡消费的比例较高，而网络预订用户使用支付宝或者微信的比例较高。根据客户结算方式的多样性，酒店在结算管理中，应结合本身实际情况，研究制定最佳的管理措施，提高客户结算业务满意度。

总之，在大数据时代，酒店一定要认识到大数据对酒店管理与行业发展的积极意义，通过积极改革原有的酒店经营管理模式，将行业内的信息与数据标准化。酒店通过合理利用大数据，能够准确定位自我，创造出新的客户价值与商业模式，推动酒店业的发展与经营模式的更新换代。

四、大数据与香精香料企业营销管理

身处大数据时代，信息风暴正在改变着人们的生活、工作和思维，它为营销创造了前所未有的可量化的维度，显然已经成为新发明和新服务的源泉。大数据产生的信息及其爆炸式传播会让企业、消费者、客户迷失方向，如何进行准确的市场定位，如何在市场竞争激烈的环境中赢得一席之地，如何将海量的数据信息进行加工处理，对企业营销管理有着非常重要的意义。

(一) 大数据分析在香精香料企业营销管理中的应用现状

随着国家对食品安全监管力度的加大，以及消费者对更健康食品的需求，国内龙头企业、外资企业的营销版图会逐渐扩大，最终会形成国内龙头企业、外资企业的"双龙戏珠"的局面。在此背景下，国内香精香料企业的营销模式发生了很大变化，正在经历从初级的销售方式到通过大数据营销模式的转变，以为客户提供准确、完整的价值服务体系。

1. 企业大数据分析的主要工具

（1）工具一：客户营销数据系统

客户营销数据系统是通过对欧睿、敏特、尼尔森的信息资讯，并结合市场其他数据对客户背景、行业背景、竞争环境、消费趋势进行数据挖掘，最后推荐适合客户的产品，整个流程形成了一套完整的客户营销数据系统。其中，欧睿、敏特、尼尔森是全球主流的市场数据服务提供商，为全球的经济提供市场数据、发展趋势等咨询服务。

（2）工具二：香精产品开发系统

香精产品开发系统通过敏特的全球新产品信息的读取，分析出市场走势规律。敏特是全球最负盛名的新产品数据库，通过搜集数据库内的最新产品信息，可以解读出全球风味走势、消费喜好分析等指标，为香精产品的开发起到前沿引导作用。

（3）工具三：客户需求预测系统

客户需求预测系统是利用公司自身的 OA 客服、OA 仓库平台对接客户数据平台，在结合产品数据库和历史订单流水之后，在客户还未下订单时，提前就对客户的需求作出预测及提前安排生产，对客户的市场营销做好后方充分预备。

2. 香精香料企业大数据营销应用方向

香精香料企业借助大数据技术进行营销的应用方向有很多，其中主要包括营销产品的研发方向和营销管理中的需求预测。

(1) 营销产品的研发方向

通过分析大数据，企业可以更加深入地了解消费者的口味偏好、消费习惯、购买行为等信息，从而指导产品的研发和创新。例如，通过分析消费者在社交媒体上的评论和反馈，企业可以了解到哪些香味受到了消费者的青睐，从而根据市场需求调整产品配方，推出更受欢迎的香精香料产品。大数据还可以帮助企业了解市场趋势和竞争对手的动态，为产品研发提供更准确的市场情报和决策支持。

(2) 营销管理中的需求预测

香精香料企业可以利用大数据分析技术对市场需求进行预测，从而及时调整生产计划和库存管理，避免产品积压和供应链断裂。通过对历史销售数据、市场趋势、季节性因素等进行分析，企业可以准确预测不同产品在不同时间段的需求量，制定相应的生产和销售策略，提高市场反应速度和销售效率。同时，大数据还可以帮助企业进行客户画像和行为分析，更好地了解客户需求和购买意向，为营销活动的精准投放提供支持。

3. 香精香料企业大数据营销主要成效

大数据分析在香精香料企业营销管理中已有一定的实践，这里以客户营销数据系统中某项目为例说明其应用效果。项目分步骤实施，从项目开始到最后推荐适合客户需求的产品。

企业原料来自肉类生产大省山东，该企业是禽类全产业链企业，集饲料生产、种鸡养殖、分割、深加工于一体。为增进与客户之间的关系，本次项目主要围绕深加工业务进行推广交流。市场分析与行业分析中主要使用了欧睿数据库。利用数据库，可以精准统计到"包装食品"类别，再细化到"加工肉类和海鲜"这一具体行业。此外，对"加工肉类和海鲜"进行数据细分，选择分类"加工肉类"中的"常温肉制品""冷藏肉制品""冷冻肉制品"，通过层级的细分,对行业的细分领域进行数据抓取;还可以读取行业的公司、品牌、商品价格等数据资料,对行业进行全维度的数据分析。

另外,"时间变化"对行业不同年度的发展轨迹进行了细分,分析出行业的增幅发展情况,从宏观角度看行业的整体;"区域变化"中可以对中国市场进行区域细分,这部分的数据细分读取了中国不同的区域市场,如中部地区、东部地区、西南地区等区域的数据资料,此数据能够更好地为地方型企业制定营销战略提供更准确的营销版图信息。

最终报告以PPT展示,报告内容主要是对数据的挖掘情况进行阐述,能够从数据部分得到哪些营销信息。在项目推广中,PPT讲演是重要的环节,在PPT报告演示中阐述项目推广的重要部分,如行业大数据、消费者趋势等。

行业的三个品类"冷冻、冷藏、常温"的市场规模不一、增长幅度不一,且"冷冻、冷藏"虽然市场规模不如"常温",但是增长速度是十分可观的,这种分析可以为客户提供品类的开发方向。进一步分析表明,"冷冻"品类增长迅速,细分到子品类,会发现更多的市场机会。如"鸡翅、鸡肉块"类产品的市场规模占"冷冻"品类的50%以上,背后的动因主要是消费者愿意花更多的钱去"吃好的、吃方便的"。①

中国的高收入人群比例越来越高,这部分高端人群的消费水平、对产品的品质要求很高,由此透露出,在开发新产品时,要注重产品的品质、附加值。同时,随着生活节奏的不断加快,尤其是在城市,懒人越来越多,消费者需要更便捷、更快速地品尝到美味,如

---

① 余文伟,张少峰,魏可姗,等.企业不同生命周期国际市场进入方式及营销策略选择——以香精香料行业为例[J].管理现代化,2019(5):77-79.

具有饱腹感的代餐属性的"方便食品、功能食品"就是一大方向。

（二）大数据在香精香料企业营销管理应用中存在的问题

利用好大数据可以帮助企业营销团队实现经济价值，从而帮助企业在未来的营销竞争中立于不败之地，并保持领先的市场地位。尽管如此，依然存在以下问题。

1. 企业年报数据库不完善

企业大数据营销数据库的建设还处于初始阶段，由于资源有限，数据库的实效性、全面性还需要强化。公众公司的市场数据，是对每季度、半年度、全年度的数据信息进行统计归档，并形成对行业层面、公司层面的分析结果，这种大数据采集方向相对简单。

2. 营销管理成效难以用大数据加以评估

大数据可以帮助品牌抢占机遇，如新客户、新市场、新规律，并回避风险、潜在威胁等，同时也有助于品牌营销决策的调整与优化。其中包含了数据人才、数据模型和应变数据管理的组织职能优化等，这也是当前企业大数据营销转型中最大的三个门槛。目前大数据营销最真切的切入点就是普及数据重要性，包括数据的活性、量级，数据的准确性以及数据维度的多元化，但是营销管理的成效很难利用大数据加以评估。

3. 在客户服务模式中大数据分析缺乏创新

大数据本身的应用不仅是在商业上挖掘新客户，挖掘客户的潜在需求，还可以是根据数据分析通过多种不同渠道获取大数据集，运用数理统计、数据挖掘等科学方法，对数据的特点、规律、未来变动趋势进行分析与判断，把分析判断结果提供给企业，使其有效提升企业利用数据的能力，帮助企业快速掌握市场变化、深入洞察客户需求，从而迅速作出决策。

(三) 大数据在香精香料企业营销管理应用中的问题及解决对策

针对目前大数据应用中存在的问题，有以下几个解决对策：一是继续充分利用大数据，在继续充分利用现有大数据的情况下，做好数据库的自建工作；二是对大数据的分析工作建立评估体系，让数据能够产生效益；三是大数据的应用模式再创新，让数据发更大光、发更大热，应用到更多行业，为企业创造新的价值亮点。

1. 加大企业产品数据库建设

加大企业产品数据库建设主要是通过采购市场上的各类信息资源，以丰富企业的数据资产，通过对信息的整理，对产品的品类进行归位，对产品的规格、风味、特征等方面进行数据统计，形成数据统计报告。由于对新品的流行趋势的全面把握，企业能够将这些数据与客户进行分享，并帮助客户开发新品，从而使客户的产品能够在营销中取得领先地位。

对于市场上采购的新产品，应自建新品数据库，从而最真实地呈现出商品的相关信息。这种数据来源方式是看得见、摸得着的，不足之处是，资源有限致使数据量相对较少。通过每月两次以上的数据挖掘，记录新品的品牌、产品名、价格等信息，并对该产品的特征进行描述。

2. 构建大数据对营销管理成效评估的方法

数据分析服务是指服务提供商对通过多种渠道获取的大数据集，运用数理统计、数据挖掘等科学方法，对数据的特点、规律、未来变动趋势进行分析与判断，把分析判断结果提供给营销部门。目前企业对大数据的应用还缺乏一套完整有效的评估系统，因此大数据对营销管理的真正应用效果还无法用"标准"来进行衡量，这对营销管理活动效率的提升产生了不利因素。要让大数据分析发挥出其实用价值,建立一套评估体系势在必行,不断去破除数据有效利用的障碍。目前主要有两套评估表来检验实效,即口味反馈表和报告统计表。通过口味反馈表,可以看出由大数据产生的推荐产品,是否得到客户的认可。报告统计表,统计每一次的营销活动,显示通过市场分析、数据分析得出的推荐产品,客户是否会进行采购,从而最直观地反映项目推广的效果。

3. 大数据分析对服务客户模式的再创新

目前,香精香料行业对大数据的应用分析较少,大数据分析在食品企业的营销管理应用还不是很普遍,在此种背景下,企业可以考虑推广大数据营销模式,让这种模式得到充分的商业化。也就是说,企业除了为自己提供服务外,还应走出去为社会上其他食品企业提供广告咨询服务,并将自身的长处延伸到非主营业务上,这也是让企业获利的新方式,同样也能够提升企业形象。因此,在不远的未来,那些在大数据应用方面表现出色的企业不仅能在国际舞台上成为行业领先的佼佼者,也有潜力转型成为数据销售公司。

数据服务将是未来,而数据共享与公开将是大数据蓝海的历史使命,企业将共享和公开的大数据利用好,与营销、制造进行有效结合具有现实的发展意义。随着数据存储容量、处理能力和数据收集成本的增加,企业有机会收集结构化和非结构化的销售数据,并减少用于发现潜在客户的数据量、销售时间,这对提高交易的成功率将有很大的帮助,使精准营销成为可能。

参考文献

[1] 陈薇.大数据时代智慧旅游管理与服务 [M].北京：中华工商联合出版社，2021.

[2] 陈雪玲.宝岛眼镜"O+O"商务模式 [J].成功营销，2014（3）：57.

[3] 段晓梅.大数据营销 [M].上海：上海交通大学出版社，2023.

[4] 范钧，顾春梅，楼天阳.数字时代的新营销人才培养模式与教学改革实践 [M].杭州：浙江工商大学出版社，2021.

[5] 冯怡嫣.商业智能化背景下供应链运营模式发展创新研究 [J].中国储运，2023（6）：79-80.

[6] 高芳.大数据时代的营销管理创新研究 [M].北京：北京工业大学出版社，2020.

[7] 顾建国.关注3C构建企业经营"战略三角" [J].经贸实践，2018（1）：177.

[8] 郭慧馨，葛健.移动互联时代大数据对供应链整合营销的影响研究 [M].中国财富出版社，2020.

[9] 郭潇雨.基于LBS大数据的营销应用 [J].广西质量监督导报，2019（8）：188，211.

[10] 何曼青.戴尔：直接经济模式的典范（上）[J].网际商

务，2002（2）：92-95.

[11] 江洪涛. 用"二八法则"做好营销［J］. 农药市场信息，2012（26）：25.

[12] 姜海洋，曾剑秋. 基于 LBS 的移动电子商务营销模式及趋势［J］. 北京邮电大学学报（社会科学版），2015（2）：34-39.

[13] 康俊. 新一代信息技术下的营销战略变革［M］. 北京：经济管理出版社，2022.

[14] 赖炜. 格兰诺维特的"嵌入性"理论及其在社交媒体研究中的应用［J］. 新媒体研究，2018（14）：11-13.

[15] 李媛. 大数据时代个人信息保护研究［M］. 武汉：华中科技大学出版社，2019.

[16] 林荔娜，苏喜冰. 大数据时代休闲类餐饮企业微信营销策略探究［J］. 牡丹江师范学院学报（哲学社会科学版），2020（3）：19-27.

[17] 林岳. 麦包包的电子商务新模式［J］. 销售与市场（管理版），2010（3）：80-82.

[18] 林忠玲. 重构教育生态需要互联网思维［J］. 江苏教育，2022（10）：1.

[19] 刘嘉熹. 基于大数据的跨境电子商务运营策略研究［J］. 产业与科技论坛，2020（2）：38-39.

[20] 刘逸萱. 大数据时代中小企业管理模式与创新［M］. 北京：中国商业出版社，2023.

[21] 柳家俊. 5G 品牌营销［M］. 北京：中国商业出版社，2021.

[22] 吕列金. 基于精准营销的酒店品牌营销策略［J］. 商场现代化，2018（1）：85-86.

[23] 孟祥超. 商业银行营销人员绩效管理问题及对策研究 [J]. 中国管理信息化, 2023 (14): 137-139.

[24] 潘宇. 海底捞的网络营销创新 [J]. 企业管理, 2019 (3): 57-60.

[25] 彭庆伟. 营销数据挖掘对企业营销的重要性研究 [J]. 商讯, 2023 (20): 86-89.

[26] 邱雪峰, 倪斯铌. 市场营销理论与实践 [M]. 北京: 北京理工大学出版社, 2021.

[27] 单敏飞. 提高企业的竞争力基于品牌营销的发展研究 [M]. 长春: 吉林大学出版社, 2019.

[28] 邵宏华. 贸易数字化打造贸易新动能新业态新模式 [M]. 北京: 机械工业出版社, 2022.

[29] 宋锋淼. 短视频营销新媒体时代, 重构营销新模式 [M]. 北京: 中国纺织出版社, 2021.

[30] 孙雷. 透视大数据时代的营销变革 [J]. 国际公关, 2014 (1): 54-55.

[31] 孙小华, 陈洪, 孔繁胜. 在协同过滤中结合奇异值分解与最近邻方法 [J]. 计算机应用研究, 2006 (9): 206-209.

[32] 唐凡茗, 程芸燕. "互联网+"背景下的酒店新业态探究 [M]. 武汉: 武汉大学出版社, 2022.

[33] 汪永华. 大数据时代下的移动营销战略 [M]. 长春: 吉林人民出版社, 2020.

[34] 王坤. 大数据时代的营销管理创新 [M]. 长春: 吉林出版集团股份有限公司, 2023.

[35] 王林萍. 以麦包包为例分析电子邮件营销 [J]. 商情, 2018 (22): 71.

[36] 王赛. 营销之父菲利普·科特勒的六条卓越原则 [J]. 北方牧业, 2019 (14): 3.

[37] 王晓玉, 任立中. 大数据营销 [M]. 广州: 华南理工大学出版社, 2022.

[38] 王雅姝. 大数据背景下的企业管理创新与实践 [M]. 北京: 九州出版社, 2019.

[39] 王永贵, 项典典. 新文科数字管理系列教材·数字营销新时代市场营销学 [M]. 北京: 高等教育出版社, 2023.

[40] 温传祥. 电子银行营销技巧浅析 [J]. 环球市场, 2019 (2): 35.

[41] 吴海燕. 大数据环境下旅游营销研究 [M]. 北京: 现代出版社, 2020.

[42] 吴志艳. 互联网时代的品牌消费与建设 [M]. 上海: 上海交通大学出版社, 2019.

[43] 向上. 短视频营销全攻略 [M]. 广州: 广东经济出版社, 2019.

[44] 徐志武. 微信在航空服务领域的应用 [J]. 合作经济与科技, 2016 (22): 94-95.

[45] 迅雷. 网络营销与电商实战培训教程 [M]. 北京: 中国商业出版社, 2020.

[46] 杨慧慧, 邓薇, 陈冲. 大数据在酒店管理系统中的应用 [J]. 科技广场, 2015 (12): 41-46.

[47] 姚佳琪. 大数据时代"智能物流"新模式研究 [M]. 西安: 西北工业大学出版社, 2020.

[48] 尹振宇. 格兰诺维特嵌入性思想述评 [J]. 重庆与世界 (学术版), 2013 (9): 28-30.

[49] 余彬文. 基于微信公众平台的国内酒店精准营销实施策略 [J]. 旅游纵览（下半月），2018（9）：76-78.

[50] 余来文. 互联网思维直播带货的运营法则 [M]. 北京：企业管理出版社，2021.

[51] 余文伟，张少峰，魏可姗，等. 企业不同生命周期国际市场进入方式及营销策略选择——以香精香料行业为例 [J]. 管理现代化，2019（5）：77-79.

[52] 曾卉. 互联网大数据营销客户定位标签画像精准营销数据分析 [M]. 北京：清华大学出版社，2023.

[53] 张弓，周萍. 亚马逊图书双向品牌营销模式研究 [J]. 当代传播，2017（4）：80-82.

[54] 张浩. 浅谈企业市场营销管理及创新策略 [J]. 营销界，2019（37）：62-63.

[55] 张静. 大数据时代市场营销管理创新途径研究 [M]. 北京：中国纺织出版社，2023.

[56] 郑文坚. 互联网视角下的市场营销原理、趋势与热点 [M]. 厦门：厦门大学出版社，2019.

[57] 周宏明，袁啸云. 小数据战略新零售时代如何重构用户关系 [M]. 北京：中国经济出版社，2019.

[58] 祖旭，陈佳莹，王冲. 跨境电子商务海外营销实践 [M]. 北京：清华大学出版社，2023.